21世纪经济与管理精编教材·经济学系列

财经应用文写作

（第四版）

Finance and Economics Practical Writing

4th edition

傅宏宇 尹夏楠 等◎编 著

图书在版编目(CIP)数据

财经应用文写作 / 傅宏宇等编著. —4 版. —北京：北京大学出版社, 2023.7
21 世纪经济与管理精编教材. 经济学系列
ISBN 978-7-301-34205-3

Ⅰ. ①财⋯　Ⅱ. ①傅⋯　Ⅲ. ①经济—应用文—写作—高等学校—教材　Ⅳ. ①F

中国国家版本馆 CIP 数据核字(2023)第 129027 号

书　　　名	财经应用文写作(第四版)
	CAIJING YINGYONGWEN XIEZUO(DI-SI BAN)
著作责任者	傅宏宇　尹夏楠　等编著
责任编辑	任京雪
标准书号	ISBN 978-7-301-34205-3
出版发行	北京大学出版社
地　　　址	北京市海淀区成府路 205 号　100871
网　　　址	http://www.pup.cn
微信公众号	北京大学经管书苑(pupembook)
电子信箱	编辑部：em@pup.cn　总编室：zpup@pup.cn
电　　　话	邮购部 010-62752015　发行部 010-62750672　编辑部 010-62752926
印刷者	天津中印联印务有限公司
经销者	新华书店
	787 毫米×1092 毫米　16 开本　17.25 印张　374 千字
	2006 年 10 月第 1 版　2013 年 7 月第 2 版
	2019 年 8 月第 3 版
	2023 年 7 月第 4 版　2024 年 7 月第 2 次印刷
定　　　价	45.00 元

未经许可，不得以任何方式复制或抄袭本书之部分或全部内容。
版权所有，侵权必究
举报电话：010-62752024　电子信箱：fd@pup.cn
图书如有印装质量问题，请与出版部联系，电话：010-62756370

第四版前言

自 2019 年本书第三版出版以来，世事变迁。作为财经应用文写作教材，本书自然应当与时俱进。

本次修订主要包括如下几个方面：

第一，突出课程思政特色。党的二十大报告指出："我们要办好人民满意的教育，全面贯彻党的教育方针，落实立德树人根本任务，培养德智体美劳全面发展的社会主义建设者和接班人，加快建设高质量教育体系，发展素质教育，促进教育公平。"近年来，课程思政作为落实立德树人根本任务的重要途径，各高校的教师们在不同专业、不同课程方面进行了大量有益的探索和实践。新版结合不同章节的具体内容，包括每章后面的思考题，增加和融入了课程思政的内容。

第二，突出例文的时效性，采用了数字化形式。例文对于财经应用文写作教材是十分重要的，它向学生展示各类财经应用文的具体样式、体例、规范和内容，对于财经应用文写作的教学起着不可或缺的作用。随着社会、经济等各个方面的不断发展变化，财经应用文的体例、规范、内容也会不断发生变化。因此，对于财经应用文写作教材，不断修改、更新、补充例文非常必要。新版在这方面做了大量工作。具体包括：其一，对第三版的所有例文进行了全面修订和更新。其二，各章均增加了大量新的例文，有些例文的篇幅是比较长的，为了不增加整个教材的篇幅，这部分新增的例文在正文中均以二维码的形式呈现，读者扫描二维码即可阅读。

第三，对全书文字进行通读和修改、完善。

本次修订由北京联合大学管理学院的教师集体完成。傅宏宇、尹夏楠负责编写的组织工作。具体分工为：傅宏宇编写第二、六、七、十五、十六和十七章；尹夏楠编写第一、三、九、十二和十三章；傅巧灵编写第五和八章；孙尧斌编写第四、十、十一和十四章；傅宏宇写作第四版前言；最后由傅宏宇对全书进行统稿。

多年以来，北京大学出版社对本书的出版发行给予了大力的支持。第四版的责任编辑任京雪老师为本书第四版做了大量的工作。在此对北京大学出版社和各位编辑老师的辛勤付出深表感谢！本次修订也得到了一些使用本书进行教学的老师提出的宝贵意见和建议,在此一并表示感谢！另外,非常感谢长期以来使用本书进行教学的各高校的各位专业教师和同学！

  由于本书的编写者缺少财经应用文写作课程的教学经验,书中错漏之处在所难免。恳请各位专家、老师、同学指正。

傅宏宇

2023 年 4 月

目 录

第一篇 总 论

第一章 财经应用文写作概论 …………………………………………………… 3
第一节 财经应用文的含义和特点 ………………………………………… 3
第二节 财经应用文的分类和作用 ………………………………………… 5
第三节 财经应用文写作的基本要求 ……………………………………… 7

第二章 财经应用文基础知识 …………………………………………………… 9
第一节 财经应用文的写作过程 …………………………………………… 9
第二节 财经应用文写作的相关基础知识和能力 ………………………… 18

第二篇 财经基础文书篇

第三章 公文 …………………………………………………………………… 27
第一节 公文概述 …………………………………………………………… 27
第二节 公文的基本结构及其写作 ………………………………………… 30
第三节 例文简评 …………………………………………………………… 41

第四章 计划 …………………………………………………………………… 59
第一节 计划概述 …………………………………………………………… 59
第二节 计划的基本结构及其写作 ………………………………………… 61
第三节 例文简评 …………………………………………………………… 63

第五章　总结 ... 70
第一节　总结概述 ... 70
第二节　总结的基本结构及其写作 ... 72
第三节　例文简评 ... 75

第六章　规章制度 ... 82
第一节　规章制度概述 ... 82
第二节　规章制度的基本结构及其写作 ... 84
第三节　例文简评 ... 86

第三篇　财经调研决策文书篇

第七章　市场调查报告 ... 93
第一节　市场调查报告概述 ... 93
第二节　市场调查报告的基本结构及其写作 ... 95
第三节　例文简评 ... 98

第八章　经济合同 ... 105
第一节　经济合同概述 ... 105
第二节　经济合同的基本结构及其写作 ... 108
第三节　例文简评 ... 111

第九章　市场预测报告 ... 127
第一节　市场预测报告概述 ... 127
第二节　市场预测报告的基本结构及其写作 ... 129
第三节　例文简评 ... 132

第十章　可行性研究报告 ... 135
第一节　可行性研究报告概述 ... 135
第二节　可行性研究报告的基本结构及其写作 ... 137
第三节　例文简评 ... 142

第十一章　经济活动分析报告 ... 158
第一节　经济活动分析报告概述 ... 158

  第二节 经济活动分析报告的基本结构及其写作 …………………… 162
  第三节 例文简评 …………………………………………………………… 163

第十二章 审计报告 …………………………………………………………… 172
  第一节 审计报告概述 …………………………………………………… 172
  第二节 审计报告的基本结构及其写作 ……………………………… 175
  第三节 例文简评 …………………………………………………………… 180

第四篇 财经信息宣传文书篇

第十三章 商品说明书 ……………………………………………………… 193
  第一节 商品说明书概述 ………………………………………………… 193
  第二节 商品说明书的基本结构及其写作 …………………………… 194
  第三节 例文简评 …………………………………………………………… 196

第十四章 广告 ………………………………………………………………… 201
  第一节 广告概述 …………………………………………………………… 201
  第二节 广告的基本结构及其写作 ………………………………………… 204
  第三节 例文简评 …………………………………………………………… 206

第十五章 招标书和投标书 ………………………………………………… 211
  第一节 招标书和投标书概述 …………………………………………… 211
  第二节 招标书和投标书的基本结构及其写作 …………………… 214
  第三节 例文简评 …………………………………………………………… 216

第五篇 日用文书篇

第十六章 常用往来文书 …………………………………………………… 223
  第一节 常用往来文书概述 ………………………………………………… 223
  第二节 常用往来文书的基本结构及其写作 ……………………… 227
  第三节 例文简评 …………………………………………………………… 232

第十七章 常用告知文书 …………………………………………………… 240
  第一节 常用告知文书概述 ………………………………………………… 240

第二节　常用告知文书的基本结构及其写作 …………………………… 242
　　第三节　例文简评 …………………………………………………………… 245

附录Ⅰ ……………………………………………………………………………… 249

附录Ⅱ ……………………………………………………………………………… 256

附录Ⅲ ……………………………………………………………………………… 263

主要参考书目 …………………………………………………………………… 267

第一篇

总 论

第一章　财经应用文写作概论

第二章　财经应用文基础知识

第一章 财经应用文写作概论

本章学习要点与要求：

本章为本书内容的主要概括，是人们认识财经应用文及其写作的切入点。本章的学习要点有：财经应用文的含义、特点、分类和作用；财经应用文写作的基本要求。通过本章的学习，要求掌握财经应用文的含义和特点，了解财经应用文的分类方法，理解财经应用文的作用，掌握财经应用文的写作要求。

第一节 财经应用文的含义和特点

一、财经应用文的含义

财经应用文是关于国民经济与各经济部门以及整个社会经济活动所发生的各种经济实践活动和经济理论的文章。

在社会各界开展经济活动的过程中，财经应用文广泛地应用于经济工作、管理工作的方方面面，财经应用文可以说是应用文的一个分支。财经应用文写作是文体写作中较大的一个写作类别，具体包括财经应用文写作理论和财经应用文写作实践两个部分。财经应用文写作理论是各类财经应用文写作实践经验的总结，是各类财经应用文文体格式、特点、规律、规范、要领、要求、方法和技巧由感性认识到理性认识的升华，是财经应用文写作内在规律的科学概括；财经应用文写作实践是财经应用文写作理论的本源和基础。可见，财经应用文写作理论和财经应用文写作实践相互促进，财经应用文写作实践为财经应用文写作理论的提升提供基础资料；财经应用文写作理论则指导财经应用文写作实践，为财经应用文写作实践更为科学化、条理化和系统化服务。

二、财经应用文的特点

财经应用文写作区别于文学创作和其他应用文写作，深入了解财经应用文的主要特点，对于认识财经应用文的性质、功能和内容，掌握财经应用文写作的规律、规范、要领、要

求、方法和技巧,都有着十分重要的意义。财经应用文写作除具有一般应用文文体的属性外,还具有几个显著特点:

(一)政策性

党和国家的方针政策是一切财经工作的生命线,作为反映财经活动、传递财经信息的财经应用文写作也必须以党和国家的路线、方针、任务以及颁布的经济政策、法律、法规、条例、章程等为准则及依据,其写作内容体现出鲜明的政策性。如本书中的财经公务文书类文书,其本身就是党和国家的经济方针、政策和法律、法规的载体;其他类的文书大多也直接或间接地在不同程度上反映出政策的指引方向,比如可行性研究报告、经济合同、招投标书等,必须符合国家的有关政策和法令。可见,政策性贯穿于一切财经活动,同时也贯穿于财经应用文写作的整个过程。

(二)真实性

财经应用文写作是从实际应用中产生和发展起来的,反映在写作内容和文风上,必须具有求真务实的特点。具体包括两个方面:写作材料的真实性和写作的实用性。写作材料的真实性要求在写作时取材真实,提供的信息客观准确,即财经应用文反映的内容要实事求是、真实准确,容不得半点虚假,而且所引用的数据要反复核实,确保无误;同时,注意写作的态度要认真、老实,一是一、二是二,语言要做到平直、朴实、便于理解。在制作商业广告和商品说明书时尤其要注意这一点,不得做虚假的宣传,蒙骗消费者。写作的实用性是指所提出的办法、措施要切实可行。大多数财经应用文写作的目的不是供人品鉴和欣赏,而是服务于经济生活、经济活动、财经工作和经济建设的需要,回答和解决财经领域中发现和提出的各种问题,从而推动国民经济持续、稳定、健康地向前发展。因此,财经应用文必须遵循真实性,只有这样才能据以办事,解决实际问题。

(三)专业性

财经应用文写作反映财经领域的经济活动,传递各项财经信息,这要求财经应用文的写作者必须熟悉并掌握财经领域的运行规律,了解各项财经工作的特点,判断不同财经信息的价值,发现财经活动中的新事物或新问题,提出解决问题的办法,预测财经活动的走向。因此,财经应用文作为财经实践工作的组成部分和经济理论研究的有效手段,具有明显的专业性。这主要表现在:一是写作内容的专业性。财经应用文所反映的是财经领域中的各种现象、各种活动和各项工作,所要解决的是财经领域的实际和理论问题,其专业性非常明显。二是写作语言表述的专业性。财经应用文结合了许多经济学与管理学方面的原理和方法,以叙述、说明、议论为主要表达方式,运用大量的统计数据、图表来说明问题,采用较多的财经专业术语来表述,明显区别于其他专业应用文的语言表述。三是写作者的专业性。写作内容的专业性和写作语言表述的专业性决定了财经应用文写作者的专业性。

（四）规范性

财经应用文的文体繁多，形式各样，但又有一定的规范性。这主要表现在：一是文章体裁的规范性。如市场调查报告、经济活动分析报告是叙述体裁，商业广告、商品说明书是说明体裁。二是文章格式的规范性。一种是法定格式，如行政公文如何写、其要素如何安排等基本格式在《党政机关公文处理工作条例》中做了明确的规定；另一种是惯用格式，即在长期使用过程中逐渐形成并被大家承认和接受的约定俗成的格式，如经济合同、招标书和投标书等。三是语言的规范性。用规范的语言写作是对一切文章的基本要求。财经应用文写作必须使用规范的财经语言，包括财经专业术语和数据、图表、缩写、符号、计量单位等，都应符合规范。此外，我国国家标准化管理委员会和国际标准化组织以及有关职能部门对某些财经应用文的书写格式、用纸规格、顺序、装订方式等，也都做了规范性、通用性、标准化的明细规定，实务中必须严格执行，不得随心所欲、各行其是。

（五）时效性

财经应用文的实用性决定了其时效性。财经应用文一般是用来在特定时间处理特定问题的，具有一定的时效性。如通告、通知、批复等，一旦工作完成，其就失去效用，转为档案备查；再如市场调查报告、招标书、投标书、市场预测报告等，也是针对不同项目、不同时期所做的工作，一旦错过时机，付出的心血也就付之东流。随着现代信息技术的推广以及经济运作节奏的加快，党政机关、企事业单位以及社会团体的工作效率也必然提高，而为之服务的财经应用文必然要求更加迅捷、高效地完成。

第二节 财经应用文的分类和作用

一、财经应用文的分类

由于社会财经活动范围广、门类杂、环节多，且随着社会经济的发展，财经活动的内容和项目也越来越多，新的文体不断出现，交叉性的文体不断产生，因此财经应用文的分类向来是个复杂且难以统一的问题。实务中不同的编著者因其编著目的不同、使用对象不同，所采用的分类标准往往也不相同。本书以文体类别的性质不同为分类标准，即将性质相似、特点和作用相近的文书归为一类。采用这种分类标准，财经应用文大致可以划分为财经公务文书类、财经调研决策文书类、财经信息宣传文书类和日用文书类等四类文体。

（一）财经公务文书类文体

财经公务文书是指党政机关、企事业单位、社会团体处理公务时通常使用的文书。这类文书各行各业通用，且使用频率高。财经公务文书主要包括法定公文和一般公务文书两类。

法定公文是指中共中央办公厅和国务院办公厅 2012 年 4 月 16 日联合印发的《党政

机关公文处理工作条例》中规定的15种,即决议、决定、命令(令)、公报、公告、通告、意见、通知、通报、报告、请示、批复、议案、函、纪要。

一般公务文书是指《党政机关公文处理工作条例》中未做规定而在党政机关、企事业单位、社会团体中又经常使用的公务文书,如计划、总结、规章制度等。

(二) 财经调研决策文书类文体

财经调研决策文书是指在经济活动开展的不同阶段、经济项目实施的不同环节所使用的专业性较强的文书。它包括的范围较广、种类较多,主要文体包括市场调查报告、经济合同、市场预测报告、可行性研究报告、经济活动分析报告、审计报告等。

(三) 财经信息宣传文书类文体

财经信息宣传文书是指向大众传播财经信息,使大众了解企业的生产经营状况、产品的特点及性能等方面情况的文书,主要包括招股说明书、配股说明书、商品说明书、广告等。本书仅介绍最贴近大众生活的商品说明书和广告两类文书。

(四) 日用文书类文体

日用文书是指人们在日常工作、学习、生活中,处理公私事务时常用的、有惯用格式的一类文体,简称日用文,主要包括常用往来文书和常用告知文书。

常用往来文书是指需要往来双方认可的日用文书,包括求职信、介绍信、证明信、申请书等。

常用告知文书是指需要告知某方的日用文书,包括条据、启事、声明等。

二、财经应用文的作用

财经应用文是社会经济生活中普遍运用的一种文体,它对现代经济活动的进行和社会经济的发展发挥着重要的作用。它既是国家机关、企事业单位、社会团体进行行政管理、处理日常事务、传递信息、交流情况、总结经验、记载财经活动的重要工具,又是人民群众表达意愿、交流思想感情、办理事情的重要工具。它的作用主要体现在以下三个方面:

(一) 指导财经工作,加强财经管理

财经应用文是处理社会经济关系,开展财经活动的重要工具。从宏观经济角度来看,政府制定国民经济总体发展战略和中长期发展规划、确定各部门经济协调发展的中近期目标、发布经济改革的有关文件、制作反映总体经济动态的书面报告等工作,都是以财经应用文为手段和载体。从微观角度来看,无论是企业还是单位,为了实现最大的经济效益,在进行任何决策前,都要进行一系列的准备工作,而这些工作都离不开财经应用文。如某大型项目的决策过程中,首先要进行市场调查、市场预测、可行性研究、行政请示,并撰写相应的书面报告;项目实施过程中,要书写实施方案、招投标书以及各种工作通知、报告,订立经济合同,制作宣传广告;项目结束时,要撰写工作总结,邀请专家进行评估鉴定并出具评估鉴定书,上级部门还要进行项目审计并出具审计报告,技术部门要制作工艺管理规程或商品说明书等。因此,财经应用文在指导财经工作、加强财经管理方面发挥着重要作用。

此外,在日常的财经工作中,相关部门还需制定各种财经管理条例,对日常活动实施有效的指挥、监督、协调和控制,行使其管理职能,从而使财经管理进一步规范化和科学化。

(二)传播财经信息,开拓市场

市场经济条件下,信息不仅是一种资源,还是一种产业。财经工作离不开信息的收集与传播,作为信息的载体,财经应用文在上传下达、内外交流、捕捉商机、宣传产品和树立企业形象等方面发挥着越来越重要的作用。财经工作者经常以报纸、杂志、广播、电视、网络等为载体,发布财经新闻,传播财经信息,登载产品广告,开拓市场。

(三)是记录财经管理内容、反映经济业务活动情况的凭证

财经应用文的凭证作用根源于其记录功能。财经应用文的写作者在记录财经管理内容、反映经济业务活动情况的同时,用文字记载财经管理的要求和经济业务活动的过程,使之成为从事财经管理工作和经济业务活动的凭证。财经应用文的这种凭证作用在实务中起着非常重要的作用:一是相关部门在制定财经政策、做出财经决策时,可以把财经应用文客观反映的事实作为依据和凭证;二是下级机关、企事业单位在开展工作、处理问题时,上级机关发布的有关法规、指示、决定等文件成为它们办事及解决问题的重要依据和凭证;三是企事业单位在进行奖惩时,制定的相关规章制度成为执行依据;四是有些财经应用文不仅指导了当时的各项财经工作,在归档后也能对今后的财经工作具有查考、凭证作用,甚至成为研究历史的第一手资料,具有重要的史料价值。

第三节 财经应用文写作的基本要求

财经应用文的特点决定了财经应用文写作的基本要求如下:

一、遵循客观经济规律,以理论为指导

各种财经应用文的写作都要以客观经济规律为指导。例如,在市场经济条件下,经济合同的写作就必须按价值规律办事,贯彻等价有偿、平等互利、协商一致的原则。只有这样才符合客观经济规律,有利于促进市场经济的发展。财经应用文是财经工作实践的反映,而财经工作是以党和国家的有关方针、政策、法律、法规为依据的。因此,财经管理工作者必须认真学习经济理论和相关的方针、政策,树立正确的立场、观点,不断提高政策水平、理论水平和法治观念,以经济理论为从事财经应用文写作的指南。

二、注重调查研究,提高业务水平

调查研究在财经应用文写作的过程中有着特殊的地位和作用。财经应用文写作的过程就是调查研究的过程。只有善于调查研究,才能收集大量的财经信息,掌握第一手材料,在此基础上,进行分析整理,找出各部分的本质、属性及彼此间的联系,归纳出经济活动的内在规律,并根据经济现象及其发展变化的趋势,提出有针对性的方案和建议。

此外,熟悉财经业务是写出高质量的财经应用文的前提条件之一。财经应用文的写作者应掌握社会主义市场经济规律,了解社会再生产过程中各环节的关系和规律,熟悉本系统、本单位的相关业务,只有这样才有可能写出高质量的财经应用文。

三、语言力求规范、简练、平实

财经应用文写作涉及的范围广、内容多,但大多侧重于揭示经济规律、交流财经信息。因此,财经应用文专业性和真实性的特点要求在其写作时一定要做到用词准确、规范,并且用简练畅达、质朴无华的语言来反映财经内容,做到条理清晰、逻辑严密、不拖泥带水。财经应用文不同于其他文体,它既不需要华丽的辞藻修饰,又不需要夸张、比拟等修辞手法和渲染、抒情等表现手法。

思考与练习

1. 什么是财经应用文,其与文学作品相比有哪些特点?
2. 财经应用文在社会经济发展中的作用有哪些?
3. 谈谈怎样才能成为一名优秀的财经应用文写作者。

第二章 财经应用文基础知识

本章学习要点与要求：

本章主要阐述财经应用文写作的基本步骤，以及高质量的财经应用文的写作者应具备的素质。本章的学习要点有：财经应用文的写作步骤，财经应用文写作的相关基础知识和能力。通过本章的学习，要求熟悉财经应用文的写作步骤，了解如何才能写出高质量的财经应用文。

第一节 财经应用文的写作过程

财经应用文的写作过程可以分成几个步骤：第一步是搜集材料；第二步是确立主旨、运思；第三步是选择结构；第四步是下笔行文。当然这些步骤并非完全按上述顺序进行，如有时是先有主旨，然后搜集资料，再行文；有时又是几个步骤相互交叉、重复进行。

一、搜集材料

写文章，素材是非常重要的，因此写作者要做的第一个工作是获取大量的材料。财经应用文的写作不仅需要第一手具体的、现实的材料，而且需要间接的、概括的、历史的材料。通过观察积累和调查研究可以获得第一手材料，而通过查阅资料有可能获得范围更广的信息。

（一）观察积累

现代社会中的经济活动、商务往来、日常生活和实际工作等过程中都能够接触到大量的经济现象、事物和实例，这些就是直接的、最为丰富可靠的第一手材料。只要善于观察并有意识地搜集、整理和分析，日积月累，就可以获得具有普遍性、客观性和现实性特点的、说服力强、可信度高的写作材料。

（二）调查研究

调查是获得第一手材料重要而有效的方法。通过调查访问，调查人员可以获取大量有价值的材料,并可以把问题的研究引向深入,进而找出规律,找到解决问题的方法,分析出典型意义。"没有调查就没有发言权",因此,在写作具体的财经应用文时,写作者应该注重调查研究,力求所叙之事真实可靠。

（三）查阅资料、检索文献

观察和调查是直接从生活中取材。阅读则是通过文字媒介从互联网、文件、书籍、报纸、杂志和有关历史资料中获取材料,这是财经应用文写作获取材料的又一重要途径。这类材料、信息虽然是间接的第二手材料,但却是他人直接来源于社会生活的经验的归纳总结。通过查阅资料获取材料不仅可以超越时空界限,弥补时间、精力有限的问题,还可以对历史和现状做纵向与横向的考察及比较,深化认识,为问题的研究和具体的应用文写作提供借鉴与参考。特别是互联网为知识、信息的传递提供了极大的方便,无疑为进一步获取材料提供了一个非常便捷的途径。在利用互联网查阅资料、检索文献的过程中,下面的问题特别提请大家注意。利用互联网检索到的文献资料往往数量巨大、质量参差不齐、鱼龙混杂。要想从中找到有价值、有针对性、真实的、高质量的文献资料,必须注意文献资料的来源网站。不要总是泛泛地使用一般的搜索引擎（如百度、360等）检索文献资料,而是应当尽可能地使用专业的、相关部门的网站进行文献资料的检索。这将有利于提高检索出的文献资料的质量。例如,相较于百度搜索,用百度百科检索的资料往往更具专业性和规范性。再如,要想准确地了解国家的方针、政策、法律、法规等,就要通过党和政府主导的主流媒体、各级政府部门的网站、国家司法体系的网站等去寻找相关资料。

（四）筛选材料

通过各种途径所获得的相关材料是大量的、分散的。在开始写作之前,写作者应对所拥有的材料进行必要的整理、归类、筛选,达到去粗取精、去伪存真的目的,使文章的主旨通过写作者所选用的材料很好地体现出来。对于材料的去留,一般采用以下选择标准：

1. 选择最能说明主旨的材料

材料的取舍必须以表现主题（主旨）为依据,而不能孤立地着眼于材料本身。因此,要对材料进行仔细推敲、鉴别,从中选取最能说明问题、最能突出主旨的材料,与主旨无关或关系不大的、不能表现和支撑观点的材料,无论是否真实、准确、新颖都应坚决剔除,避免材料堆砌、淹没主旨。

2. 选择真实、准确的材料

真实是财经应用文的生命,因此材料必须符合客观事实,有较高的可靠度和可信度。财经应用文所选用的材料,自然也必须始终坚持真实性、准确性的原则。这里讲的真实性应是本质的真实,是确凿无疑、可靠无误、与客观实际完全相符的,其中也包括数据材料的准确、可靠。而准确性是指引用的国家大政方针、法律、法规以及相关的学术观点等必须准确无误。只有基于真实和准确的材料,才能得出正确的结论,才具有普遍的指导意义。

因此,要使财经应用文真正体现处理事务、交流沟通、规范财经活动的工具功能,必须注重选材的真实性与准确性。

3. 选择典型的材料

所谓典型的材料,是指最具广泛代表性,最具说服力,能够反映事物的共性和特征,揭示事物的一般规律,充分表达文章主旨的材料。人们认识事物的路径总是由个别到一般,又由一般到个别这样循环往复的。所以,选择典型的材料,通过个别反映一般、个性反映共性,是符合认识规律的,亦是选材的重要原则。只有选用典型的材料,才能把应用文的主旨表达得更深刻、更充分,也才能真正地反映客观实际。

4. 选择新颖的材料

新颖的材料一般是指新发生的事物、新发现的事例、反映最新情况的经济数据、最新的政策法规、新出现的观点等富有吸引力、预示新趋势的材料。这类材料最有生气、最具活力。反映时代特点的新颖材料容易使人产生共鸣,只有这样才能避免雷同、展现个性、突出事物的特点。当然,在旧材料中发掘出与过去不同的新意,同样可以表达深刻、新颖的主旨,给人以新的启示。

二、确立主旨、运思

(一) 确立主旨

古人称文章的主旨为"意","意者,一身之主也"(明·黄子肃·《诗法》)。"意"贯穿文章始终,起着主导作用。通常一篇文章只有一个主题或主旨。

在议论性文体中,它是写作者对某个问题的观点、意见和看法;在说明性文体中,它是对某个事物或事理的解说和诠释;在记叙性文体中,它是对人和事带有倾向性的、具有感情色彩的陈述表达;而在财经应用文文体中,它往往是针对某项工作所提出的原则或具体实施的方案、规章,是解决实际问题的务实性决策。

财经应用文的主旨多是"意在笔先"。在具体的写作实践中,往往是先确立写作的目的、观点、原则,即"主题先行",然后再组织材料、构思布局、选择结构、规范表达等。这是因为财经应用文的行文导向往往来自国家的政策、法规、指导意见或决策层的示意。所以,财经应用文的主旨应当弱化个人意愿和感情,注重组织的意愿,并且真实地反映客观实际,不允许运用文学创作中灵活自由的艺术夸张、合理想象、渲染、铺陈等方法。

主旨是财经应用文写作的关键,对文章的质量和效用有着至关重要的作用。主旨在文章的构思行文过程中起着纲领性作用。其他要素如文章体裁的确定、材料的选择、结构的安排、表达的方式,甚至遣词造句都要听命于主旨,为其服务,受其制约。

主旨制约文章的内容,是文章的中心思想和基本观点,是贯穿全文的线索,对文章内容有制约、指向和主导作用。在财经应用文写作中,内容始终是为主旨服务的,而文章的主旨是通过文章的内容体现出来的,因此,主旨对内容起着制约作用。例如在现代社会中非常有实用价值的民事合同,它是指自然人、法人及其他组织等平等主体之间设立、变更、终止民事权利义务关系的协议,其中最为核心的主旨是合同当事方权利义务关系的设立、变更和终止。

主旨规范着文章的形式。文章的谋篇布局、表达方式的选择,目的都在于较完美、集中地表现主旨。虽然与其他文体相比,财经应用文具有惯用的、约定俗成的、相对固定的程式性特征,常常是在"框框里面做文章",但在文体、语体的选择上,它仍然服务于、服从于主旨和写作目的的需要。

一般来说,确立主旨的标准从以下几个方面考虑:

第一,要以党和国家的方针、政策、法律、法规为依据,并切合社会经济发展的实际。写作者首先应能比较深刻地了解党和国家的经济发展方针和政策,熟悉相关的法律、法规,把握国际、国内宏观社会经济发展的动态和趋势;其次应熟悉本地区、本部门、本单位的微观经济环境和具体情况,通过调查掌握第一手材料;再次,应对所掌握的材料做如实客观的分析和研究;最后,基于以上分析和研究确定文章的主旨。

第二,发掘要深,立意要有深度。实际的财经应用文写作要求揭示事物的本质及其内在规律,善于抓住主要矛盾,即"意"要简约,发掘具有本质性和倾向性的问题。因此,财经应用文写作在解决问题、提出意见、反映情况、交流信息的过程中,要对社会现象和事实材料进行去粗取精、去伪存真、由此及彼、由表及里的理性发掘,并使之升华,力求形成较全面、深刻的主旨。

第三,立意要新,要富有创造性。财经应用文写作的立意必须突出一个"新"字。在现代社会中,经济活动瞬息万变,新情况、新问题、新经验层出不穷,我们要及时抓住新事物、新信息,解决新问题,达到规范经济活动的目的。

第四,必须注重实际效果和可行性。在现代社会中,市场经济纷繁复杂、千变万化,怎样根据社会的热点、焦点及公众普遍关注的问题,并结合有关方针、政策,确立财经应用文的主旨,一个重要的标准就是在成文后是否有实际效果。这就需要我们在掌握真实信息情况的基础上做出正确的判断和选择。

(二)运思

在主旨确立后、下笔以前,写作者首先要整理自己的思路,即所谓的运思。运思是写作者行文前的思想活动,是人类特有的一种定向的创造性思维活动,是升华认识、理清材料、理顺逻辑关系、设计文章布局的必由之路。写作者要以主旨为纲领,琢磨提出什么样的问题,分析哪些可能的影响因素,思考从哪几个方面对主旨进行阐释,文章以何种形式展开、深入,得出什么样的结论。运思的目的就是最好地表达主旨。财经应用文写作者在下笔之前,可用图2-1所示的框架来初步整理自己的思路,理顺文章中各因素之间的逻辑关系。财经应用文的结构往往有规定范式,而叙事与说理的方式可以多种变换。

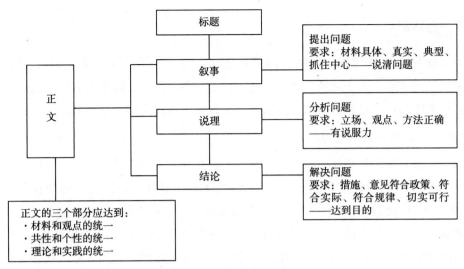

图 2-1 运思的一般结构

财经应用文常常采用不同的逻辑关系来展开叙事和说理部分,其中常用的方法有:

(1) 归纳演绎法。归纳和演绎是两种方向完全不同的对立的思维方法。归纳是从个别或特殊的具体知识出发,推出一般结论,得到普遍原理的思维方法;演绎是从一般引申出个别的思维方法。二者是相互依存的辩证统一体:归纳是演绎的基础,演绎的前提常常是归纳。在财经应用文写作中,常用归纳演绎法来构想文章叙事或说理的思路。

(2) 分析综合法。分析综合是一种辩证的思维方法。分析是对事理进行分解、剖析,它是一个人的知识和能力的表现;综合是在分析的基础上,把事物各部分、各方面的各种因素结合起来,从整体进行考察和认识,由分到总、集零为整的思维方法。分析与综合也是互相依存、互相联系、互相转化的一对矛盾的思维过程,如应用文写作中的分类,对事物纵向和横向的分析,在财经应用文中常用的定量、定性分析等。

(3) 比较法。比较是把一事物的属性特征与其他事物加以对比来确定事物的共同点和不同点的思维方法。有比较才有鉴别。在财经应用文写作中,常常使用的比较方法主要有同类比较法、纵横比较法,还有把比较与分析、综合等思维方法结合起来运用的复杂比较法等。

(4) 因果法。因果是从事物的原因和结果的关系入手进行分析的思维方法。在财经应用文写作中运用因果法,有利于我们深化认识,明确方向,找到解决问题的方式与方法,可以较好地体现财经应用文写作的实用价值。

在财经应用文写作中,叙事和说理的思路还有多种,以上只是常见常用的几种。在具体的写作实践中,可用一种,也可多种并用,视具体情况而定。但是思路要以写作者的观点为主导,即以文章主旨为主导,不应偏离主旨而任由思路天马行空。

三、选择结构

当主旨明确,文章应提出的问题、阐述的逻辑思路、利用的材料大概理清后,我们就需要确定文章的结构。由于财经应用文以规范的文体结构为主,因此不同的目的和主旨要用不同的文体结构。选择适当的文体结构是写好财经应用文的关键步骤。

(一)财经应用文的结构

结构是指文章的各部分按照一定的组合关系联结而成的序列形式。"结构"一词,原是建筑学中的术语,后来借用到文章写作中,指文章的总体安排。文章的结构包括两方面:一是文章各部分的先后顺序;二是文章各部分之间的内在联系,即逻辑关系。文章的内在联系方式是多种多样的,但在外部形式上,各层次之间仅仅是先后顺序的关系,把先后排列的各层次分为开头、主体、结尾三部分是结构的基本形式。而各基本形式又由段落和层次组成。

1. 财经应用文常用的开头形式

财经应用文常用的开头形式有以下几种。

(1)概述式:用叙述的方法,概括地写出对象的基本情况、问题,或者写出工作的基本过程。这种开头多见于报告、调查报告等。

(2)提问式:先提出问题,然后引起下文。这种开头有时用于调查报告。

(3)引叙式:引用下级来文、上级指示精神或有关法律法规文件,作为撰写文件的依据。这种开头多用于指示、报告等。

(4)结论式:先说明所论对象、工作的意义或背景情况,再叙述主旨或其他有关材料。这种开头多见于报告、批复、条例、通知等公文。

(5)强调式:对全文主旨的意义进行强调说明,引起重视,以利于贯彻执行。

(6)呼应式:开头揭示主旨,结尾和开头相呼应,进一步强调和说明主旨。

2. 财经应用文常用的结尾形式

财经应用文的结尾很重要,在文章中发挥着重要作用。常用的结尾形式有以下几种。

(1)总结式结尾:在结尾部分对全文做出总结,以概括总的观点,点明主题。常用于总结、调查报告及一些经济分析文章中。

(2)自然收束式结尾:在文章主体部分的主要内容写完后,事尽言止,不另做结尾,自然收尾。常用于通告、通知、决定等简短的文章中。

(3)希望、鼓励式收尾:在结尾部分提出希望,展望未来,鼓舞斗志。常用于计划、总结、报告等文章中。

(4)规定式结尾:这种结尾常用于规定格式的文体中,如民事合同、商事合同、章程、条例等固定格式的应用文。

（二）财经应用文的段落和层次

结构的基本单位是段落和层次。

1. 段落

段落就是自然段，是文章层次的基本构成单位。文章分段，既能表现写作者思路发展的步骤，又能帮助读者理清文章的层次结构和理解文章内容的内在联系。一个段落内只能谈一件事，即使是同一逻辑层次的事情也不应在同一个自然段里谈。

段落的划分要注意三点：第一是"单一性"和"完整性"。单一性是指一个段落内只能说明一个问题，只能有一个段意，不能把不相干的意思放在一个段落里。完整性是指把一个意思在一个段落里集中讲完，不要把完整的意思拆得七零八落。第二是各个段落间的意思要有内在联系，使每一段均成为全篇的一个有机组成部分，做到分之为一段，合则为全篇。第三是分段要适当注意整体的匀称，做到轻重相当、长短合度。

2. 层次

层次是指文章内容的表达次序，是指阅读、分析文章时常说的意义段、逻辑段。层次的划分，体现了写作者基本思路的走向和文章内容展开的自然逻辑顺序。层次要通过一定的段落形式才能表现出来，一个层次可以含有一个至几个自然段，而一个较长的自然段也可以分成几个层次。层次的划分主要有以下几种形式：

（1）序列式，即按照各层次之间的逻辑顺序分列条项。先说什么，后说什么，要有内在的逻辑关系。表面看起来好像是并列的，实际上前后条项不可颠倒，如财务会计准则等。

（2）递进式，即各层次之间是递进关系，也就是层层深入的关系。一般表现为由虚到实、由表及里，层层深入，如市场调查报告。

（3）总分式，即各层次之间存在总分关系，先总说后分说，或者先分说后总说；先归纳后演绎，或者先演绎后归纳。一般适用于工作计划、工作总结等的写作。

（4）典型式，即通过典型事例，叙述某项工作的发展进程。一般适用于工作总结、调查报告等的写作。

（三）财经应用文的常用结构形式

财经应用文常用的结构形式可以总结成以下几种：

（1）篇段合一式，即一段式，全篇只有一个自然段。当内容少而简单、不便分开时，往往采用一段式的写法。例如行政公文中的命令、决定、公告、简单的通知、批复、函，日常应用文书中的介绍信、便条、启事等，常常是一段式的写法。

（2）总分式。这是一种总起分述的结构形式。开头先对全文的内容做简要的概述，然后依此分别展开论述。总分式还可以分为先总后分式、先分后总式，以及总分总式（先总述再分述、最后总述）。

（3）分条列项式，也称并列式。这种结构形式所展现的各层次之间的关系是一种并列关系，互不隶属。条例、规定、办法、章程等多采用这种结构形式。此外，它还可作为一种局部的结构形式与其他结构形式结合使用。并列式的常用文体有计划、总结、规章制度等。

（4）事理演进式。采用这种结构形式，各层次之间的内在意义往往呈现一种由浅入深、由表及里、步步推进的逻辑关系，遵循的是人们对事物的认识规律。例如，一篇调查报告，首先写明调查的情况，再逐步分析存在的问题及相应的对策，最后得出结论。对于说理性较强的文章，采用事理演进式结构，可以体现出思维的逻辑性，使文章完整、严谨，具有较强的说服力。

四、下笔行文

（一）表达方式

表达方式也称表现方式，指在写作中运用语言来反映情况、陈述事实、说明问题、探索总结规律、阐明观点的具体方法和手段。常用的表达方式有五种，即记叙、议论、说明、描写、抒情。财经应用文受文体性质和写作目的的制约，其表达方式以说明为主，兼用记叙和议论，一般不用描写或抒情。

1. 说明

说明是以简明而准确的文字，对事物或事理的性质、状态、特征、成因、关系、功能、构成等进行阐释和解说。说明是应用文写作的主要表达方式之一，在具体的写作实践中被广泛使用，常用的说明方法有：

（1）定义说明，即对事物的本质属性做明确的界定，用简明的语言，合理地揭示事物或事理的本质特征。

（2）诠释说明，即对定义做较全面、详细、具体的阐释、解说，使人们对客观事物有一个全面的认识。

（3）举例说明，即通过具体、典型的事例来说明事物和事理，也就是通过个别认识一般。

（4）分类说明，即对构成较复杂的事物进行分门别类的介绍和说明。

（5）数字图表说明，即用统计数据和图表来说明对象。

（6）比较说明，即通过将相似或不同的事物进行对比、类比来揭示事物的性质和特征。

在具体的说明中，还有其他说明方法，可根据需要选择采用。

财经应用文写作对说明的要求是准确简明、语言平实、抓住特征、条理清楚。多种说明方式常常同时使用。

2. 记叙

记叙是财经应用文写作中最基本和最常用的一种表达方式,它是运用陈述性的语言,对人物的经历和事件的发展变化过程做介绍与交代。多数应用文都涉及一定的事件、事项,因此常采用记叙手段陈述事实、交代背景、表述经过、揭示因果等。

在财经应用文写作中,运用记叙这种表达方式时,一般采用概述而不用详述,并经常与说明、议论结合使用;记叙方式通常以顺叙为主,讲究平铺直叙,有时也用分叙和倒叙,一般不用插叙和补叙;记叙的三种人称大都单独使用,在人称转换时都应有交代和过渡。

3. 议论

议论是对客观事物或某个问题、事件进行分析、评论,表明自己的观点、意见、态度的一种表达方式。在财经应用文写作中,议论一般多作为说明、记叙的补充手段,处于从属地位。

完整的议论由论点、论据、论证三要素构成。论点是核心,论据是基础,论证是联系论点和论据的桥梁。财经应用文着重于实际问题的解决,以客观事实为基础,以明确的政策、法规为依据,论证力求简明。因此,通常采用不完整论证,简化论证过程,直接表明立场、观点、主张等论证结果,而且多以正面论证为主,同时与其他表达方式结合使用,夹叙夹议是常用的方式。

在实际的财经应用文写作中,说明、记叙、议论三种表达方式经常交互使用,相辅相成。同时,表达方式与文体也有着互为依存的关系。不同的文体在运用表达方式时,由于文体特征的制约,在选择时往往是有所侧重的,根据文体要求选用恰当的表达方式,是保证财经应用文写作质量的重要条件。

(二) 表达语言

语言是人类思维交流的工具,是思维结果物化的重要手段,是文章的要素之一,也是财经应用文写作表达的基本工具和载体。财经应用文种类多、内容不同、文体各异,但它们都是处理事务、解决实际问题、讲求实效的,由此决定了它的语言必须以实用为准则,以提高效率为目的。与一般文章相比,财经应用文的语言有其独有的特点:

第一,严谨、有分寸感。财经应用文的各类文种大都不宜使用口语和文学语言,而必须使用严谨、规范的书面语言。不可褒贬过分,也要杜绝充满弹性和模棱两可的话,要有分寸感,直陈其事,析辞必精,述情必显,遣词用语含义明确,限定无误。行文中也可有分寸地选用外来语、精辟词汇、简缩语、方言、简称等。

第二,常用专用语及行业术语。财经应用文专用语、行业术语繁多,并具有较强的行为指导功能。长期以来,人们在文书中沿用了一些使用频率较高的、专用的或固定模式的词语,如称谓语、经办语、引叙语、祈请语、表态语、结尾语等,这些词语虽不是法定的,但却是约定俗成的,有助于使文章语言简练、文约意丰。

第三,常用较固定的句式和特定形式的语言。为使语言表述直观简洁,财经应用文常使用陈述句、祈使句,较少使用感叹句、疑问句,常使用图表、符号、公式等特定形式的语言。

第四,常用数字语言。数字语言在财经应用文写作中常具有特殊的功能,尤其是在表现经济活动的发展与变化方面具有一般文字所不能替代的揭示、说明、计算、显现和增强说服力的作用。

第二节　财经应用文写作的相关基础知识和能力

一、熟悉党和国家的经济方针政策以及相关法律法规

要想熟练地进行财经应用文的写作,写作者要有较高的政策理论水平和遵纪守法的意识。

任何社会工作的顺利开展都离不开政策理论的指导与制约。在建设中国特色社会主义市场经济的伟大进程中,财经工作是众多工作的中心。要想顺利实现两个一百年的奋斗目标,财经工作的开展不能没有党和国家的政策理论指导与宏观调控。财经应用文在指导和推动经济工作、推广经济管理经验、传播经济信息方面发挥了重要作用,是财经工作的一个重要环节。因此,要想写好财经应用文,写作者必须研究党和国家的方针政策,加强理论学习。同时,市场经济的运作必须依据相关法律法规进行。所以,要想写好财经应用文,写作者还必须有遵纪守法的意识,熟悉相关法律法规。

例如,不断增强我国可持续发展能力,生态环境得到改善,是全面建设小康社会的目标之一,这应该作为开展财经工作的一项重要指导方针。同时,我国已经颁布许多有关保护环境的法律法规。因此,当进行某些财经工作的规划时,就要将此项财经工作的开展对可持续发展的影响、对生态环境的影响考虑进去,特别是要了解相关法律法规的环保要求;当预测某项财经工作的效益时,也要将其可持续发展成本考虑进去,不能盲目追求经济效益而不顾子孙后代。

从上述例子可以看出,财经应用文的写作者应该把学习、研究党和国家的经济方针政策以及相关法律法规摆在重要的位置上,需要全面、系统地学习与研究,弄清现行经济方针政策及法律法规的实质与来龙去脉,进而有效地通过财经应用文的写作去宣传、贯彻党和国家的各项经济方针政策,达到推动经济建设和发展的目的。

二、具备良好的综合分析能力和逻辑判断能力

(一)综合分析能力

分析就是在思维过程中,把客观事物的整体分解为数个部分、方面、环节、因素,逐个加以研究的方法。在写作中,分析的主要任务是敏锐地发现材料的新颖之处和独特价值,找出问题的各个影响因素,确定对问题最有影响的那个因素。常用的方法有分类分析法

与因果分析法。

综合就是在分析的基础上,把对象的各个部分、各个方面、各个环节、各个因素联系起来加以整体考察的方法。综合是认识事物、形成概念的重要思维方法。综合的目的就是把分析过的各部分材料,按照它们各自的属性以及内在联系,由此及彼、由表及里,即通过找出事物的前后联系或者纵横之间的关系,把握事物发展的主流,揭示事物的本来面目。

在实际思考的过程中,分析与综合总是互相联系、互相转化的。分析是综合的基础,综合是分析的目的。没有分析作为基础,综合出来的东西是空洞的、表面的;而分析后不进行综合归纳,分析出来的东西是零碎的。只有把分析和综合有机地统一起来,才能使感性认识上升为理性认识、得出正确的结论。

综合分析能力是写好财经应用文的必要条件之一。这是因为一项经济业务的变动,一个主要财经指标的变化,往往涉及很多方面的问题,可能是几个原因造成的。只有依靠写作者的综合分析能力对现象进行研究和分析,去粗存精、去伪存真、捋顺关系,才能找出问题之所在。

例:某电器集团2020年、2021年两年的部分经营指标完成情况如表2-1所示,请你就此做一个分析,试找出该企业2021年与2020年相比,好在什么地方,不足又在什么地方。

表2-1　某电器集团部分经济指标完成情况

项目	2020年	2021年	增减额	增减百分比
主营业务收入(万元)	10 200	11 720	1 520	+14.90%
利润总额(万元)	778	860	82	+10.54%
流动资产平均余额(万元)	750	720	-30	-4.00%
流动资产周转天数(天)	35	30	-5	-14.29%

分析:该企业主营业务收入2021年比2020年增加了1 520万元,增长幅度为14.9%,而流动资产平均余额比2020年减少了4%,实现了增销(主营业务收入)的同时小幅减资,从而流动资产周转速度加快了5天,这样相对节约地占用流动资产。但是,利润的增长幅度低于主营业务收入的增长幅度,按利润与主营业务收入同比例增长计算,利润应增加116万元,而实际增加利润82万元,二者相差34万元,说明企业主营业务利润率在下降。该企业存在"利润的增长幅度低于主营业务收入的增长幅度"的问题。

从上述分析可以看出,分析的过程不是数字之间的简单对比,而是通过数字对比的结果找出数字之间的内在联系,以反映企业的真实经营状况,即企业的销售和资产使用情况是好的;但利润的增长幅度低于主营业务收入的增长幅度则需要进一步查明原因,找出影响利润增长的因素,并进一步提出改进措施。

可以看出,写作者通过综合分析,得到各因素之间的相互关系,依据相关的企业管理和财务知识以及综合分析结果,得出当前企业好的方面("增销不增资")和存在的问题("利润增加但增幅低于主营业务收入")。因此,综合分析能力的强与弱,可以决定一篇财经应用文质量的高与低。分析、综合比简单对比的效果要好得多。综合分析能力与逻辑思维能力是财经应用文写作者应不断培养和加强的能力。

(二)逻辑思维

逻辑思维又称抽象思维,是舍弃了具体的感性形象,运用概念、判断、推理形式,以分析与综合、归纳与演绎等为基本方法的一种思维方式。它是实用性、评论性文章写作主要使用的思维方式。

在财经应用文写作中,要想得出正确的概念,或者对客观事物做出正确的判断,写作者必须依靠自身的逻辑思维能力,通过分析、综合、比较、抽象、概括的思维活动,以概念、判断、推理的形式,揭示客观事物的运动规律,以把握事物的本质特征及内在联系和内部规律,如预见和推知事物的过程,或者把同一类事物的共同特征、本质特征抽取出来加以定义。

财经应用文的写作过程是写作者不断进行思维和逻辑判断的过程。材料的搜集、整理、组织,主旨的提炼,结构的安排,语言的组织都离不开思维活动。如果写作者不能有效地进行分析、综合、比较、抽象、概括,不能通过经济概念进行科学的判断、推理,反映经济现象的本质,体现经济现象的内在联系及经济工作的内部规律,那么这个写作者无疑是写不好财经应用文的。同时,好的财经应用文应该是从整体到各个部分、各个层次、段落、意思都具有严密的、环环相扣的逻辑关系。所以,我们必须有意识地进行逻辑思维能力的训练,努力做到全面、具体、严密、深刻地思考、分析并解决问题,并通过财经应用文表现出来。

三、具备较强的业务能力和熟练掌握财经专业术语

(一)业务能力

好的财经应用文,其写作者无疑是非常熟悉经济业务的。财经应用文写得好不好,问题揭示得深入不深入,所制定的制度规章是否合理,与写作者是否熟悉业务有着十分密切的关系。不熟悉业务必然导致遇事困惑,难以落笔,或者蜻蜓点水,做表面文章,不解决任何问题。因此,财经应用文的专业特点,从内容表达上看,要求写作者具有精益求精的业务能力。但是,熟悉业务不是一朝一夕的事,而要靠日常的探索和积累。只有在平时多学习、多思索分析,常做有心人,才能使自己的业务能力不断提高。

(二)财经专业术语

财经专业术语的正确使用是写好财经应用文的基本要求,它包括财经应用文的习惯公文用语和经济业务的专业术语。在财经专业术语中,不少术语之间的区别仅个别字不

同,但其含义和应用范围可能大相径庭。财经应用文的写作者在具备一定的专业知识的基础上,有必要搞清楚这些术语的含义,只有这样才能在写作中正确使用。例如"审核""考核""查核""复核""核准",相互之间仅一字之差,但在具体应用中意思有所差别。

四、掌握数据的分析、表达及数字的书写规则

（一）数据的分析

经济工作离不开数据,并往往是从各种数据的对比分析中发现问题、分析问题、解决问题的。因此,在财经应用文的写作中,写作者在对现象和问题进行剖析时,常常要注意所涉及的数量增减变动情况,利用基本的数量分析,来反映其实质性的变化。所以说,对数据的恰当运用是撰写财经应用文一个重要的技术要求。

在财经应用文中,常用的数据分析有以下几种：

1. 绝对数分析

绝对数是反映经济现象的规模和水平的数值,是经济现象的量的具体表现,常常被称为总量指标。例如,一家公司某年主营业务收入 8 000 万元、利润 1 500 万元、资产 3 000 万元、净资产 1 000 万元、职工 600 人等。根据这些数据,读者能对公司的生产规模与经营水平有一个基本的了解。无论是调查报告、总结、计划,还是审计报告、财务报告,都要用到绝对数分析。

2. 相对数分析

相对数是两个有联系的指标的比较。通过相对数分析,我们可以了解现象与问题的相互联系和对比关系的程度。相对数通常以倍数、百分数、千分数等来表示,尤以百分数的应用最为普遍。在经济活动分析中,相对数分析往往通过财务比率分析进行。财务比率包括结构比率、效率比率和相关比率。

由于相对数往往是两个指标的对比关系,所以又可称为相对指标。计算相对指标时应该注意的是,用来做对比的指标口径之间应有可比性,衡量标准应有科学性。

3. 平均数分析

平均数是综合反映某一类现象的一般水平的指标,可以用来研究事物发展的规模和水平。值得注意的是,平均数只能用于研究同质事物的一般水平,不同质的事物不能混在一起计算平均数。

4. 动态数列分析

现象随着时间的推移而发生变化的情形叫作动态。通常,我们把说明某一经济现象的一系列指标,按时间顺序排列起来,将其称作动态数列。通过对动态数列的分析和研究,我们可以了解经济现象的发展趋势及其规律。发展速度与增长速度、序时平均数、平均发展速度与平均增长速度等都是通过动态数列分析获得的。动态数列指标的内容,包括范围、计算方法、计算单位、时间长短必须一致,以便明显地反映现象发展过程的规律性。

例如,某公司 2020 年应收账款 600 万元,销售额 2 000 万元;2021 年应收账款 700 万元,销售额 2 800 万元。从绝对数分析,应收账款 2021 年比 2020 年增加 100 万元,而从相对数分析,应收账款占销售额的比重从 2020 年的 30% 下降到 2021 年的 25%。如果只就两个绝对数来看,应收账款增加了;但从相对数来看,应收账款占销售额的比重有所下降。从中可以清楚地了解到,随着经济的发展,公司销售额不断增加,应收账款相对减少,说明公司的应收账款管理水平在提高。因此,这样看问题,就可以避免产生片面结论。

在进行数据分析时,我们应从全面、辩证、发展的视角看待所要分析的问题或现象。数据分析是财经应用文写作中经常采用的分析方法,使用时要注意数据之间的各种对比分析,如辩证关系分析、远近关系分析、相对绝对关系分析等,我们在学习财经应用文写作的过程中应关注这方面的练习。

(二) 数据的表达

由于数据比一般的语言描述能够更清晰地表达和解释所涉及的问题,因此财经应用文常常会采用大量确凿的数据来表达。财经应用文的写作者必须学习准确、清楚地利用数据来表达经济业务的事实。财经应用文的数据是说明经济业务来龙去脉以及增减变化实质的数值,是文章立论的依据,是组成文章材料的重要内容之一,对写好财经应用文具有积极的意义。

在财经应用文写作中,常常见到一些数据表达混乱和失误的情况,如混淆用字以及不准确表达。比如"比原来增加××倍"和"是原来的××倍"就经常被混用,以及确数与约数同时使用、概数重复使用等错误。

(三) 数字的书写

财经应用文经常将数字作为所反映问题和现象的依据,数字的重要性在财经应用文中尤为特殊。因此,正确地书写数字是提高文章质量的关键之一。

财经应用文中对数字的正确书写有以下几个应注意的地方:

(1) 金额数字采用阿拉伯数字。书写时做到不连写、不草写。各个数字各自成形,易于辨认。小数一般保留两位,"元"与"角"之间要有小数点。

(2) 四位及以上的数字可采用国际上通行的三位分节法,节与节之间空 1/2 个阿拉伯数字的位置,但不用","分节的标示方法,如 15 678.24 不能写成 15,678.24。

(3) 若金额前标出人民币符号"¥",则金额后不再加"元";若金额前有"人民币"三字,则金额最后可加"元"。如"¥888"可写成"人民币 888 元"。

(4) 金额需要大写时,一律使用正楷。大写数字及单位等如下:壹、贰、叁、肆、伍、陆、柒、捌、玖、拾、佰、仟、万、元、角、分、零、整;常见的错误用法有一、二、三、四、五、六、七、八、

九、十、念、俩、仨、毛、另、0等。

综上所述,要想写好财经应用文,写作者必须具备较广博的文化、理论、政策、法律、法规、行业、相关专业、技术、写作等相关知识。因为不管是财经应用文写作的程序、格式还是语言,其涉及的内容都不只是写作本身,而是蕴含了诸如行政学、会计学、财务学、法学、管理学、经济学、语言学、心理学、哲学等多门学科的相关内容。这些知识相互联系得越来越紧密,在实际工作中处处都会用到。因此,财经应用文的写作者,在平时的实践工作中应多注意学习,广泛涉猎各种学科的知识,不断充实和提升自己,只有这样才能写出高质量的财经应用文。

思考与练习

1. 简述财经应用文写作的几个重要步骤。
2. 使用材料时应注意哪几个方面的问题?
3. 财经应用文写作为什么要熟悉党和国家的经济方针政策以及相关法律法规?
4. 请列出若干准确了解国家的方针、政策、法律、法规等的网站。
5. 财经应用文的语言表达有哪些特点?
6. 在实际工作中,应从哪几个方面提高自己的财经应用文写作能力?

第二篇

财经基础文书篇

第三章　公文

第四章　计划

第五章　总结

第六章　规章制度

第三章 公 文

本章学习要点与要求：

本章主要阐述《党政机关公文处理工作条例》中规定的15种公文的写作。学习要点有：决议、决定、命令(令)、公报、公告、通告、意见、通知、通报、报告、请示、批复、议案、函和纪要共15种公文各自的特点、基本结构、写作要求及注意事项；各种公文的范例及其评析。通过本章的学习，要求理解各种公文的特点及其适用条件和范围；掌握各种公文的基本结构；掌握不同公文间的联系与区别；在分析范例的基础上，能够熟练而准确地写作各种公文。

第一节 公 文 概 述

一、公文的概念

公文是公务文书的简称，是指国家机关、企事业单位、社会团体用以处理公务所使用的书面材料的总称。它是传达贯彻党和国家的方针政策，颁布法律、法规、规章，请示和答复问题，汇报情况，交流经验，以及记载政务活动相关内容的重要工具。

公文主要包括法定公文和一般公务文书两类。

法定公文是指中共中央办公厅和国务院办公厅于2012年4月16日联合印发的《党政机关公文处理工作条例》中规定的15种公文，即决议、决定、命令(令)、公报、公告、通告、意见、通知、通报、报告、请示、批复、议案、函、纪要。

一般公务文书是指《党政机关公文处理工作条例》中未做规定而在党政机关、企事业单位、社会团体中又经常使用的公务文书，如计划、总结、规章制度等。本书所讲的公文仅指法定公文。

二、公文的特点

公文与其他文体相比，具有鲜明的特点，主要表现在以下几个方面：

（一）法定的权威性

公文作为国家行政机关行使其行政管理职能的重要工具,直接反映制文机关的立场、观点和决策意图,而且一旦发布生效,任何单位和个人必须遵守贯彻执行,因此其内容具有法定的权威性和约束力。任何性质的国家的政治集团总是通过公文的发布和实施规范人们的言行,确保政治集团对国家的统治和管理,因此公文具有极强的政治性和政策性色彩。

公文的权威性来自国家行政机关的权威性。在法定的时间、范围内,公文对受文对象具有强制阅读、强制执行或强制复文等效力,受文对象必须贯彻执行,不容违背。

（二）严格的程式性

公文是一种严肃的文体,具有严格的程式性。所谓程式性,是指撰写公文有统一规定的种类、格式和行文关系。每种公文都有特定的适用范围、表现内容和使用格式,不能别出心裁、标新立异,也不能自搞一套、混同使用。如《党政机关公文处理工作条例》明确规定:"公文一般由份号、密级和保密期限、紧急程度、发文机关标志、发文字号、签发人、标题、主送机关、正文、附件说明、发文机关署名、成文日期、印章、附注、附件、抄送机关、印发机关和印发日期、页码等组成。"此外,其他如用纸、书写、装订等也都有统一要求,任何单位和个人在撰写时都必须严格遵守,不得滥造乱用。

此外,公文要经过正式会议审核通过才能由相关主管领导签署发布。为了保证公文传递的运作通畅与贯彻执行,《党政机关公文处理工作条例》还规定了严格的公文收发办理程序,包括登记、初审、承办、催办以及复核、印制、核发等。

（三）制发者的特定性

公文的制发者必须是依法成立并能以自己的名义行使职权和承担义务的组织、机关或其领导人。这里的"领导人"是指一个组织的代表而不是指"自然人"。公文的撰拟由专人负责,并代表专门机构,即使是以个人名义发布的,也不意味着就是以个人名义谈话,而是代表其所在机关或单位。公文一旦形成,其一切责任由制发者负责,与拟稿人即通常所指的写作者本人无关。

三、公文的分类

从不同角度,公文有不同的分类标准。

从来源上可分为收文和发文两类。收文是本机关收到的外机关送来的文件,如上级机关发来的指示、通知等。发文是本机关制发的文件,一部分发送给外机关,另一部分下发给本机关内部使用。

从行文关系上可分为上行文、平行文和下行文三种。上行文即下级机关向上级机关报送的公文,如请示、报告。平行文指同级机关或不相隶属的机关之间互相往来的公文,如函、议案。下行文指上级机关发给下级机关的公文,如命令(令)、决定、批复等。

从机密程度上可分为绝密公文、机密公文、秘密公文和普通公文。

从公文发送与处理的时间要求上可分为特急、急件和平件三种。

不同种类的公文有各自的适用范围和条件,因此在确定公文种类时,一定要在考虑本机关与主送机关的工作关系、本机关的工作权限以及行文目的和要求等几方面情况的基础上,确定正确的公文种类。

四、公文的作用

(一)领导和指导作用

公文作为国家行政机关行使其行政管理职能的重要工具,既是行政机关传达贯彻党和国家方针政策的有效形式,又是传达工作决策的重要手段。党和国家所制定的方针政策以及政府各部门颁发的法律、法规,基本上都是以各种公文的形式向下传达,布置交代任务,据此领导和指导下属单位有效地开展各项工作。例如,国务院对财政部的发文,就对财政部起领导作用;财政部对各省财政厅(局)的发文,就对各省财政厅(局)的业务起指导作用。

(二)规范和约束作用

我国的各种法律、行政法规和规章制度,主要是以命令、决定、通告、通知等形式发布的,如《中华人民共和国会计法》《中华人民共和国刑法》《中华人民共和国刑事诉讼法》《企业财务会计报告条例》《会计档案管理办法》《会计基础工作规范》《绿色食品标志管理办法》等都以公文的形式发布。这些法律、行政法规和规章制度是由国家各级权力机关、行政机关发布的,一经盖章发出,就具有法定效力,对社会组织、社会成员的各项工作和活动具有规范和约束作用。在其有效的时间和规定的范围内,任何单位和个人必须遵守,不得违反。

(三)联系和沟通作用

公文是一种重要的政务信息载体,在加强党政机关之间的联系和沟通信息方面起着重要的纽带作用。在公务活动中,上级和下级之间需要答复询问、通知相关事宜、请示报告情况;平级和不相隶属的机关之间需要相互联系业务、沟通情况、交流信息等。例如,下级机关向上级机关汇报工作和请示问题;上级机关向下级机关传达党和国家的方针政策、指导工作、答复问题;平级机关或不相隶属的机关之间商洽工作、互通情况等,一般都是在公文这个桥梁的联系和沟通的作用下实现的。公文不但有利于相关机关之间达成共识、密切配合,而且能提高工作效率,推进各项工作顺利开展。

(四)宣传和教育作用

有些公文本身就是宣传教育材料,旨在提高人们的思想认识,调动人民群众的积极性,保证党和国家方针政策的贯彻执行。实践证明,载有中央领导同志重要讲话的公文的发布和传达,在推进社会经济高质量发展的各项工作中对全国人民都起着极大的鼓舞作用。此外,利用公文进行奖惩也是一种行之有效的宣传教育手段。

（五）凭证和查考作用

公文反映了制发者的意图、愿望和要求,收文机关必须依此来贯彻执行和处理事务;同时,公文也可作为事后用以证实发文机关意图的凭证。因此,公文一经发布,即必须作为凭证依据予以登记立卷存档,以备查用;另外,作为一定时期政治、经济、文化等方面的真实记录,公文是重要的凭证史料,还具有查考作用,有的甚至能为研究历史提供第一手材料。

第二节　公文的基本结构及其写作

公文的基本格式是指法定文种外形结构的组织和安排的规定,包括公文的构成要素,以及这些要素在页面上的标识构成及其位置。《党政机关公文处理工作条例》对公文的格式做了规范性的规定。

一、公文的基本结构

公文一般由眉首、正文和文尾三部分构成。

公文的构成要素包括份号、秘级和保密期限、紧急程度、发文机关标志、发文字号、签发人、标题、主送机关、正文、附件说明、发文机关署名、成文日期、印章、附注、附件、抄送机关、印发机关和印发日期、页码等。

（一）眉首部分

眉首又称文头或版头,由发文机关、发文字号、秘密等级、紧急程度和文件份号等要素组成。

1. 发文机关

发文机关的名称（全称或规范化简称）一般都用套红大字居中印在公文首页上部,以示庄重。它是公文制发机关的标识,一般由公文制发机关全称加文种构成,如"中华人民共和国财政部公告";几个机关联合行文时,主办机关应排列在前,如《财政部、国家档案局关于印发〈会计档案管理办法〉的通知》。下行文的发文机关名称后常加"文件"两字,如"××市人民政府文件"。

2. 发文字号

发文字号又称发文号,即发文机关的代号和文件的登记编号,由发文机关代字、年份、序号三部分依序构成。发文机关代字是发文机关的代称,年份是发文的年度,序号是发文的顺序号,如"国办发〔2022〕5号",其中"国办"即国务院办公厅的代称;"〔2022〕"是发文年份,指该文2022年发出;"5"是发文顺序号,指该文是国务院办公厅2022年发出的第5个文件。

一份公文只能有一个发文字号,联合发文使用主办机关的发文字号。如《关于做好国际油价触及调控上限后实施阶段性价格补贴有关工作的通知》是财政部与国家发展改革委的联合发文,财政部是主办机关,该文的发文字号是"财建〔2022〕185号"。

有些公文一般不标明发文字号,而只标明序号。序号置于公文名称之下正中位置(汇编成册的公文,其发文字号则通常位于标题的正下方或右下方),如《中华人民共和国主席令》,在其正下方居中标有"第一一四号"。

上报公文应当在发文字号右侧标注"签发人","签发人"后面标明签发人姓名。如有多个签发人,则主办机关签发人姓名置于第一行,其他签发人姓名从第二行起在主办机关签发人姓名之下按发文机关顺序依次排列。

3. 秘密等级

秘密等级是指公文内容所涉及的国家秘密的等级,分绝密、机密、秘密三级。凡内容属于或涉及国家秘密的公文都应当在首页左上角标注秘密等级。绝密、机密公文的制发,还应当标明份数和序号。若需同时标注秘密等级和保密期限,则二者之间用"★"号隔开。

4. 紧急程度

紧急程度是指对公文送达和办理的时限要求的标志。对一些急需处理的公文,应当在首页的左上角(秘密等级之下)标明紧急程度。根据紧急程度,紧急公文应当分别标注"特急""加急",电报应当分别标注"特提""特急""加急""平急"。

5. 文件份号

文件份号是指公文印制份数的顺序号,也叫"编号"。份号位于眉首的左上角,用阿拉伯数码编印。如果一个文件印发500份,则份号就是从1号到500号。其目的是便于发文和查对。

(二) 正文部分

正文部分是公文的主体,一般由公文标题、主送机关、正文、附件、发文机关署名、成文日期、印章、附注等构成。

1. 公文标题

公文标题通常由发文机关名称、事由和文种三部分组成,或者由发文机关名称和文种两部分组成。其位置位于红色分隔线下空两行位置,可分一行或多行居中排布,字体比正文的字体大些。如《国务院关于加强预算外资金管理的决定》,其中"国务院"是发文机关,"关于加强预算外资金管理"是事由,"决定"是文种。事由一般由介词"关于"引出,并应当准确、简要地概括公文的内容。再如《中华人民共和国主席令》《中华人民共和国财政部公告》，则是由发文机关名称和文种两部分组成，其中"中华人民共和国主席""中华人民共和国财政部"是发文者和发文机关，"令"和"公告"是文种，事由通常省略。这种情况一般适用于少数公文，如令、公告、通告等。

此外，标题中除法规、规章名称加书名号以及并列的几个机关名称之间可加顿号外，一般不用标点符号。

2. 主送机关

主送机关又称受文机关，指公文的主要受理机关，应当使用机关全称或者规范化简称或同类型机关统称。主送机关应标注在标题之下，正文之上靠左，并顶格书写，其后标全角冒号。当主送机关有数个并易于列举时，应并列写出；当主送机关有很多，无法一一列举时，可以统称。如财政部向省、自治区、直辖市财政厅（局）行文，不可能把全国各省、自治区、直辖市财政厅或财政局的全称或简称一一列出，则该文的主送机关可以统称为"各省、自治区、直辖市财政厅（局）："。

上行文和非普发性的下行文一般只写一个主送机关。命令及一些公布性的公文，如公告、通告等，一般不注明主送机关。

3. 正文

正文是公文的主体部分和核心内容，用来表述公文的内容。一般由发文事由、具体事项和结尾三部分组成。正文的行文要求简练、逻辑严密、文字准确。正文字体不能太小，字距、行距要清晰。

4. 附件

附件是附属于公文正文之后的文字材料，是整个公文的重要组成部分。为使受文者正确理解和准确执行或办理公文，可以添加附件。附件有两种：一种是用于补充说明或证实正文的文件材料；另一种是随命令、通知等发布、批转或转发、印发的文件材料。

公文若有附件，则应在正文之后、成文日期之前注明附件的顺序和名称，或者在正文相关处用括号注明"见附件"等字样。如正文标题中已标明所批转、转发、印发、发布的文件，则在正文之下不加附件说明，文中也不用标注"见附件"等字样。

5. 发文机关署名

发文机关指制发公文的机关。其署名位置在正文的右下方、成文日期的上方，署发文机关全称或规范化简称，以领导人名义行文的要注明其职务和姓名。有些下行文可不署发文机关名称，而盖以发文机关的公章取代。

6. 成文日期

成文日期署会议通过或者发文机关负责人签发的日期。联合行文时，署最后签发机关负责人签发的日期。成文日期一般右空四字编排。

7. 印章

印章指作为机关权力象征的图章。公文上的印章是公文生效的一种标志。公文上的印章有两种：一种是发文机关的印章，亦称公章；另一种是机关负责人的印章，亦称签名章。公文中除简报式会议纪要外，都须加盖印章，否则视为无效。

单一机关行文时，印章端正、居中下压发文机关署名和成文日期，使发文机关署名和成文日期居印章中心偏下位置，印章顶端应当上距正文（或附件说明）一行之内；联合行文时，一般将各发文机关署名按照发文机关顺序整齐排列在相应位置，并将印章一一对应、端正、居中下压发文机关署名，最后一个印章端正、居中下压发文机关署名和成文日期，印章之间排列整齐、互不相交或相切，每排印章两端不得超出版心，首排印章顶端应当上距正文（或附件说明）一行之内。单一机关制发的公文加盖签发人签名章时，在正文（或附件说明）下空两行右空四字加盖签发人签名章，签名章左空两字标注签发人职务，以签名章为准上下居中排布；联合行文时，应当先编排主办机关签发人职务、签名章，其余机关签发人职务、签名章依次向下编排，与主办机关签发人职务、签名章上下对齐，每行只编排一个机关的签发人职务、签名章，签发人职务应当标注全称。

8. 附注

附注是指对正文中出现的名词术语、有关事项和使用方法等所做的简要说明与解释。如有附注，则居左空两字加圆括号编排在成文日期下一行。附注有多条时需用序号进行排列。

（三）文尾部分

文尾又称版记，属于文件的附加部分，主要是对文件印发情况加以说明，包括抄送机关、印发机关、印发日期、印发份数等。

1. 抄送机关

抄送机关是指除主送机关以外需要执行或知晓公文的其他机关，应使用机关全称或规范化简称。抄送机关一般只需了解公文的内容而不负责答复和办理。抄送机关在印发机关和印发日期之上一行、左右各空一字编排。如果抄送机关较多，则要分别按党政机关级别和领导人职务的高低排列。

2. 印发机关

印发机关是指负责印发公文文件的机关，一般是发文机关的办公厅（室），例如市政府的文件印发机关是市政府办公室。印发机关置于末条分隔线之上，左空一字署公文印发机关的全称。

3. 印发日期

印发日期是指办公厅（室）接稿后送往印刷的时间。印发日期右空一字署在印发机关的右边,如"2022 年 6 月 3 日印发"。

4. 印发份数

印刷份数是指该份文件的总印数。印刷份数置于印发机关及印发日期栏底线下方,如"共印××份"。

公文的具体格式如下:

(一)眉首部分

份号

机密★1年

特急

××市人民政府文件

×政发〔2022〕2号

(二)正文部分

关于××××××的通知

各乡(镇)人民政府、街道办事处,市政府各部门,各直属企业:

×××。

附件:××××××××

(××市人民政府印章)

2022 年 1 月 18 日

(三)文尾部分

抄送:××,××,××。

××市人民政府办公厅　　　　　　　　　　　　　　　2022 年×月××日印发

共印××份

说明:

(1)公文用纸一般为 16 开型,长 260 mm、宽 184 mm、左侧装订,也可使用成品幅面尺寸为 210 mm×297 mm 的国际标准 A4 型纸张。公告、通告用纸大小,根据实际需要确定。

（2）公文用纸天头（上白边）为 37 mm±1 mm,订口（左白边）为 28 mm±1 mm,版心尺寸为 156 mm×225 mm（不含页码）。

（3）公文的眉首、正文和文尾三大部分,每一部分的项目内容和所处位置都必须按规定的标准安排。机关正式文件用固定的套红版头,标明机关的全称或规范化简称,后面加上"文件"二字,并用红色分隔线（有的在红色分隔线中间加五角星）将版头与正文部分隔开。

（4）公文各部分项目选用规定的不同型号的字体印刷。公文标题一般用二号小标宋体,正文一般用三号仿宋体。

二、公文的写作要求

公文的写作首先要求写作者平时注意广泛地搜集材料,其次要实地进行考察,在此基础上,去伪存真、去粗取精,用准确规范的语言写成条理清晰、一目了然的综合材料。但不同的公文种类,具体表达的基本观点和中心思想并不相同,具体的写作要求也存在差异,下面就具体的公文种类来说明不同公文的写作要求。

（一）决议

决议是党政机关对重要事项经会议讨论通过决策,并要求贯彻执行的重要指导性公文。决议一般具有权威性和指导性的特点。

决议可以分为公布性决议、批准性决议和阐述性决议三类。公布性决议是为公布某种法规、提案的文件;批准性决议是为肯定或否定某种议案的文件;阐述性决议是对某些重大结论的具体内容加以展开阐述的文件。

决议一般由标题、成文日期和正文三部分构成。

标题一般由发文机关、事由和文种三部分构成,或者由事由和文种两部分构成。成文日期即决议正式通过的日期,一般放在标题下面,在小括号内注明会议名称及通过时间,也可只写年月日。正文的结构一般包括决议缘由、决策事项和结语三部分:第一部分应简要说明有关会议审议决策事项的情况,陈述做出决议的原因、根据、背景、目的或意义;第二部分应说明会议通过的决策事项,或者会议对有关文件、事项做出的评价、决定,或者会议对有关工作做出的部署、要求和措施;第三部分一般紧扣决议事项,有针对性地提出希望、号召和执行要求,该部分可以不单独列示。

（二）决定

决定是党政机关对某些重要事项或重大行动做出决断、安排时所使用的一种指挥性公文。决定是一种重要的规范性公文,使用范围很广,上至党和国家的重大决策和战略部署,下至基层单位的奖惩事宜均可使用。决定具有领导性、权威性和规定性的特点。

常见的决定有法规性决定、重大事项决定、处理重大事件决定、表彰英模决定、机构设置决定、人事安排决定和接受辞职决定等。

决定一般由标题、日期、正文、落款四部分构成。

标题一般由发文机关、事由和文种三部分构成,或者由事由和文种两部分构成。正文一般由决定的缘由、决定的内容和结尾三部分构成,有的还需带有附件。正文第一部分应简要交代发布决定的目的、意义及其背景;第二部分应说明决定的具体事项,属于决定的主体,行文要求具体明白、层次清楚,便于有关单位执行;第三部分是结尾,用于提出希望、要求或执行说明。有附件的决定,应当于正文之后、发文机关署名之前注明附件的名称或依据,并将附件附在主件之后。

(三) 命令(令)

命令(令)使用的级别比较高,一般只有国家的行政领导人才能使用,其他机关团体不得使用。命令(令)适用于发布行政法规和规章,全国人大及其常委会讨论通过的法律,以及地方人大讨论通过的地方性法规和各级行政管理部门制定的行政法规,大都是通过颁布命令实施的。命令(令)具有权威性和强制性的特点。

命令(令)一般可分为公布令、任免令、行政令、嘉奖令、惩戒令、撤销令、特赦令、通缉令等。

命令(令)的结构很简单,一般由标题、编号、正文、落款、日期等部分组成,行政令还带有附件。

公布令、任免令的标题一般由发令机关名称(或领导人职务名称)和文种构成,如"中华人民共和国主席令";行政令、嘉奖令一般由发令机关名称、事由和文种构成,如"国务院对胜利粉碎劫机事件的民航××机组的嘉奖令"。

命令(令)的发文字号不同于其他公文的发文字号,它不是由机关代字、年份和发文顺序号组成,而是只标发文顺序号。

命令(令)的正文文字较少,通常都很简练,只有一两句话。一般包括公布对象、公布依据和实施时间三项内容。

(四) 公报

公报是指国家、政府、政党、团体或其领导人所发表的关于重大事件或会议经过和决议等的正式文件。公报具有权威性、指导性和新闻性的特点。

公报可以分为会议公报、事项公报和联合公报三类。会议公报是用以报道重要会议或会谈的决定和情报的公报;事项公报是高级党政机关用以发布重大情况、重要事件的文件;联合公报用以发布国家之间、政党之间、团体之间经会议达成的某种协议,是一种特殊用途的公报。

公报一般由标题、成文日期、正文和尾部四部分构成。

公报的标题常见的有三种：第一种是直写文种，如《新闻公报》；第二种是由会议名称和文种构成；第三种是联合公报，由发表公报的双方或多方国家的简称、事由和文种构成。成文日期一般放在标题下面，在小括号内注明公报发布的日期。正文一般由开头和主体组成。开头即前言部分，会议公报要求概述会议的名称、时间、地点和参加人员等；事项公报要用最鲜明、最精练的语言概述事件的核心内容，即何时、何地、发生了什么重大事件；联合公报要求概述公报的来由，即在何时、何地、谁与谁举行了什么会谈或谁对谁进行了什么性质的访问等。主体部分是公报的核心内容，要求把公报的内容完整、系统、有序地表达清楚，具体可以采用分段式、序号式或条款式进行写作，其中条款式多用于联合公报。尾部并不是公报必需的构成部分，一般会议公报和事项公报都没有尾部，而联合公报要在正文之后写明双方签署人的身份、姓名、日期以及签署地点。

（五）公告

公告是党和国家各级权力机关、行政机关向国内外宣布重要事项或法定事项时所使用的公文。公告的内容具有严肃性和规定性的特点，同时还具有文体的庄重性和告知范围的广泛性。

公告一般由标题、正文、落款和日期四部分构成。

公告的标题一般由发文机关和文种构成，如《中华人民共和国司法部公告》。有时直接标出"公告"即可。如果是连续发布的公告，则要在标题下注明"第×号"。公告正文一般包括公告依据、公告事项以及结语三部分。正文的行文要求文字精练，语气亲切平和。公告的落款指在正文右下方另起一行署上发布公告的机关名称和发布日期，如果已在标题中注明了发布公告的机关名称，则可省略。公告的发布日期可署在落款的正下方，或者署在标题之下、正文之上。

（六）通告

通告适用于在相关范围内公布社会各有关方面应当遵守或周知的事项。通告具有制发单位广泛、内容相对专业和法定约束性等特点。

通告一般由标题、正文、落款和日期四部分构成。

通告的标题可以由发文机关和文种构成，也可以由发文机关、事由和文种构成。正文一般包括通告依据、通告事项以及结语三部分。正文第一部分应简要交代发布通告的缘由、根据和目的；第二部分应说明通告事项的内容、要求和执行措施等；第三部分通常用"特此通告""此告"等习惯用语结尾。

（七）意见

意见适用于对重要问题提出见解和处理办法，主要是针对带有普遍性和亟待解决的问题提供具有指导性的方法、措施等。意见是一种重要的领导、指导性公文，具有知照性、主动性较强和可操作性等特点。

意见一般由标题、正文、落款和日期四部分构成。

意见的标题由发文机关、事由和文种构成。意见的正文一般包括发文缘由、见解办法和发文要求三部分：发文缘由一般交代提出意见的背景、依据、目的、意义等，通常用"提出以下意见""现提出以下实施意见，请认真贯彻执行"等惯用语衔接下文；见解办法要求有理有据，且操作性强；最后一般提出发文的要求、希望等，通常用惯用语"以上意见如无不妥，请批转××执行""报经××后下发"等作为结束语。

（八）通知

通知用于发布、传达要求下级机关执行和有关单位周知或执行的事项，批转、转发公文。通知具有适用范围广、使用频率高的特点。

通知按照不同用途可分为指示性通知、知照性通知、批转性通知、转发性通知、颁布性通知和任免性通知六种类型。

指示性通知用于对下级机关需要执行与办理的工作或具体事项所做出的指示、要求，带有强制性、指挥性和决策性的特点。

知照性通知用于告知对方只需要知晓而不需要直接执行或办理的事项。

批转性通知用于对下级机关的来文进行批示后再转发给有关单位遵照执行。

转发性通知用于上级机关、同级机关及不相隶属机关的公文中对本机关下属各单位的工作具有指导意义的，将其转发给相关单位。

颁布性通知用于颁布有关规定、规则、制度、条例、办法等规章制度。

任免性通知用于人事的任免。

通知一般由标题、正文、落款和日期四部分构成。

通知的标题可以由发文机关、事由和文种构成，也可以由发文机关和文种构成。正文一般包括开头、主体和结尾三部分：开头部分应简要交代发布通知的缘由和目的；主体部分应说明通知事项的具体内容；结尾部分应说明执行要求。正文的行文要求语言准确、简明，通知事项具体明确、切实可行。

（九）通报

通报用于表彰先进、批评错误、传达重要精神和告知重要情况，是上级机关向下属机关发出的一种周知性文件。通报具有内容的真实性和目的的明确性的特点。

通报根据不同用途可分为表扬通报、批评通报和事项通报三种。

通报一般由标题、正文、落款和日期四部分构成。

通报的标题可以由发文机关、事由和文种构成，也可以由发文机关和文种构成。正文一般包括发文原因、事件及其评议和所做出的决定三部分。正文在介绍事件的经过时要完整、简练，评议不宜过多且要注意分寸。

（十）报告

报告用于向上级机关汇报工作、反映情况，回复上级机关的询问。报告属于陈述性的上行公文，汇报性是报告的一大特点。

报告按内容可分为工作报告、情况报告、建议报告、答复报告和报送报告等；按性质可分为综合报告和专题报告。

报告一般由标题、主送机关、正文、落款和日期五部分构成。

报告的标题通常只写发文事由和文种，有的标题由发文机关、事由和文种构成。如果报告内容紧急，则可在标题中"报告"前冠以"紧急"字样。主送机关一般是直属上级机关。正文一般包括报告缘由、报告事项和结尾三部分。正文行文应根据不同种类的报告合理安排陈述的结构，陈述的内容尽量使用准确的数据和概括性、有说服力的材料进行说明，做到言简意赅，重点突出。结尾部分通常用"特此报告""以上报告，请审阅"等惯用语结束全文。

（十一）请示

请示用于向上级机关请求指示、批准。在公务活动中，涉及本机关无权决定而又必须经办的，或者有权决定但事由重大难以处理的，或者按现有规定必须向上级请求指示的，则在办理之前应向上级递交请示。请示具有明显的针对性、呈批性（即上级机关对呈报的请示事项，无论同意与否，都必须给予明确的"批复"回文）和时效性等特点。

请示根据不同用途可分为请求指示的请示、请求批准的请示和请求批转的请示三种。

请示一般由标题、主送机关、正文、落款和日期五部分构成。

请示的标题由发文事由和文种构成，也可以由发文机关、事由和文种构成。请示的主送机关只有一个，若需同时送达其他机关，则应采用抄送形式。正文一般包括请示缘由、请示事项和结尾三部分：正文开头应写明请示的原因、背景和依据；请示事项要写清请求指示、请求批准、请求批转的具体事项，事项要明确、具体；结尾要明确提出请求，常用的如"以上意见，请予指示""以上要求，请予批准"或"如无不妥，请批转……"等。

（十二）批复

批复用于答复下级机关请示事项。请示是问，批复是答。批复具有被动性、针对性、权威性的特点。

批复一般由标题、主送机关、正文、落款和日期五部分构成。

批复的标题由发文机关、事由和文种构成。标题的写作要求精练和清晰。批复的正文一般包括批复引语、批复事项和结尾三部分：批复引语中应明确指出批复的对象；批复事项中应表明对来文的态度；结尾部分常以惯用语"此复""特此批复"等为结束语，结束语一般另起一行，也可省略不写。此外，批复要求针对"请示"中的事项逐一答复，且要及时，不能久拖不复。

（十三）议案

议案用于各级人民政府按照法定程序向同级人大或人大常委会提请审议事项。

议案一般由标题、主送机关、正文、落款和日期五部分构成。

议案的标题一般由发文机关、事由和文种构成。主送机关是指同级人大或人大常委会。正文一般包括提案依据、议案内容和解决办法三部分。落款署上提议单位的名称或代表姓名。落款的下方署上所提议案提交主送机关的日期。

（十四）函

函用于不相隶属机关之间商洽工作、询问和答复问题、请求批准和答复审批事项。函是比较正式的一种公文。函具有沟通性、灵活性、单一性等特点。

函根据性质及处理手续不同可分为公函和便函。公函是正式公文，行文比较郑重，商洽的事情比较重要，按公文格式行文。便函不是正式公文，行文比较简单，用来商洽一般不重要的事情，格式灵活、简便，可以不编发文号，只盖单位办公厅、办公室公章即可。

函根据内容、性质和用途不同可分为商洽函、问答函、请求函、告知函四种。

函一般由标题、主送机关、正文、落款和日期五部分构成。

函的标题由发文事由和文种（函或复函）构成，也可以由发文机关、事由和文种（函或复函）构成。主送机关即接受公函的机关。复函的主送机关与来函的发文机关是一致的。函的正文一般包括发函原因、发函事项和结尾三部分。发函事项应说明商洽的问题，其行文要求简明扼要。结尾部分一般是提出希望和要求，通常以惯用语"特此函告""请查照办理""即请函复"等为结束语。正文的语言要求文明礼貌、庄重典雅，语气要温和，以达到较好的效果。

（十五）纪要

纪要用于记载会议主要情况和议定事项。它是根据会议的宗旨、目的和要求，按照会议记录、会议文件材料和会议活动情况综合加工整理而成的，既可上呈，又可下达，是使用较为广泛的一种纪实性文件。纪要具有纪实性、提要性和指导性等特点。

纪要根据会议的不同性质可分为例会会议纪要、工作会议纪要、讨论会议纪要三种。

纪要一般由标题、正文和日期三部分构成。

纪要的标题一般由会议名称和文种构成，也可以由主办单位、会议名称和文种构成。纪要的正文一般包括会议情况简介、会议主要精神和结尾三部分：正文开头应简要介绍会议的基本情况，如会议的时间、地点、参加人员、主持人、会期、形式等；会议主要精神部分是纪要的主体，应将与会者的发言进行分析、归纳、综合和概括，在此基础上准确而概要地反映会议研究的问题、讨论的意见、做出的决定、提出的任务、确定的措施等内容，做到详略适宜，突出会议的重点和主要精神；结尾部分一般是提出希望、号召，要求贯彻会议精神，完成会议提出的任务。纪要的日期可以放在标题之下，也可以写在正文之后。

三、公文写作的注意事项

公文写作具体包括如下注意事项：

（1）根据机关间的工作关系准确行文。选择适宜的行文方式，一般不越级行文；正确选择主送、抄送机关；明确发文权限，不越权发文；联合发文时，制发者应为"同级"。

（2）符合文稿的用纸及书写格式要求。

（3）公文的行文用词要准确、规范，避免发生歧义。词语间的搭配要遵循语言法则，谨慎使用修辞格；合理运用不同种类公文各自的惯用语；注意词语语调对语义的影响，以正确表达写作者的立场、观点和态度；做到语言朴实、精炼、严谨、得体有力。

（4）公文表达的内容要完整、具体、明确，使受文者易于理解、一目了然。

第三节　例 文 简 评

例文1：命令（令）

中华人民共和国主席令
第一一一号

《中华人民共和国期货和衍生品法》已由中华人民共和国第十三届全国人民代表大会常务委员会第三十四次会议于2022年4月20日通过，现予公布，自2022年8月1日起施行。

中华人民共和国主席　习近平
2022年4月20日

简评：这是一份颁布令。该命令（令）由标题、发文字号、正文、落款、日期五部分构成。标题由发令领导人（中华人民共和国主席）和文种（令）构成。编号为第111号令。正文指明了三项内容：公布对象——《中华人民共和国期货和衍生品法》，公布依据——由中华人民共和国第十三届全国人民代表大会常务委员会第三十四次会议于2022年4月20日通过，实施时间——2022年8月1日起。正文行文文字简练，结构严谨而精悍，语气庄重，具有权威性和强制性。

例文2：决定

国务院关于在上海市浦东新区暂时调整实施
有关行政法规规定的决定
国发〔2018〕29号

各省、自治区、直辖市人民政府，国务院各部委、各直属机构：

根据《国务院关于上海市进一步推进"证照分离"改革试点工作方案的批复》（国函

〔2018〕12号),国务院决定,即日起至2018年12月31日,在上海市浦东新区暂时调整实施下列行政法规规定:

一、暂时调整实施《医疗器械监督管理条例》第三十四条第二款关于大型医用设备配置许可证核发的规定,对试点区域内的社会办医疗机构配置乙类大型医用设备不实行许可管理,加强事中事后监管。

二、暂时停止实施《饲料和饲料添加剂管理条例》第十五条第一款关于设立饲料添加剂、添加剂预混合饲料生产企业审批程序和审批期限的规定,实行告知承诺制。

国务院有关部门、上海市人民政府要根据上述调整,及时对本部门、本市制定的规章和规范性文件作相应调整,建立与试点工作相适应的管理制度。

国务院将根据"证照分离"改革试点工作的实施情况,适时对本决定的内容进行调整。

附件:国务院决定在上海市浦东新区暂时调整实施有关行政法规规定目录

国务院
2018年8月4日

简评:这是一份关于上海市浦东新区暂时调整实施有关行政法规规定的决定。该决定由标题、发文字号、正文、落款、日期五部分构成。标题由发文机关(国务院)、事由(上海市浦东新区暂时调整实施有关行政法规规定)和文种(决定)构成。正文首先简要陈述了决定的背景、缘由和内容:根据《国务院关于上海市进一步推进"证照分离"改革试点工作方案的批复》,暂时调整实施《医疗器械监督管理条例》第三十四条第二款关于大型医用设备配置许可证核发的规定,以及暂时停止实施《饲料和饲料添加剂管理条例》第十五条第一款关于设立饲料添加剂、添加剂预混合饲料生产企业审批程序和审批期限的规定,并对该调整工作进行了相应部署。正文的行文简明扼要,用语准确。决定取消的行政许可等事项用附件的形式表现,不但可以节约篇幅,还可以使名单更集中、醒目,值得借鉴。

例文3:决定

水利部　财政部
关于对全国水土保持生态环境建设"十百千"
第四批示范工程命名的决定

20××年8月21日　水保〔20××〕362号

各流域机构,各省、自治区、直辖市水利(水务)厅(局)、财政厅(局),各计划单列市水利(水务)局、财政局:

根据水利部、财政部《关于实施全国水土保持生态环境建设"十百千"示范工程的通知》(水保〔1999〕85号)和《全国水土保持生态环境建设"十百千"示范工程实施管理办法》(水保〔1999〕297号),经研究,决定对第四批验收合格的示范县、小流域命名如下:

一、命名北京市房山区等56个县(市、旗)为"全国水土保持生态环境建设示范县"。

二、命名贵州省大方县新桥小流域等302条小流域为"全国水土保持生态环境建设示范小流域"。

希望被命名的单位再接再厉,开拓创新,发挥示范带动作用,为我国水土保持生态环境建设事业做出更大的贡献。

各地要向被命名的示范单位学习,贯彻预防为主、保护优先的方针,坚持以小流域为单元,统一规划,因地制宜,综合防治水土流失。要依靠政策和建设管理体制与机制的创新,调动全社会力量参与水土保持生态建设。要有效保护、高效利用水土资源,改善农业生产条件和生态环境,提高土地生产力和群众生活水平。要依靠生态的自我修复能力,大面积恢复植被,加快水土流失治理步伐,实现人与自然和谐相处,生态与经济协调发展。

附件:1."十百千"工程第四批命名示范县名单
      2."十百千"工程第四批命名示范小流域名单

简评:这是一份联合行文的周知性决定。该决定的标题由发文机关(水利部和财政部)、事由(对全国水土保持生态环境建设"十百千"第四批示范工程命名)和文种(决定)构成。正文部分分段说明决定的依据、决定的具体内容(对第四批验收合格的示范县、小流域命名),提出了对被命名单位的希望,以及对其他单位的要求(各地要向被命名的示范单位学习)。正文行文的内容具体明白、层次清楚。

例文4:公告

财政部　税务总局
关于扩大全额退还增值税留抵税额政策行业范围的公告
财政部　税务总局公告2022年第21号

为进一步加大增值税留抵退税政策实施力度,着力稳市场主体稳就业,现将扩大全额退还增值税留抵税额政策行业范围有关政策公告如下:

一、扩大全额退还增值税留抵税额政策行业范围,将《财政部 税务总局关于进一步加大增值税期末留抵退税政策实施力度的公告》(财政部 税务总局公告2022年第14号,以下称2022年第14号公告)第二条规定的制造业等行业按月全额退还增值税增量留抵税额、一次性退还存量留抵税额的政策范围,扩大至"批发和零售业""农、林、牧、渔业""住宿和餐饮业""居民服务、修理和其他服务业""教育""卫生和社会工作"和"文化、体育和娱乐业"(以下称批发零售业等行业)企业(含个体工商户,下同)。

(一)符合条件的批发零售业等行业企业,可以自2022年7月纳税申报期起向主管税务机关申请退还增量留抵税额。

（二）符合条件的批发零售业等行业企业，可以自2022年7月纳税申报期起向主管税务机关申请一次性退还存量留抵税额。

二、2022年第14号公告和本公告所称制造业、批发零售业等行业企业，是指从事《国民经济行业分类》中"批发和零售业""农、林、牧、渔业""住宿和餐饮业""居民服务、修理和其他服务业""教育""卫生和社会工作""文化、体育和娱乐业""制造业""科学研究和技术服务业""电力、热力、燃气及水生产和供应业""软件和信息技术服务业""生态保护和环境治理业"和"交通运输、仓储和邮政业"业务相应发生的增值税销售额占全部增值税销售额的比重超过50%的纳税人。

上述销售额比重根据纳税人申请退税前连续12个月的销售额计算确定；申请退税前经营期不满12个月但满3个月的，按照实际经营期的销售额计算确定。

三、按照2022年第14号公告第六条规定适用《中小企业划型标准规定》（工信部联企业〔2011〕300号）和《金融业企业划型标准规定》（银发〔2015〕309号）时，纳税人的行业归属，根据《国民经济行业分类》关于以主要经济活动确定行业归属的原则，以上一会计年度从事《国民经济行业分类》对应业务增值税销售额占全部增值税销售额比重最高的行业确定。

四、制造业、批发零售业等行业企业申请留抵退税的其他规定，继续按照2022年第14号公告等有关规定执行。

五、本公告第一条和第二条自2022年7月1日起执行；第三条自公告发布之日起执行。

各级财政和税务部门要坚决贯彻党中央、国务院决策部署，按照2022年第14号公告、《财政部 税务总局关于进一步加快增值税期末留抵退税政策实施进度的公告》（财政部 税务总局公告2022年第17号）、《财政部 税务总局关于进一步持续加快增值税期末留抵退税政策实施进度的公告》（财政部 税务总局公告2022年第19号）和本公告有关要求，在纳税人自愿申请的基础上，狠抓落实，持续加快留抵退税进度。同时，严密防范退税风险，严厉打击骗税行为。

特此公告。

财政部　税务总局
2022年6月7日

简评：这是一份联合行文的公告。该公告的标题由发文机关（财政部和税务总局）、事由（关于扩大全额退还增值税留抵税额政策行业范围）和文种（公告）构成。正文的开头一般用惯用语"为了……，现将有关事项公告如下"，与下文衔接，具体公告内容逐条列示。如果公告内容较多，则可以采用附件的形式列示。最后明确公告内容执行起始日期。陈述公告的具体内容用语简练、清晰明了。

例文 5：通告

财政部办公厅 应急部办公厅
关于向社会公开征求《企业安全生产费用提取和使用管理办法
（征求意见稿）》意见的通告
财办资〔2022〕11 号

　　为进一步加强企业安全生产费用管理，财政部会同应急部对《企业安全生产费用提取和使用管理办法》进行了修订，研究起草了《企业安全生产费用提取和使用管理办法（征求意见稿）》，现面向社会征求意见。相关单位和个人可以在 7 月 13 日前，通过以下途径和方式提出意见：

　　1. 通过中华人民共和国财政部官网中"财政法规意见征集信息管理系统"（网址：http://fgk.mof.gov.cn）提出意见。

　　2. 通过中华人民共和国应急管理部官网中"互动-征求意见"（网址：http://www.mem.gov.cn/hd/zqyj）提出意见。

　　3. 通过信函方式将意见寄至：北京市西城区三里河南三巷 3 号财政部资产管理司（邮编：100820）或北京市西城区广安门南街 70 号应急部规划财务司（邮编：100054），并请在信封上注明"反馈企业安全生产费用管理办法意见"。

　　反馈意见时，请注明单位名称（个人请注明姓名）和联系电话。单位和个人信息仅用于汇总、整理、沟通修改意见，不对外公开。

　　附件：企业安全生产费用提取和使用管理办法（征求意见稿）

财政部办公厅　应急部办公厅
2022 年 6 月 13 日

　　简评：这是由财政部办公厅和应急部办公厅共同发布的一份周知性通告。标题由发文机关（财政部办公厅和应急部办公厅）、事由（向社会公开征求《企业安全生产费用提取和使用管理办法（征求意见稿）》意见）和文种（通告）构成。正文部分交代了发布通告的缘由（加强企业安全生产费用管理）、通告事项（修订《企业安全生产费用提取和使用管理办法》，现面向社会征求意见）、执行措施（逐条列出途径和方式）、要求（注明单位名称和联系电话）；具体内容采用附件的形式列示。全文语言简练明确，直接陈述，条理清晰。

例文 6：通知

财政部
关于适用《新冠肺炎疫情相关租金减让会计处理规定》相关问题的通知
财会〔2022〕13 号

国务院有关部委、有关直属机构，各省、自治区、直辖市、计划单列市财政厅（局），新疆生

产建设兵团财政局,财政部各地监管局,有关单位:

为配合做好关于服务业小微企业和个体工商户等租金减免政策的落实,减轻企业负担,现就适用《新冠肺炎疫情相关租金减让会计处理规定》(财会〔2020〕10号)的相关问题通知如下:

由新冠肺炎疫情直接引发的、承租人与出租人就现有租赁合同达成的租金减免、延期支付等租金减让,减让后的租赁对价较减让前减少或基本不变,且综合考虑定性和定量因素后认定租赁的其他条款和条件无重大变化的,对于2022年6月30日之后应付租赁付款额的减让,承租人和出租人可以继续选择采用《新冠肺炎疫情相关租金减让会计处理规定》规范的简化方法进行会计处理。由此导致的衔接会计处理及相关披露,应当遵循《财政部关于调整〈新冠肺炎疫情相关租金减让会计处理规定〉适用范围的通知》(财会〔2021〕9号)的有关规定。

本通知自发布之日起实施。在境内外同时上市的企业以及在境外上市并采用国际财务报告准则或企业会计准则编制财务报表的企业不适用本通知。

执行中如有问题,请及时反馈我部。

财政部
2022年5月19日

简评:这是一份知照性通知。标题由发文机关(财政部)、事由(适用《新冠肺炎疫情相关租金减让会计处理规定》相关问题)和文种(通知)构成。正文的开头指出了制发该通知的背景、依据及其重要意义;具体内容简洁明了,一目了然。

例文7:通知

国务院
批转《关于深化收入分配制度改革的若干意见》的通知
国发〔2013〕6号

各省、自治区、直辖市人民政府,国务院各部委、各直属机构:

国务院同意发展改革委、财政部、人力资源社会保障部《关于深化收入分配制度改革的若干意见》,现转发给你们,请认真贯彻执行。

收入分配制度是经济社会发展中一项带有根本性、基础性的制度安排,是社会主义市场经济体制的重要基石。改革开放以来,我国收入分配制度改革不断推进,与基本国情、发展阶段相适应的收入分配制度基本建立。同时,收入分配领域仍存在一些亟待解决的突出问题,城乡区域发展差距和居民收入分配差距依然较大,收入分配秩序不规范,隐性收入、非法收入问题比较突出,部分群众生活比较困难。当前,我国已经进入全面建成小康社会的决定性阶段,按照党的十八大提出的千方百计增加居民收入的战略部署,要继续深化收入分配制度改革,优化收入分配结构,调动各方面积极性,促进经济发展方式转变,维护社会公平正义与和谐稳定,实现发展成果由人民共享,为全面建成小康社会奠定扎实基础。

我国仍处于并将长期处于社会主义初级阶段,当前收入分配领域出现的问题是发展中的矛盾、前进中的问题,必须通过促进发展、深化改革来逐步加以解决。解决这些问题,也是城乡居民在收入普遍增加、生活不断改善过程中的新要求新期待。同时也应该看到,深化收入分配制度改革,是一项十分艰巨复杂的系统工程,不可能一蹴而就,必须从我国基本国情和发展阶段出发,立足当前、着眼长远,克难攻坚、有序推进。

深化收入分配制度改革,要坚持共同发展、共享成果。倡导勤劳致富、支持创业创新、保护合法经营,在不断创造社会财富、增强综合国力的同时,普遍提高人民富裕程度。坚持注重效率、维护公平。初次分配和再分配都要兼顾效率和公平,初次分配要注重效率,创造机会公平的竞争环境,维护劳动收入的主体地位;再分配要更加注重公平,提高公共资源配置效率,缩小收入差距。坚持市场调节、政府调控。充分发挥市场机制在要素配置和价格形成中的基础性作用,更好地发挥政府对收入分配的调控作用,规范收入分配秩序,增加低收入者收入,调节过高收入。坚持积极而为、量力而行。妥善处理好改革发展稳定的关系,着力解决人民群众反映突出的矛盾和问题,突出增量改革,带动存量调整。

各地区、各部门要深入学习和全面贯彻落实党的十八大精神,充分认识深化收入分配制度改革的重大意义,将其列入重要议事日程,建立统筹协调机制,把落实收入分配政策、增加城乡居民收入、缩小收入分配差距、规范收入分配秩序作为重要任务。各有关部门要围绕重点任务,明确工作责任,抓紧研究出台配套方案和实施细则,及时跟踪评估政策实施效果。各地区要结合本地实际,制定具体措施,确保改革各项任务落到实处。要坚持正确的舆论导向,引导社会预期,回应群众关切,凝聚各方共识,形成改革合力,为深化收入分配制度改革营造良好的社会环境。

附件:关于深化收入分配制度改革的若干意见

国务院

2013年2月3日

简评:这是一份批转类通知。标题由发文机关(国务院)、事由(批转《关于深化收入分配制度改革的若干意见》)和文种(通知)构成。正文用简洁的语言阐明了批转机关对批转内容的态度以及执行这项工作的意义,并提出了该通知的要求;具体内容采用附件的形式列示。全文语言简练,态度肯定,具有一定的指示性,这也是批转类通知的特点。

例文 8：通报

国务院办公厅
关于对 2021 年落实有关重大政策措施真抓实干成效明显地方予以督查激励的通报
国办发〔2022〕21 号

各省、自治区、直辖市人民政府，国务院各部委、各直属机构：

　　为进一步推动党中央、国务院重大决策部署贯彻落实，充分激发和调动各地担当作为、干事创业的积极性、主动性和创造性，根据《国务院办公厅关于新形势下进一步加强督查激励的通知》(国办发〔2021〕49 号)，结合国务院大督查、专项督查、"互联网+督查"和部门日常督查情况，经国务院同意，对 2021 年落实打好三大攻坚战、深化"放管服"改革优化营商环境、推动创新驱动发展、扩大内需、实施乡村振兴战略、保障和改善民生等有关重大政策措施真抓实干、取得明显成效的 199 个地方予以督查激励，相应采取 30 项激励支持措施。希望受到督查激励的地方再接再厉，取得新的更好成绩。

　　2022 年将召开中国共产党第二十次全国代表大会，是党和国家事业发展进程中十分重要的一年。各地区、各部门要在以习近平同志为核心的党中央坚强领导下，以习近平新时代中国特色社会主义思想为指导，全面贯彻落实党的十九大和十九届历次全会精神，弘扬伟大建党精神，坚持稳中求进工作总基调，完整、准确、全面贯彻新发展理念，加快构建新发展格局，高效统筹疫情防控和经济社会发展，继续做好"六稳""六保"工作，严格落实责任，强化实干担当，勇于改革创新，狠抓督查落实，力戒形式主义、官僚主义，以实际行动迎接党的二十大胜利召开。

　　附件：2021 年落实有关重大政策措施真抓实干成效明显的地方名单及激励措施

国务院办公厅
2022 年 6 月 2 日

　　简评：这是一份内容较完整的表扬性通报。该通报的标题由发文机关（国务院办公厅）、事由（对落实有关重大政策措施真抓实干成效明显地方予以督查激励）和文种（通报）构成。正文概括叙述发布本通报的背景和目的，之后以附件形式列示被表扬的地方名单及激励措施。

例文 9：议案

国务院关于提请审议《国务院机构改革方案》的议案
国函〔2018〕53 号

全国人民代表大会：

　　中国共产党第十九次全国代表大会明确要求深化机构和行政体制改革。党的十九届三中全会审议通过了《深化党和国家机构改革方案》,同意将其中涉及国务院机构改革的内容提交第十三届全国人民代表大会第一次会议审议。现将根据《深化党和国家机构改革方案》形成的《国务院机构改革方案》提请第十三届全国人民代表大会会议审议。

国务院总理　李克强
2018 年 3 月 9 日

简评:这是一份向全国人民代表大会提请审议的议案。该议案的标题由发文机关(国务院)、事由(提请审议《国务院机构改革方案》)和文种(议案)构成。正文简要说明提请审议该议案的背景和目的,之后指出该议案的具体内容,最后提出程序要求,常以"现将××提请审议"文字表述,落款为发文机关的领导,即时任国务院总理李克强。

例文 10:报告

北京市规划和自然资源委员会
2021 年法治政府建设年度情况报告

一、2021 年推进法治政府建设的主要举措及成效

1. **深入学习贯彻习近平法治思想。** 制订会前学法计划,认真学习习近平法治思想和中央全面依法治国重大决策部署,以及市委、市政府关于法治建设的文件精神,并邀请马怀德、王轶等法学专家作专题辅导报告。印发通知要求各部门开展法治建设培训,不断提高推进法治政府建设能力。

2. **积极开展规自领域立法工作。** 完成《北京历史文化名城保护条例》修订,于 2021 年 3 月 1 日起施行。会同市残联仅用 8 个月时间牵头完成《北京市无障碍设施建设和管理条例》修订,《北京市无障碍环境建设条例》于 2021 年 9 月 1 日起施行。完成修订《北京市测绘条例》的条文起草。(略)

3. **持续推进优化营商环境 4.0 版改革。** 在办理建筑许可方面:办理建筑许可 17 项改革任务全部落实到位。进一步优化完善低风险项目"一站通"系统,实现低风险项目环节、时限、成本全面压缩,依托电子报件、电子证照实现"全程网办"。对改革落实情况开展自查,打通"最后一公里"。(略)

4. **积极推进行政审批制度改革。** 对《政务服务事项目录》进行动态调整。依申请类事项新增 13 项、取消 2 项、变更名称 4 项、划转 1 项;非依申请类事项取消 5 项、5 项合并为 2 项、名称调整 8 项、新增 13 项、划转 1 项。全委共办理依申请类事项 1 157 668 件。(略)

5. **不断加强行政复议诉讼制度建设。** 印发《行政复议案件办理规程(试行)》,进一步规范复议案件办理流程。坚持每季度统计分析复议应诉工作情况,向主任办公会通报。全面清理法律文书执行情况,建立败诉案件执行情况报告制度。落实行政机关负责人出庭应诉制度,全委各部门负责人共出庭应诉 89 次,其中 2 名委领导各出庭 1 次。全委共

发生复议诉讼案件1 447件,败诉率7%,同比下降3%。(略)

6. 全面提升行政执法水平。针对每项行政处罚职权确定相应检查事项和责任部门,确保检查工作常态化。全委共填报执法检查单70 964件,违法行为纳入检查率99.21%,同比上升30%;A类执法岗位共596人,同比上升8.2%;参与A类执法人员587人,同比上升16%,A岗参与执法率91.58%,与上年持平。(略)

7. 持续开展执法监督工作。严格落实行政执法"三项制度",不断规范执法行为。印发《重大行政执法决定事项目录》和《行政处罚听证标准》,明确重大执法决定事项范围和纳入听证的行政处罚事项范围。印发《随机抽查工作指引(试行)》,编制"双随机"抽查事项清单,制订年度"双随机"抽查计划并组织落实。持续开展督查督导工作,对393件审批、处罚案卷进行评查。(略)

8. 扎实开展法制宣传工作。印发《2021年普法依法治理工作要点》。结合《民法典》《北京市无障碍环境建设条例》施行,开展主题宣传活动。深入开展"6·25"全国土地日、"8·29"《测绘法》、"12·4"国家宪法日和《反垄断法》宣传,以及庭审旁听和"以案释法"活动,不断强化全委法治意识。

9. 积极化解社会矛盾纠纷。共办理各类投诉举报案件5 898件,办结率、回复率100%。组织14名局级领导、109名处级干部参与接访,接待群众258批次/927人次,有力推动了重复信访治理和积案化解工作。依法办理土地权属争议案件,共收到申请17件,不予受理3件,办结16件(含3件往年结转)。

二、2021年推进法治政府建设存在的不足

主要表现在:行政规范性文件合法性审查工作需要进一步加强;行政执法工作开展不够细致规范;结合法规修订对行政处罚职权调整不够及时;履职类案件处理不够及时到位。

三、2021年党政主要负责人履行推进法治建设第一责任人职责,加强法治政府建设情况

1. 深入学习贯彻习近平法治思想,不断提高法治意识。(略)
2. 加强组织领导,确保法治政府建设顺利推进。(略)
3. 坚持依法行政,不断提升法治能力。(略)
4. 加强依法履职监督,不断强化法治保障。(略)

四、2022年推进法治政府建设的主要安排

1. 高标准推进立法工作。扎实推进制定《北京市地名管理办法》、修订《北京市征收集体土地房屋补偿管理办法》等工作,确保按时完成立法任务。

2. 全面提高依法决策、依法行政水平。进一步提高规范性文件和重大行政决策合法性审核质量标准。对我委起草或制定的规范性文件和政策性文件定期开展评估,确保文件科学有效。继续抓好各项权力清单的动态调整,依法办理各类政务事项,更好地体现"放管服"改革要求。

3. 持续推进优化营商环境5.0版改革。全面推进办理建筑许可和不动产登记领域改

革任务落细落实。推动国家营商环境创新试点落地,抓好示范区建设,通过典型引领总结推广经验。积极做好世行营商新评价准备工作。

4. 不断加强执法监督。进一步完善检查标准,扎实推进行政检查工作。继续开展"基本无违法建设区"创建,大力拆除违建腾退土地。深入推进农村乱占耕地建房专项整治,保持扫黑除恶专项斗争高压态势。严格落实行政执法"三项制度",不断规范执法行为。持续开展依法行政督查督导,确保执法工作有效推进。

5. 有效推动矛盾纠纷化解。大力抓好行政复议应诉工作,提高复议应诉工作质量。严格履行法院判决,确保案件处理及时到位。认真履行行政复议职能,不断提高办案质量。妥善处理信访举报事项,有效化解矛盾纠纷。

北京市规划和自然资源委员会
2022 年 3 月 29 日

简评:这是一份情况报告。该报告的标题由发文机关(北京市规划和自然资源委员会)、事由(2021年法治政府建设年度情况)和文种(报告)构成。报告内容分为四部分:第一部分陈述2021年推进法治政府建设的主要举措及成效;第二部分说明2021年推进法治政府建设存在的不足;第三部分强调法治建设第一责任人及其职责;第四部分针对上述问题提出下一步工作安排。正文中阐述的事实清楚、客观,每一部分又分条列示,层次分明。

例文 11:请示

××自治区环保局团总支委员会
关于成立自治区环保局团委的请示

××团字〔20××〕1 号

区直机关团工委:

我局近年来人员结构发生较大变化,年轻人逐年增多,截至20××年年底全局共有35岁以下青年133人,其中团员72人。按照我局20××—20××年人才储备计划,我局利用3年时间从高校毕业生中每年招聘50名本科生或研究生,这样青年同志的比例还会有较大提高。因此,团总支已不能适应形势发展和工作需要,针对我局目前实际情况,区直机关团工委向我局机关党委建议我局成立团委,机关党委向主管局领导汇报了区直机关团工委建议,6月11日局党组会议同意成立自治区环保局团委,根据机关党委的意见,按照团组织的程序,现特向区直机关团工委提出成立自治区环保局团委的请示。

妥否,请予批示。

××自治区环保局团总支委员会
20××年×月×日

简评:这是一份请求成立自治区环保局团委的请示。该请示的标题由发文机关(××自治区环保局团总支委员会)、事由(成立自治区环保局团委)和文种(请示)构成。全文具体阐述了请示的背景、原因及条件,理由充分,请示事项具体、明确,结尾部分以"妥否,请予批示"惯用语结束,用词准确、得体。

例文 12:批复

国务院

关于同意滁州高新技术产业开发区升级为国家高新技术产业开发区的批复

国函〔2022〕53 号

安徽省人民政府:

　　你省关于将滁州高新技术产业开发区升级为国家高新技术产业开发区的请示收悉。现批复如下:

　　一、同意滁州高新技术产业开发区升级为国家高新技术产业开发区,定名为滁州高新技术产业开发区,实行现行的国家高新技术产业开发区政策。

　　二、滁州高新技术产业开发区升级后规划面积为 10.3841 平方公里,共三个区块。区块一规划面积 8.8382 平方公里,四至范围:东至经一路,南至纬三路,西至经十一路,北至经七路;区块二规划面积 0.0524 平方公里,四至范围:东至滨河路,南至千秋大道,西至经一路,北至天康大道;区块三规划面积 1.4935 平方公里,四至范围:东至秦金路,南至平行三道,西至百盛路,北至 345 国道。具体以界址点坐标控制,界址点坐标由国务院有关部门负责发布。

　　三、滁州高新技术产业开发区要以习近平新时代中国特色社会主义思想为指导,全面贯彻落实党的十九大和十九届历次全会精神,按照党中央、国务院决策部署,完整、准确、全面贯彻新发展理念,加快构建新发展格局,坚定实施创新驱动发展战略,按照布局集中、产业集聚、用地集约、特色鲜明、规模适度、配套完善的要求,改革完善管理体制和运行机制,集聚科技创新资源,激发各类人才创新活力,大力提升自主创新能力,实现高水平科技自立自强,支撑现代化经济体系建设。要深入推进大众创业、万众创新,大力培育新产业、新业态、新模式,促进实体经济转型升级。要以培育发展具有国际竞争力的企业和产业为重点,围绕产业链部署创新链,围绕创新链布局产业链,培育发展新动能,提升产业发展现代化水平,努力建设成为创新驱动发展示范区和高质量发展先行区。

　　四、滁州高新技术产业开发区必须严格遵循国土空间规划等相关规划,按规定程序履行具体用地报批手续,编制开发建设有关规划时依法开展必要的规划环评工作。严格执行项目建设用地控制指标和招标拍卖挂牌出让制度,除按照职住平衡要求配建一定比例保障性住房外,严禁商业性房地产开发,在节约集约利用土地资源的前提下进行建设。

　　五、要加强领导和管理,统筹推进城市和开发区规划建设管理,增强开发区综合功能,完善创新体系,优化营商环境,构建宜创宜业宜居的创新生态,推进安全、绿色、智慧科技园区建设,塑造新时代城市特色风貌,促进高质量发展。

国务院
2022 年 6 月 8 日

简评:这是一份国务院针对滁州高新技术产业开发区升级为国家高新技术产业开发区的请示而做出的具体明确的答复。该批复标题由发文机关(国务院)、事由(同意滁州高新技术产业开发区升级为国家高新技术产业开发区)和文种(批复)构成。正文首先引述来文,之后阐述具体的批复内容。全文针对性强,态度明确。

例文 13:意见

国务院办公厅

关于进一步推进省以下财政体制改革工作的指导意见

国办发〔2022〕20 号

各省、自治区、直辖市人民政府,国务院各部委、各直属机构:

省以下财政体制是政府间财政关系制度的组成部分,对于建立健全科学的财税体制,优化资源配置、维护市场统一、促进社会公平、实现国家长治久安具有重要作用。党的十八大以来,按照党中央、国务院决策部署,根据中央与地方财政事权和支出责任划分改革安排,各地不断完善省以下财政体制,充分发挥财政职能作用,在推动经济社会发展、保障和改善民生以及落实基层"三保"(保基本民生、保工资、保运转)任务等方面取得积极成效。同时,省以下财政体制还存在财政事权和支出责任划分不尽合理、收入划分不够规范、有的转移支付定位不清、一些地方"三保"压力较大、基本公共服务均等化程度有待提升等问题。为更好发挥财政在国家治理中的基础和重要支柱作用,健全省以下财政体制,增强基层公共服务保障能力,经国务院同意,现提出以下意见。

一、总体要求

(一)指导思想。以习近平新时代中国特色社会主义思想为指导,全面贯彻落实党的十九大和十九届历次全会精神,坚持稳中求进工作总基调,完整、准确、全面贯彻新发展理念,加快构建新发展格局,按照深化财税体制改革和建立现代财政制度的总体要求,进一步理顺省以下政府间财政关系,建立健全权责配置更为合理、收入划分更加规范、财力分布相对均衡、基层保障更加有力的省以下财政体制,促进加快建设全国统一大市场,推进基本公共服务均等化,推动高质量发展,为全面建设社会主义现代化国家提供坚实保障。

(二)基本原则。

——坚持统一领导、全面规范。(略)

——坚持因地制宜、激励相容。(略)

——坚持稳中求进、守正创新。(略)

二、清晰界定省以下财政事权和支出责任

(三)合理划分省以下各级财政事权。(略)

(四)明晰界定省以下各级财政支出责任。(略)

三、理顺省以下政府间收入关系

(五)参照税种属性划分收入。(略)

(六)规范收入分享方式。(略)

(七)适度增强省级调控能力。(略)

四、完善省以下转移支付制度

(八)厘清各类转移支付功能定位。(略)

(九)优化转移支付结构。(略)

(十)科学分配各类转移支付资金。(略)

五、建立健全省以下财政体制调整机制

(十一)建立财政事权和支出责任划分动态调整机制。(略)

(十二)稳步推进收入划分调整。(略)

(十三)加强各类转移支付动态管理。(略)

六、规范省以下财政管理

(十四)规范各类开发区财政管理体制。(略)

(十五)推进省直管县财政改革。(略)

(十六)做实县级"三保"保障机制。(略)

(十七)推动乡财县管工作提质增效。(略)

(十八)加强地方政府债务管理。(略)

各地区、各有关部门要充分认识进一步推进省以下财政体制改革的重要意义,把思想和行动统一到党中央、国务院决策部署上来,增强"四个意识"、坚定"四个自信"、做到"两个维护",主动谋划,精心组织,周密安排,扎实推进改革。各省、自治区、直辖市人民政府要按照本意见要求,制定实施方案,细化政策措施,推动各项改革任务落地见效。财政部等有关部门要加强对地方的指导督促,积极配合地方推进改革,确保各项任务落地见效。

国务院办公厅
2022 年 5 月 29 日

简评:这是一份对重要问题提出见解的意见。该意见标题由发文机关(国务院办公厅)、事由(进一步推进省以下财政体制改革工作)和文种(意见)构成。正文首先说明制发本意见的背景和依据,并阐明制发意见的重要意义和作用;之后提出工作的总体要求;最后提出工作推进的具体措施。全文内容具体,条理清晰,态度明确。

例文 14：函

请求迎接××市赴××支教教师团的函

××省人民政府办公厅：

  为解决××省部分山区中学教师师资缺乏、师资力量薄弱的困难，经研究决定，现派方芳等 50 名中小学教师组成的教师团前往义务支教。该教师团将于 3 月 20 日起程，3 月 21 日下午 2 时到达××机场，请到时派人迎接，并安排食宿及工作事宜。

  请予函复。

××市人民政府办公厅
2022 年 3 月 10 日

例文 15：复函

关于迎接××市赴××支教教师团的复函

××市人民政府办公厅：

  你办《请求迎接××市赴××支教教师团的函》收悉，现函复如下：

  我省政府办公厅正在加紧准备××市赴××支教教师团的迎接工作。现已安排好方芳等 50 名教师的食宿、工作等方面的事宜。

  特此函复。

  附：关于方芳等 50 名教师的食宿、工作安排一览表（略）

××省人民政府办公厅
2022 年 3 月 18 日

简评：以上两份函属于往来商洽函。去函首先说明发函的原因，之后提出商洽请求和相关要求，最后以"请予函复"惯用语结束。复函首先引据来函，以"现函复如下"衔接，并做出明确、具体的答复。两函的内容具体明确，语言简洁、平实谦和，注重礼貌。

例文 16：批复函

关于毕马威华振会计师事务所（特殊普通合伙）
申请合伙人变更（新增）备案的复函

财办会〔2012〕35 号

毕马威华振会计师事务所（特殊普通合伙）：

  你所提交的关于合伙人变更（新增）备案的申请函收悉。经审核，该变更事项备案资料齐全，符合《会计师事务所审批和监督暂行办法》（财政部令第 24 号）的有关规定，拟新增的41名合伙人符合《财政部 工商总局 商务部 外汇局 证监会关于印发〈中外合作会计师事务所本土化转制方案〉的通知》(财会〔2012〕8号)规定的资格条件,同意予以备案。

此复。

附件:毕马威华振会计师事务所(特殊普通合伙)新增合伙人名单

财政部
2012年9月14日

简评:这是一份批复类的函。函的正文对来函申请的问题做了明确、具体的答复,态度明确,语气肯定。这是批复函的特点。

例文17:会议纪要

**最高人民法院、最高人民检察院、海关总署
打击非设关地成品油走私专题研讨会会议纪要**

近一时期,我国东南沿海、西南陆路边境等非设关地成品油走私活动猖獗,严重破坏国家进出境监管秩序,给社会公共安全和环境保护带来重大隐患。2019年3月27日,最高人民法院、最高人民检察院、海关总署在江苏省南京市召开打击非设关地成品油走私专题研讨会,最高人民法院刑五庭、最高人民检察院第四检察厅、海关总署缉私局及部分地方人民法院、人民检察院和海关缉私部门有关同志参加会议。会议分析了当前非设关地成品油走私的严峻形势,总结交流了办理非设关地成品油走私刑事案件的经验,研究探讨了办案中的疑难问题,对人民法院、人民检察院、海关缉私部门依法严厉打击非设关地成品油走私犯罪、正确适用法律办理案件达成共识。现纪要如下:

一、关于定罪处罚

走私成品油,构成犯罪的,依照《中华人民共和国刑法》第一百五十三条的规定,以走私普通货物罪定罪处罚。

对不构成走私共犯的收购人,直接向走私人购买走私的成品油,数额较大的,依照《中华人民共和国刑法》第一百五十五条第(一)项的规定,以走私罪论处;向非直接走私人购买走私的成品油的,根据其主观故意,分别依照《中华人民共和国刑法》第一百九十一条规定的洗钱罪或者第三百一十二条规定的掩饰、隐瞒犯罪所得、犯罪所得收益罪定罪处罚。

在办理非设关地走私成品油刑事案件中,发现行为人在销售的成品油中掺杂、掺假,以假充真,以次充好或者以不合格油品冒充合格油品,构成犯罪的,依照《中华人民共和国刑法》第一百四十条的规定,对该行为以生产、销售伪劣产品罪定罪处罚。

(略)

二、关于主观故意的认定

行为人没有合法证明,逃避监管,在非设关地运输、贩卖、收购、接卸成品油,有下列情形之一的,综合其他在案证据,可以认定具有走私犯罪故意,但有证据证明确属被蒙骗或者有其他相反证据的除外:

(一)使用"三无"船舶、虚假船名船舶、非法改装的船舶,或者使用虚假号牌车辆,非法改装、伪装的车辆的;

(二)虚假记录船舶航海日志、轮机日志,进出港未申报或者进行虚假申报的;

(三)故意关闭或者删除船载 AIS 系统、GPS 及其他导航系统存储数据,销毁手机存储数据,或者销毁成品油交易、运输单证的;

(四)在明显不合理的隐蔽时间、偏僻地点过驳成品油的;

(略)

三、关于犯罪数额的认定

非设关地成品油走私活动属于非法的贸易活动,计核非设关地成品油走私刑事案件的偷逃应缴税额,一律按照成品油的普通税率核定,不适用最惠国税率或者暂定税率。

查获部分走私成品油的,可以按照被查获的走私成品油标准核定应缴税额;全案没有查获成品油的,可以结合其他在案证据综合认定走私成品油的种类和数量,核定应缴税额。

(略)

四、关于证据的收集

办理非设关地成品油走私犯罪案件,应当注意收集、提取以下证据:

(一)反映涉案地点的位置、环境,涉案船舶、车辆,油品的特征、数量、属性等的证据;

(二)涉案船舶的航次航图、航海日志、GPS、AIS 轨迹,卫星电话及其通话记录;

(三)涉案人员的手机号码及其通话记录、手机短信、微信聊天记录,涉案人员通过微信、支付宝、银行卡等方式收付款的资金交易记录;

(四)成品油取样、计量过程的照片、视听资料;

(略)

五、关于涉案货物、财产及运输工具的处置

对查封、扣押的涉案成品油及易贬值、不易保管的涉案船舶、车辆,权利人明确的,经其本人书面同意或者申请,依法履行审批程序,并固定证据和留存样本后,可以依法先行变卖、拍卖,变卖、拍卖所得价款暂予保存,待诉讼终结后一并依法处理。

有证据证明依法应当追缴、没收的涉案财产被他人善意取得或者与其他合法财产混合且不可分割的,应当追缴、没收其他等值财产。

(略)

六、关于办案协作

为有效遏制非设关地成品油走私犯罪活动,各级海关缉私部门、人民检察院和人民法院要进一步加强办案协作,依法及时开展侦查、批捕、起诉和审判工作。要强化人民检察院提前介入机制,并加大对非设关地重特大成品油走私案件联合挂牌督办力度。要强化案件信息沟通,积极发挥典型案例指引作用,保证执法司法标准的统一性和均衡性。

七、其他问题

本纪要中的成品油是指汽油、煤油、柴油以及其他具有相同用途的乙醇汽油和生物柴油等替代燃料(包括添加染色剂的"红油""白油""蓝油"等)。

最高人民法院、最高人民检察院、海关总署
2019 年 10 月 25

更多例文赏析

简评:这是一份采用逐条列示写法的会议纪要。正文首先介绍会议的一些基本情况,包括会议的时间、主持人以及会议要讨论的问题;之后用"现纪要如下"语句承上启下,引出本次会议对讨论的问题所达成的共识,并逐条列示。全文条理清晰,一目了然。

思考与练习

1. 公文一般由哪几部分组成?
2. 眉首部分由哪些项目组成?
3. 公告和通告有哪些异同点?
4. 通知和通报有哪些异同点?
5. 批复和函有哪些异同点?
6. 决定的写作应注意哪些问题?
7. 在报告和请示的写作中,各应注意哪些问题?
8. 在批复、函和复函的写作中,各应注意哪些问题?
9. 意见的写作应注意哪些问题?
10. 纪要的特点有哪些?
11. 纪要的写作应注意哪些问题?
12. 通过本部分各种公文的学习,如何理解公文对经济发展的促进作用?
13. 练习各种公文的写作。

第四章 计 划

本章学习要点与要求：

本章主要阐述写作计划文书的相关知识。学习要点有：计划的概念、特点、分类和作用；计划的基本结构、具体写作要求及注意事项；计划的范例及其评析。通过本章的学习，要求理解计划的概念和特点；掌握计划的分类、写作要求及注意事项；在分析范例的基础上，能够熟练而准确地写作计划文书。

第一节 计划概述

古人云："凡事预则立，不预则废。"就是说，不论做什么事情，只要事先有了准备，有了计划，成功的可能性就大，因为事情成功与否与事先的准备有着密切的联系。凡事早做安排，未雨绸缪，事情就容易成功。没有准备，盲目瞎干，只能是事倍功半。显然，这里所说的是计划的重要作用。

一、计划的概念

拆解开"计划"两个汉字来看，"计"表示计算，"划"表示分割，"计划"是分析计算如何达成目标，并将目标分解成子目标的过程及结论。计划是党政机关、企事业单位或个人对一定时间内所要开展的工作进行预先安排，制定步骤、方法、进度、措施，并加以明确化和具体化的一类应用文的总称。广义地讲，人们通常所讲的规划、方案、安排、设想、打算、要点等都属于计划的范畴，因具体内容、性质、范围、时间等不同而使用不同的名称。

计划的制订需要事先进行充分的调研，拟订时要实事求是，具有科学性和可行性。计划虽然不是正式公文，但一经制订，在相关单位、部门管辖的范围内就具有一定的权威性，要求所属人员必须执行。如果经过法定的会议或通过法定代表人的批准，计划就具有正式文件的效力。

二、计划的特点

（一）预测性

计划是对未来一段时间内实践活动预定目标的构想或策划，是经过充分调研后，在对当前具体情况和未来发展趋势分析研判的基础上，所做出的对未来实践活动的预测和设想，所以具有一定的预测性。

（二）可行性

计划的制订要对当前的实践活动进行客观、科学的预测，必须以实事求是、可行和必要为前提，不能盲目乐观，超越实际。经过相关人员的努力，计划应该能够实现。

（三）目的性

任何一份计划都有其明确的目的，都是为了促使组织达成和实现一定阶段的总目标。没有目标，计划也就无从制订。应该说，目的性是计划的方向和灵魂。

（四）针对性

任何一份计划都是在一定的时间内，针对特定的地区、单位或个人的实际状况，综合考虑各种主客观因素制订的。因此，计划具有很强的针对性。

（五）约束性

在经过充分的讨论和调研后，计划一经发布，在其针对的区域或部门内就有了权威性，相关单位或个人在一定的时间内必须切实贯彻执行。所以计划具有指导性，并对相关单位或个人具有普遍的约束力。

三、计划的分类

计划是一个通称，具体来说，常见的还有规划、方案、安排、设想、打算、要点、意见等名称。在选择使用时，要考虑它们在时间、内容和成熟度等方面的差异。一般来说，预定在短时间内、小范围内要做的事情叫"安排"；而其中一些考虑不周全的指标或措施叫"打算"；比较长远的发展计划叫"规划"；一些初步的、提供参考的未成型计划叫"设想"；一些领导机关或所属单位布置的工作通常叫"方案"或"意见"。

计划可以按不同的角度或标准进行分类。

按性质划分，有学习计划、工作计划、生产计划、科技发展计划、新产品开发计划、活动计划等。

按内容划分，有综合计划和专项计划（或单项计划）。

按范围划分，有国家计划、地区计划、部门计划、单位计划、班组计划和个人计划。

按时间划分，有长期计划、中期计划和短期计划。短期计划按时间长短又可以分为年度计划、季度计划、月度计划、旬计划、周计划等。

按文种划分,有正稿、草稿、初稿、供讨论稿等。

四、计划的作用

计划的作用主要体现在以下几方面:

(一)计划规定了明确的奋斗目标,给人们指明了前进的方向

计划通常都明确指出了在一定的时间内,通过相关部门的努力所要达到的明确指标,具有很强的计划性和目的性。通过制定明确的奋斗目标,有助于形成凝聚力,调动所有相关人员的工作积极性。

(二)计划具有指导性,对相关人员的实践活动具有约束力

计划一经制订,在一定的范围内就具有了效力,相关人员必须不折不扣地按计划执行,这样就把人们的自发活动变为自觉。

(三)计划通过制度化的安排,能合理配置各种要素,提高资源的利用率

基于调研制订的计划,与本单位的实际情况紧密结合,能充分利用现有的人力、物力、财力,减少不必要的资源浪费。另外,计划有利于各方分工合作、协调一致,使单位的资源实现最佳的合理配置,提高资源的利用率和工作效率,保证工作顺利进行。

(四)计划为工作的顺利进行和圆满完成提供了必要的依据

组织实施一项工作,必然要保证工作按时、保质、保量地完成。提前做好相关计划,能及时应对实施过程中出现的各种情况,对工作进行阶段性的总结、评价及考核,及时提出相应措施解决出现的问题。

第二节　计划的基本结构及其写作

一、计划的基本结构

计划一般由标题、正文和落款三部分构成。

(一)标题

标题即计划的名称,一般应居于首行正中,字体略大。一个完整的计划标题一般包括单位名称、计划的时限、计划的内容和计划的文种(或计划的种类)四个要素。如《××公司××××年金融产品销售指标任务书》,"××公司"是单位名称,"××××年"是计划的时限,"金融产品销售指标"是计划的内容,"任务书"是计划的文种。当然,计划的标题并不一定都要具备这四个要素,在某些情况下,计划的标题可以省略某些要素,如单位名称。此外,计划的文种或计划的种类要根据计划的属性选择,如计划未经批准或讨论通过,可在后面注明初稿或草稿。

（二）正文

正文是计划的核心部分，也是计划的主体，一般由前言、主体和结尾三部分构成。这部分应围绕"为什么做""做什么""做多久""怎样做"来进行表述。表述要具体明确，主次分明，条理清晰，简明扼要。

1. 前言

前言是计划的开头，也是计划的总纲和灵魂，要具有概括性。具体内容主要说明制订计划的背景、依据、目的、意义、指导思想等，即为什么要制订这个计划，依托的背景及根据是什么，例如根据上级文件或指示，或者根据今后的工作实际状况等。大多数前言对当前的基本状况做简要介绍后，应对下一步工作做简要的说明，末尾通常以惯用语"现制订计划如下"或"下一阶段要抓好以下几项工作"等为过渡语。

2. 主体

主体是计划的重要部分，主要说明计划的目标和任务，采取的相应措施与步骤。

（1）计划的目标和任务。这是计划的主要内容，任何一份计划都要提出一定时期内的具体目标和任务，也就是明确规定"做什么"。计划的目标和任务要写得具体、明确，尽量用数字来量化指标，不能含糊其词、模棱两可、责任不清。对于一些长期规划，也应把任务分解，提出要分几个阶段，每阶段应完成什么任务。

（2）措施与步骤。在目标和任务确定后，接下来就要解决"怎样做"的问题。这要求我们必须结合实际条件，确定工作的必要措施与步骤，以保证计划任务的完成。在制定相关步骤时，一定要做到科学、合理。一般把总体任务分解为几个阶段或若干步骤来执行，确定先做什么、后做什么，明确各环节的衔接程序。最重要的是还要规定各种切实可行的措施，充分调动有限的人力、物力、财力来保证资源的合理配置。

这部分涉及的内容较多、范围较广，常常采用条文式、表格式或条文与表格相结合的表达方式。

3. 结尾

结尾是对全文的总结，往往要表明决心，或者提出要求、希望、号召等，或者指出在执行计划时应注意的事项。有的计划这部分也可省略。

（三）落款

在正文最后的右下方，要明确写出制订计划的时间及制订计划的单位名称等。

二、计划的写作要求

（一）条理清楚、简明扼要

为了把内容较多的计划表达清楚，在制订计划时常常采用分条列项的表达方式。此时，一定要做到条理清楚、逻辑严谨、思维连贯；语言力求简练明确、讲究实用，切忌琐碎冗陈。

(二)以大局为重

为了更好地传达、贯彻、执行党和国家的相关政策、法律、法规、规章等,制订计划时,一般应把相关政策的精神和要求与本单位的实际情况相结合,始终贯彻部门服从国家、地方服从中央、局部服从全体、下级服从上级、个人服从集体的整体原则。

(三)实事求是

计划的制订要在坚持党和国家相关政策精神的前提下,结合本部门、本地区、本单位、本人的实际状况,实事求是地确定目标、任务,提出切实可行的步骤、措施,保证计划按期保质完成。目标定得太高,盲目乐观,头脑发热,就会浪费资源;目标定得太低,安于现状,不思进取,就不能调动大家的积极性。当然,由于计划是事先制订的,而客观状况是在时时刻刻发生变化的,因此当实际状况发生大的变化时,也应及时对计划进行修正。

(四)内容明确具体

计划是一段时间内的指导性操作指南,实际工作要以其为指导,所以相关内容一定要写得明确具体,从目标、任务、步骤到相关措施,一定要无可争议,杜绝内容表达含糊不清、模棱两可。

三、计划写作的注意事项

计划写作具体包括如下注意事项:

(1)计划的制订切记要结合实际,避免盲目乐观地提出一些不切合实际的目标。

(2)计划的制订要具有可操作性,计划一旦制订,就成为部门、单位执行的蓝本,只有措施到位、切实可行,才能起到计划应有的作用。

第三节 例文简评

例文1:

××医院××××年工作计划

××××年已到来,在工作中,我们将继续以习近平新时代中国特色社会主义思想为指导,贯彻党的二十大精神,继续认真持久地抓好医疗服务质量,按照医院制定的"五年发展规划"及其配套文件,一步一个脚印地抓好落实,真正做到内强素质、外树形象、强化管理,使医院再上新水平、再登新台阶。在此,我们做出了××××年的医院工作计划:

一、认真组织学习贯彻党的二十大精神

按照上级党委和有关领导部门的要求,我院党总支、院委会要把学习贯彻党的二十大精神作为一件大事来抓,列入重要议事日程,进行精心安排部署,党政工团齐抓共管,在全院范围内掀起一个学习贯彻党的二十大精神的热潮。利用各种会议进行学习、教育、领会,把二十大精神与本院的实际结合起来,为构建和谐社会做出应有贡献。

二、继续抓好医疗服务质量管理效益年活动

这项活动,各级卫生部门已连续倡导进行了好几年,每年都收到了很好的效果,应该深入、持久地抓下去,上年工作总结中的教训告诉我们,要全力改进医院目前存在的问题和不足,实施新方法,采取新措施,再发动、再动员,真正把医疗服务质量这个永恒的主题抓好。

三、抓好医院五年规划的落实工作

我院出台的《××××年至××××年五年发展规划》(以下简称《规划》),经过全院干部职工酝酿讨论,几经修改完善,已着手实施。这个《规划》若能顺利实施,将对我院今后的发展是一个很大的促进。从××××年起,我们一定围绕这个《规划》做文章、下功夫。

1. 扩建业务用房。建造××平方米高标准综合楼的问题,我们从年初就要着手做这方面的准备。快速向领导和相关部门汇报,争取领导和相关部门及社会的支持,建立专门的医院建设班子,成立医院发展建设委员会,争取分管市长担任主任,卫生部门领导担任副主任,院领导担任建设办公室主任,具体协调好各方面的关系,千方百计筹措所需资金,尽快办好相关手续,争取早日动工兴建。如果能够克服困难将此楼建成,那么医院的硬件建设可以前进一大步,医院就可以上升到一个新的层次,达到一个新的规模,就可能步入一个良性的循环。

2. 加速人才培养。人才是最宝贵的财富,是医疗市场竞争最关键的条件,根据医院的发展状况和需求,在现有人才的基础上,本着以内部培养为主、外部引进招聘为辅的原则,有计划地培养和招聘专业技术人员××人,逐步形成合理的人才梯队。

3. 拓展业务范围。根据我院的实际情况,基于事业发展的需要,整合细化临床科室。××××年,创造条件准备把糖尿病与心内科分别组科,其他科室如果有利于业务的开展,也考虑在适当的时机进行整合细化,多方争取与大医院联合,带动和拉动我院的发展,引进先进的医疗技术和项目,做强做大现有的临床科室。

4. 切实加强专科、特色科室建设。我院的特色专科建设尽管喊了好多年,也有了一定的进展,但力度不大,特色尚不突出,缺少全国、全省重点专科,就连市级的重点专科也不太明确。在这方面,作为一家中医医院应该狠下功夫。我院××××年工作计划着手把中风、骨伤、肝病、糖尿病、针推等科室作为市级重点专科加以培植,在财力、物力、人力方面向其倾斜,使其逐步成熟,向省级、全国级重点专科迈进,带动全院业务工作的发展。

四、加强医院全方位管理,使医院整体上一个更高的台阶

1. 深入开展医院改革,推行竞争上岗和绩效工资制,最大限度地提高职工工作积极性。

2. 争创文明单位。在××××年创建市级文明单位的基础上,进一步开展争创省级文明

单位的活动,使医院职工始终保持昂扬向上的心态,使大家具有拼搏进取的精神,有一股干事业的劲头,只有这样才有利于事业的发展。

3. 进一步搞好医院文化建设。唱响院歌《心灵的歌唱》,对干部职工进行院训、院规、办院宗旨、办院目标、办院方向等教育,使其凝聚力量,振奋精神,共赴中医发展大业,并为此做出贡献。着手征集院徽,编修院志,继续办好院报。

4. 加强医院宣传。在练好内功的同时,注重加大医院宣传的力度,利用各种形式,采取各种办法,把医院宣传出去,使医院知名度越来越高。注重信息沟通,把医院发生的重大事件、情况及时向上级有关部门报送,使领导了解中医院、支持中医院。

5. 积极组织创收,提高职工福利待遇。在××××年总收入××万元的基础上,××××年总收入达到××万元,住院病人、门诊病人以提高××%的幅度增长,职工福利也随之有新增长。同时注意节支,严格执行财务制度,把有限的资金用好,花在刀刃上,防止浪费。

6. 认真学习落实医院各级各类岗位职责和各项规章制度。我院现在正加紧汇集整理各级各类岗位职责和各项规章制度,准备编印成册让各科室每位职工学习掌握。这项工作非常重要,是搞好医院工作的基础,必须认真抓好。动员全院同志学习掌握,进行考核考试,真正落实到实际工作中,使工作制度化、规范化。

以上是我院××××年的总体工作计划,相信在院领导的大力支持及全体医务人员的共同努力下,一定会将我院的整体质量推向一个更高的台阶。

××医院××部门
××××年××月××日

简评:这是一篇××医院××××年工作计划的安排。这份工作计划非常具体,首先明确了指导思想,提出了工作目标和工作任务,之后撰写了落实计划的措施和具体步骤。整篇计划结构完整、层次清楚、计划切实可行;语言简练明了,内容先后有序、有条不紊。

例文 2:

××市政府××××年工作计划

××××年,我们将在市委、市政府的正确领导下,以党的二十大精神为指导方针,紧紧围绕为全市经济大发展创造良好安全环境的总目标,以保障和改善民生为着力点,以推进信息化建设为载体,以加强执法规范化建设为重点,以构建和谐的警民关系为支撑,求真务实,改革创新,真抓实干,为服务经济社会发展、维护社会和谐稳定做出新贡献。现特制订以下市政府××××年工作计划。

一、加快城镇化建设步伐,努力改善硬件环境

一是按照全市整体规划设计进一步充实小城镇化内涵,建立以驻地为中心,以两大工业集中区和优质蔬菜生产基地为辐射点的金三角,形成初具规模的小城镇框架;二是加大

投入力度,通过各种途径尽力争取建设项目和资金,节支开源,千方百计增加财政收入,充分调动社会资金,加快建设;三是重点抓好基础设施建设,对驻地主干道两侧进行进一步的综合治理,搞好驻地绿地、亮化建设;四是投资××万元,完成对文化中心的扩建工程,投资××万元对梅兰芳剧团进行升级,着力提升全市文化品位,为群众提供丰富多彩的精神食粮。

二、积极营造稳定和谐的社会环境

一是进一步抓好"市委书记"大接访活动,认真落实稳定工作责任制,进一步完善领导包案、接访责任制和群防群治网络体系,积极主动解决好群众反映的问题和困难,把各种矛盾化解在萌芽状态;二是加强社会治安综合治理,完善预警和快速反应机制,严厉打击各种违法犯罪活动,确保社会大局稳定;三是高度重视安全工作计划,始终把人民群众的生命财产安全放在第一位,狠抓各项安全责任制的落实,加大对各种安全隐患的排查力度,坚决杜绝重大安全事故的发生。

三、继续大力加强农业和农业基础设施建设工作,增加农民收入

一是加大农业基础设施投入,粮食区重点做好总投资××万元的国家大型商品粮基地和优质粮食主产区的水、路、林工作,蔬菜区主要是扩大电力覆盖面和解决冬季大棚用水问题;二是继续扩大蔬菜种植和设施农业面积;三是抓好农业标准化生产,搞好与××大学的合作,建立实践基地,教育引导农民采用新技术、新品种,培育并发挥好农业合作社的引领作用,增加土地产出效益;四是做好农产品的宣传和推介工作。

四、加强招商引资工作

一是保障投资××亿元的中联水泥和××万元的中管新能源项目顺利建设,确保明年年底投产;二是改善软硬环境,提高服务水平,为现有企业提供优质服务,促进欧亚珠宝二期投资和草编、花生加工两个农产品加工企业扩大规模。

五、下大力气改善农村生产生活条件和保障民生

一是投资××万元,在埠东、程戈庄等××个村庄开展"五化"建设;二是投资××万元,建设孙袁路、程方路等通村路××条共××公里,完成"村村通"收尾工作;三是投资××万元,对东尖、西尖等××个村庄进行自来水改造,使全市村庄自来水改造率达到100%;四是投资××万元,在全市范围内进行沼气新能源推广工作,改善生活环境,发展循环经济;五是投资××万元,美化驻地水上公园环境,投资××万元完善驻地消防配套设施,为居民营造平安和谐的生活环境;六是投资××万元,扩建市中心中学,新建教学楼、学生公寓、餐厅等设施,扩大建筑面积××平方米,使我市教育条件得到进一步提高。

××××年我市将全面贯彻党的二十大精神,以习近平新时代中国特色社会主义思想为指导,深入贯彻落实科学发展观,按照"高举旗帜、围绕大局、服务人民、改革创新"的总要求,解放思想、实事求是、与时俱进,贴近实际、贴近生活、贴近群众,以深入学习贯彻科学发展观为主线,以社会主义核心价值体系建设为根本,以创建文明行业为目标,以提高职

工思想道德素质为目的,以弘扬"乐于奉献,艰苦奋斗,严谨务实,不断进取"精神为重点,以群众性精神文明创建活动和学习宣传先进典型为载体,以优异的成绩迎接祖国新的辉煌。

××市××单位
××××年××月××日

简评: 这是一篇××市政府××××年工作计划的安排。整篇计划采用条文式,非常清晰地列出未来一年具体的工作任务,使人一目了然。

例文3:

××支行××××年开门红营销计划

为了响应总行"大干60天,冲刺5 000亿"的号召性目标,进一步夯实年底各项任务指标基础,实现××××年年初业绩"开门红",××支行在分解任务指标的基础上,结合多种渠道营销计划,制订以下实施方案:

一、对接任务指标,提前部署年初工作

经过任务指标分析,支行主要目标任务涉及定期储蓄存款(定期存款、结构性存款)、贵宾户、信用卡激活、理财存续额等。现将各项任务指标具体实施方案汇总如下:

1. 定期储蓄存款。建立定期储蓄存款考核机制,依据支行全年任务指标细化分解,落实到人。完善奖惩机制,依据序时进度完成任务指标的,给予嘉奖,连续未完成任务指标的,要细致分析原因,找准问题症结,以便适时调整营销思路和方法。要形成厅堂营销、社区营销、走访营销三位一体的营销态势,为定期储蓄存款的稳步增长打下坚实的基础。

2. 贵宾户。充分利用CRM系统,做好准VIP客户联系方式等信息的搜集和准VIP客户的邀约工作。一是自上年度贵宾户任务完成后,支行员工坚持利用CRM系统汇总每日符合准VIP标准客户信息,自12月中下旬起,逐个拨打电话邀请客户××××年1月1日后来支行办理升级。目前已经积累约100名新晋准VIP客户信息(新晋准VIP客户属于相对活跃客户,来行频率高,易于通过电话邀约到行办理)。二是依据CRM系统查询,近500名准VIP客户尚未办理贵宾卡升级业务,经过电话联系,结合"请进来"营销活动,基本可以保障依据序时进度完成阶段性指标。

3. 信用卡激活。依据要求,安排每位员工12月15日前,上缴3个信用卡申请名额,并实时跟踪信用卡审批进度,直至客户将信用卡激活。遇到总行信用卡审批中心不同意审批的,立即找寻备选客户,以确保年初完成信用卡激活任务。

4. 理财存续额。一是充分利用传统非保本理财优势,不断吸引新客户关注,巩固现有理财客户群体;二是加大新形式的理财产品的宣传力度,重点吸引新增客户群体,扩大支行客户群体;三是针对短期内有资金需求的客户(通常有意愿购买三个月以内的理财产品的客户),重点向其推荐××理财产品。

二、把握营销方向,强化各类营销活动

××××年,××支行将继续以"走出去"与"请进来"相结合为核心,践行"全方位全天候模式",坚持厅堂营销、社区营销、走访营销三位一体的营销模式,不断拓展新晋客户群体,扩大定期储蓄客户存量,维护好、发展好核心客户资源,为定期储蓄存款的稳步增长奠定坚实的基础。

厅堂营销:形成以零售主管行长为核心,大堂经理、对私客户经理、当班柜员三道阶梯性营销岗位,从而锁定目标客户,多方位开展营销活动。大堂经理在视察、沟通、分析确定客户资质的基础上,向客户全面介绍我行定期储蓄存款、结构性存款、理财等拳头产品,让客户对我行产品有全面、深刻的印象;同时,通过贴心服务,赢得客户认可,争取客户联系方式为后期营销做好铺垫。对私客户经理要充分利用好贵宾室的接待作用,邀请高净值、高忠实度客户开展"请进来"活动,不断巩固支行与客户之间的关系,从而培育、维护一批忠实客户。当班柜员岗位是营销活动的最后一道防线,重在以优质的服务和良好的客户体验赢得客户信任;同时,针对客户在办理业务过程中的重点问题与难点问题进行进一步的分析和引导,有效促进存款业务的顺利完成;遇到将资金转移外行的客户,要起到挽留客户、争取存款的主动作用。零售主管行长则要充分发挥统一调度、协调策应的作用,及时发现营销工作中的问题,迅速做出调整,使团队发挥最大效能。

社区营销:形成以对私客户经理为主线,全体员工各司其职的协作关系。在以往的工作中,对私客户经理在老社区的维护和新社区的拓展等方面都起到了关键性作用。在以后的工作中,我行将继续发挥对私客户经理社区营销的主要作用,以××等营销地点为依托,扩大营销范围,全面深化合作,达到以社区活动挖掘新客户的目的。其他员工在各自负责社区内定时开展以"义务量血压""社区门前摆桌宣扬"为主的常规义务性活动,进一步挖掘客户资源。

走访营销:一是对接分行"沉下去"周末营销活动,依据支行的分组,每周六在××等商圈开展营销活动。加大宣传力度,吸引周边客户来行办理存款业务。同时,多与分行优秀员工沟通,学习经验,完善营销策略。二是工作日坚持开展支行周边营销活动。将日常营销常态化、战备化,提升营销实力,打造一支能打硬仗的营销队伍,以确保各类营销活动取得实效。

三、统一营销思想,强化营销工作的使命感

为确保××××年开门红营销计划的顺利推进,支行领导班子多次召开专题会议,强调年初工作的紧迫性和重要性,并在晨会时间开展"模拟营销"活动,提升员工营销技能,为开门红营销计划的顺利实施做好准备。相信在全体员工的共同努力下,支行各项任务指标一定能够圆满完成。

简评：这是一篇××支行××××年开门红营销计划。整篇计划针对业务工作的四个方面，非常清晰地阐述了××支行××××年的具体工作任务，并指出了各项业务的问题及改进措施，使人对工作任务一目了然。

更多例文赏析

思考与练习

1. 制订计划要注意些什么？

2. 计划的主要作用是什么？

3. 学习国家"十四五"规划和所在地的《国民经济和社会发展统计公报》，并简要列出其主要框架内容。

4. 根据所在地的《"十四五"时期教育改革和发展规划》，提出你对当地教育工作的合理化建议。

第五章　总　　结

本章学习要点与要求：

本章主要阐述写作总结文书的相关知识。学习要点有：总结的概念、特点、分类和作用；总结的基本结构、具体写作要求及注意事项；总结的范例及其评析。通过本章的学习，要求理解总结的概念和特点；掌握总结的基本结构、写作要求及注意事项；在分析范例的基础上，能够熟练而准确地写作总结文书。

第一节　总　结　概　述

如果说计划是对未来的构思，那么总结就是对过去的回顾与思考。在日常生活中，总结与计划是分不开的。计划是任务执行前所制作的实施蓝图，总结是任务完成一部分或全部完成时对蓝图的重新审视。总结时要抓住实践中规律性的东西，进一步升华，以便为新的蓝图做准备。许多时候，人们都是在这种计划——总结——再计划——再总结的过程中逐步积累经验、补充知识、增长才干和推动社会发展的。由此，学会并善于总结也是发展和前进的重要方法与途径。

一、总结的概念

总结是人们把过去一定时期内的工作、生产、学习的成绩与教训、缺点和错误进行系统回顾，深入分析，归纳经验教训，力求得出规律性认识，并指导今后工作的事务性文书。

在日常工作中，人们经常把总结与报告联系在一起使用。在汇报工作这一点上，报告与总结的功能是一致的，表达方法也基本相同。但我们也要注意二者的区别。首先，报告属于公文，而总结只是一般性的事务性文书。其次，报告对做过的工作只做叙述，而不做评价；总结则必须对所做进行议论，做出评价。最后，报告在反映情况的基础上可以用较大的篇幅来提出建议和意见；而总结虽有此功能，但不能这样处理。

二、总结的特点

通常说来,总结具有实践性、客观性、指导性和概括性的特点。

(一) 实践性

总结是对过去实践行为的分析和研究,总结的内容来源于实践,是实践的反馈。总结的目的就是通过进一步认识过去的经验教训,从而指导未来的实践。

(二) 客观性

总结是对过去一定时期内的工作、生产、学习进行的分析和研究,是在实践的基础上展开的,其内容必须真实、客观地反映实际情况,解决问题,从中获得经验,而不能主观臆断、无中生有和凭空虚构。

(三) 指导性

总结是对过去实践的回顾与反思,其目的在于更好地指导今后的工作,通过对以往工作的全面剖析,提高认识,把握客观规律,争取在未来的生活与工作中扬长避短,把工作做得更好。

(四) 概括性

总结是人们对实践中客观规律的认识和反映,它以文字的形式对过去进行概括。但这种概括不是对过去工作简单的复述、罗列与堆砌,而是由深入浅、从本质到现象的理性概括。总之,总结就是要通过对以往实践的客观概括,来进一步指导未来的实践活动。

三、总结的分类

从不同的角度可以对总结进行不同的分类:

按范围划分可分为全面总结、专题总结。

按性质划分可分为工作总结、学习总结、生产总结、思想总结、劳动总结、会议总结等。

按应用领域划分可分为个人总结、单位总结。单位总结可分为全国性总结、地区性总结、部门总结等。

按时间划分可分为月(旬)总结、季度总结、年度总结、阶段性总结等。

区分以上总结的种类,目的在于明确重心、把握界限、为构思写作提供方便。但上述分类不是绝对的,相互之间可以相容、交叉。分类只是因划分的角度不同而有不同的名称,在具体写作上,各类总结却具有共同的规律。

四、总结的作用

总结是在开展一项活动、执行一项任务告一段落或全部完成之后,用来肯定成绩、找出不足、总结经验教训的。这样便于指导今后的工作,把将来的事情办得更好,以争取更好的成绩。

(一)有利于提高认识水平,明确努力的方向

通过不断地总结可以提高认识。因为平时的工作实践是感性的、零星的,通过总结可以把这种片面、肤浅的感性认识升华为全面、系统的理性认识,进而逐步把握事物的规律,使今后的工作多一些科学性、自觉性,达到事半功倍的效果。对于个人或集体来说,总结是不断提高业务水平、积累经验、总结教训的一项切实的事情。对于整体来说,总结还能为国家制定各项路线、方针、政策提供重要依据。

(二)有利于相互交流与经验推广

总结可以提供很多信息,反映新情况、新经验、新教训。通过书面的总结材料,可以达到上传下达、下情上奏、上下沟通、相互交流、相互了解的目的。对同行业的单位而言,也可以通过总结互通有无、取长补短,使未来的工作效率得到提高。

(三)有利于调动各方面的积极性

在工作和学习中,我们可以通过总结了解情况,鼓励先进、帮助后进,以此调动人们工作的积极性。定期的总结可以使人们在未来的实践中继续发扬优点,不断克服缺点,认真努力地完成各项工作,以争取在下一轮总结中有更好的业绩表现。

总之,"前事不忘,后事之师",总结能够帮助人们避免无谓的失误,使各项工作顺利开展。

第二节 总结的基本结构及其写作

一、总结的基本结构

总结一般由标题、前言、主体、结尾四部分构成。

(一)标题

标题即总结的名称,一般可以将主要内容、性质作为标题。若标题不能表达出完整的意思,则还可在正标题下再拟副标题。

总结的标题有三种:

(1)完整式标题。完整式标题由单位名称、时限、内容提要和文种几部分组成,如《××公司××××年×季度××工作总结》《××市财政局××××年工作总结》等。

(2)主题式标题。主题式标题是根据总结的内容,简洁地概括出总结的基本观点,揭示总结的主旨,如《做好财务预算 提高经营效率》《构建农民进入市场的新机制——××市麦棉产区发展农村经济的实践与总结》等。

(3)问题式标题。问题式标题就是通过提问的方式,来引起读者的好奇心,如《××医

院是怎样提高管理水平的》《如何理顺银行的内部控制工作》等。

在实际运用中,采用什么样的标题形式,可根据具体情况而定,不可一概而论。

(二) 前言

前言部分要简明扼要地概括基本情况(如工作时间、地点、背景、内容、进展状况、总的收获等),让读者先有一个总体印象,由此产生进一步了解的兴趣。具体来说,可以采用以下几种方式来进行简单的介绍:

(1) 概述式。概括介绍基本情况(如工作时间、地点、背景等)。

(2) 提示式。对工作的主要内容进行提示性的简要概括。

(3) 结论式。对要总结的工作下一个结论,然后再展开详细的叙述。

(4) 提问式。提出问题,引起读者的关注,同时明确总结的要点。

(5) 对比式。对有关情况的过去和现在、后进和先进、准确与错误等做简略的背景介绍,在背景中表明所要总结的工作的基本情况。

(三) 主体

主体是总结的核心部分。这部分一般应叙述所总结事件的总体情况、心得体会、存在的问题、经验教训,以及解决问题的对策等,并且要做理论的概括,总结出规律性的东西。总结的优劣取决于主体部分。

写作主体部分时,切忌事无巨细,而是要做到重点突出、条理清楚。因此,在写作中应采用各种方式来安排主体的结构形态与外部形式。

1. 主体的结构形态

主体部分常见的结构形态有三种:

(1) 纵式结构。纵式结构就是按照事物发展或社会活动的过程安排内容。写作时,把总结所包括的时间划分为几个阶段,按时间顺序分别叙述每个阶段的成绩、做法、经验教训、体会。如:一、所作的工作;二、取得的成绩;三、经验教训。这种写法的优点是使事物发展或社会活动的全过程清楚明白。

(2) 横式结构。横式结构是按照事实性质和规律的不同,分门别类地依次展开内容,使各层之间呈现相互并列的态势。如:一、主要经济指标层层落实,生产经营成果及时测算分析;二、支持技术改造,提高经济效益;三、严格财经纪律,维护国家利益;四、加强会计基础工作,充分发挥反映作用。这种写法的优点是各层次的内容鲜明集中。

(3) 纵横式结构。安排内容时,既考虑到时间的先后顺序,体现事物的发展过程,又注意内容的逻辑关系,从几个方面总结经验教训。这种写法多数是先采用纵式结构,写出事物发展各个阶段的情况或问题,然后采用横式结构总结经验教训。

2. 主体的外部形式

主体部分的外部形式有贯通式、小标题式、序数式三种。

（1）贯通式适用于篇幅短小、内容单纯的总结。它像一篇短文，全文之中不用外部标志来显示层次。

（2）小标题式将主体部分分为若干层次，每层加一个概括核心内容的小标题，重点突出，条理清楚。

（3）序数式也将主体分为若干层次，各层用"一、二、三……"的序号排列，层次一目了然。

（四）结尾

结尾部分要提出今后努力的方向，要对今后的工作进行良好的设想和安排，表明自己的态度。这段内容要与开头相照应，篇幅不应过长。

二、总结的写作要求

（一）要充分占有材料

总结前通过不同的方式，了解有关情况，听取各方面意见，从各种角度搜集整理有关事实和材料，用数据和事实说明问题。这样可以使总结更具客观性和真实性，也更具说服力。

（二）条理要清楚

总结是供他人参考的，条理不清，就会给对方造成阅读障碍，使对方无法了解真实的情况和内容，这样就达不到总结的目的。

（三）过程要严谨

总结的具体写作，可先思考，然后写出初稿，再进行修改，修改后再进行思考或讨论，最后定稿。这个过程也是一个再总结的过程。

三、总结写作的注意事项

（一）要坚持实事求是原则

实事求是、一切从实际出发，有一说一，有二说二，这是总结写作的基本原则。一方面，不能对过去的成绩夸大其词。夸大成绩、隐瞒缺点、报喜不报忧、弄虚作假、浮夸邀功的作风，对国家、对单位、对事业、对个人都没有任何益处，必须坚决杜绝。另一方面，也不要出于所谓的"谦虚"，在总结中该写的不写，这样就无法肯定成绩，也妨碍了先进经验的交流与推广。

（二）要注意共性，把握个性

作为概括性的事务性文书，总结很容易写得千篇一律、缺乏特色。当然，总结不是文学作品，无须刻意追求个性、特色，但千部一腔的文章是不会有独到价值的，因而也是不受欢迎的。要写出特色，就要在注意共性的同时，突出个性。这就要求总结要有独到的发现、独到的体会、新鲜的角度和新颖的材料。

（三）要详略得当，突出重点

总结的选材不能求全贪多、主次不分，而是要根据实际情况和总结的目的，把那些既能显示本地区、本单位特点，又有一定普遍性的材料作为重点选用，写得详细、具体；一般性的材料则要略写或舍弃，写作时要去芜存精。

总结中的问题也要有主次、详略之分，该详的要详，该略的要略，而不应面面俱到、没有重点，否则会使文章显得臃肿拖沓，没有起伏，无法给人留下深刻的印象。

（四）要概括并归纳要点

写总结，要注意使用篇首摘要和段首摘要，也就是说要学会归纳要点。篇首摘要是全文的纲领，要用精确、简洁的语言勾勒出总结的概要。段首摘要是每一段的要点，也需要突出和提炼。

另外，总结要尽量避免使用"原则上""大体上""一定程度上""大概""可能""一般"等模糊语言，以突出其可信度。

第三节 例 文 简 评

例文 1：

内控团队 2021 年上半年工作总结

2021年上半年以来，在总经理办公室的带领下，内控团队克服了人员少的困难，完成了较大的工作量。相关专项工作得到了部领导的高度赞扬，展现出较高的团队工作能力和凝聚力。

一、上半年工作

内控团队上半年的工作主要有两方面：一方面是涉及职能变化而延续的工作；另一方面是团队职能范围内的专项工作及配合行内其他部门和部内其他团队的工作。

（一）涉及职能变化而延续的工作

1. 起草内部交易管理制度。此项工作董事长高度重视，在反复征求首席文化官意见的基础上，内控团队配合××进行多次修改，目前已基本完成。

2. 年初行内确定要在5月底前形成我行操作风险管理的基本制度。后来由于行内成立内控委员会，全行操作风险的牵头工作明确由法律与合规部负责。在我部和法律与合规部协商的基础上，内控团队根据已经草拟的《××银行操作风险管理指引》，进行了进一步的补充与完善。

（二）内控团队的专项工作

1. 下发调整内控团队职能的文件，明确内控团队的职能定位。

2. 牵头负责全行内控制度建设2021年第一季度执行情况报告。

3. 在国内团队的协助下，完成全行2021年"三项检查"整改报告，向主管部门报送。目前已处于会签各部门、签报行领导阶段。

4. 根据部领导指示，在访谈各团队主管的基础上，形成了风险管理部内控报告，得到了部领导好评。在内控报告发现问题的基础上，制定了《风险管理部内控实施办法》。

5. 进一步加大督办工作力度，制定了《风险管理部督办细则》。

6. 贯彻落实行党委"从严治行、强化内控"的要求，邀请专业咨询公司为我部大课堂授课，同时组织了全辖系统内的内控征文活动，进一步提高了全部和全辖的内控意识。

7. 结合《巴塞尔协议》的有关要求，编撰了《授信产品流程梳理手册》，征求了四家分行的意见，初步形成了授信产品操作风险管理思路，并向部领导进行了汇报。

8. 牵头部内各团队对××会计师事务所内控管理建议书提出修改意见。

（三）内控团队配合行内其他部门和部内其他团队的工作

1. 配合监察稽核部进行经营性分支机构的业务大检查。

2. 参与编撰行业教材"衍生金融工具"部分。

3. 按照合规手册编撰小组的要求，牵头编撰了我部重点操作岗位的合规手册。

4. 与规划、行政团队一起研究制定了我部绩效考核办法，并提出了我部培训方案，牵头落实了培训教材的组织工作。

二、工作中存在问题

内控团队存在的主要问题包括：

（一）人力资源严重不足

内控是当前我行的一个薄弱环节，我部内控团队的职能经过调整后主要负责部内和系统内内控体系的建设。目前编制只有3人，实际工作人员4人（其中，××为统一授信团队高级经理，内控团队暂借，6月30日后将回到统一授信团队工作）。大量高标准严要求的工作使每位同志工作负荷较大。

（二）部分工作不够细致，计划性有待进一步提高

督办工作是提高全部工作效率的重要手段，如能借助信息技术手段建立一个小型督办工作平台，将极大地提高督办工作效率。目前由于人力所限及其他因素，仍沿袭人工督办工作方式；授信产品梳理工作已列入上半年工作计划，由于工作头绪较多，没有及时赴分行征求意见以进一步完善手册，工作启动拖后。

三、下半年工作计划

下半年内控团队将继续保持良好的精神状态和工作作风，在做好团队内部工作的同时，努力配合行内其他部门和部内其他团队的工作，完成全年绩效考核目标。

风险管理部内控制度建设以抓存在问题的落实和整改为主,将问题的整改列入督办工作,督促牵头团队落实。努力引入信息技术系统以提高督办工作效率,把督办工作作为全年绩效评价的依据。

风险管理部内控制度建设以《××银行内部控制指引》、原银监会《商业银行内部控制评价试行办法》等制度为指导,以"三项检查"发现的内控问题和近期发生的案件为出发点,在充分调研的基础上,形成辖内风险管理系统内控报告制度,定期从决策、制度、流程、管理、执行、人员等各层面提出潜在风险点。同时,在下半年建立境内机构风险管理系统内控评价办法。

授信产品的操作风险管理以授信产品流程梳理为切入点,选择部分试点分行,建立标准化授信产品流程,统计操作风险事件,为量化操作风险占用的经济资本打下基础。

总之,内控团队在上半年的工作中求实创新,稳扎稳打,希望在下半年乃至以后的工作中能够继续发扬优点,克服不足,取得更好的成绩。

简评:该文是一篇综合性总结。综合性总结又叫全面总结,是单位、部门或个人对一定时期内各项工作的全面回顾。写这类总结,往往要求写作者掌握比较全面的情况,并具备相当的分析和判断能力。在写作过程中,既要注意全面,又要注意突出重点。

在内控团队2021年上半年的工作总结中,文章主体采用纵式结构,分为三个部分,首先总结了上半年的工作情况;其次审视了工作中存在的不足;最后展示了下半年的工作计划。结尾部分提出了对未来工作的展望。整篇文章层次分明,重点突出,语言简洁流畅,达到了总结过去、放眼未来的目的。

例文2:

××银行2021年资金计划管理工作总结

今年以来,随着粮食市场的进一步放开和深入,"三农"问题和粮食安全问题已日趋突出,××银行的管理职能和业务范围也发生了变化,收购资金封闭管理工作面临新的形势。我行资金计划管理工作在市分行党委的正确领导下,紧紧围绕收购资金封闭管理这个中心,适时调整工作思路,以总行的规范化管理考核为工作准则,以努力实现提高信贷资金运用效率和切实防范信贷风险为双重目标,调动资金计划条线在岗人员的工作积极性,充分发挥资金计划管理工作的职能作用,使我行资金计划管理工作取得了较好的成效。现将2021年资金计划管理工作总结如下:

一、统一思想,明确工作目标,量化和细化考核评比办法

继全省分、支行行长会议之后,市分行召开了2021年工作会议,把风险管理摆在了全行各项工作的首位,明确提出了年度工作的指导思想和努力方向:以规范化管理为基础,以风险管理为核心,以绩效管理为重点,以改革创新为动力,灵活务实地开展计划信贷管理工作。并且对照省分行资金计划处的考核办法,对资金计划管理工作百分考核内容进

行了量化和细化,从处室到基层行都相应建立了计划管理人员岗位责任制,健全了各项管理制度。在百分考核办法中,把资金计划管理工作细分为计划管理、资金管理、财政补贴资金管理、现金及利率管理、统计管理、等级行管理、业务综合管理七大块,做到了岗位落实、人员落实、责任落实、工作落实。一年来的工作表明,年初制定的工作意见和考核评比办法方向明确,切合实际,对做好全行资金计划管理工作具有一定的指导性和针对性。

二、加强资金营运管理,提高资金使用效益

今年以来,我行进一步加强信贷资金营运管理,信贷资金回笼后及时归还系统内借款,贷款回笼和借款下降基本保持一致。全年每月信贷资金运用率均保持在99.5%以上,信贷资金保持较高的营运水平。

(一)坚持资金头寸限额管理。今年以来,我行计划部门进一步提高经营核算意识,严格管理资金头寸,在省分行核定的资金头寸限额内按季核定基层行的资金头寸限额,并要求在保证正常业务开展的前提下,各行根据自身情况在限额内尽量压缩头寸占用,对不合理占用及时调整,保证了各行科学合理占用头寸资金,做到不闲置、不浪费。

(二)完善资金调度管理。资金调度环节上,市县明确专人负责资金调度管理工作。在请调资金时,做到资金调度与信贷计划衔接,增强了资金与计划双重宏观调控作用,避免了资金供应脱节情况的发生。今年以来,电子联行资金请调系统运行正常,我行继续坚持"小额度、勤调度"的资金调度原则,尤其是总行调整了资金请调时间以后,更加方便了基层行的资金使用,缩短了资金请调时间,减少了资金头寸占用,今年全行共请调资金××笔××万元。同时,我行严格按照上级行的要求,规范使用总行提供的各种资金来源,建立了《系统内资金往来台账》,按月通过电子联行系统与总行对账,全年账务无差错,保证了资金的安全运行。

三、加强统计管理工作,提高统计资料质量

(一)我行各级统计人员克服统计工作量比往年有大幅提增、统计报表上报时间节假日不顺延等实际情况,加班加点,任劳任怨,保质、保量、按时做好统计工作。准确、及时地上报了省分行与中国人民银行要求的各类统计报表,统计工作质量有了较大的提高。

(二)为了加强对资金计划执行情况的监测和分析,我行建立了资金投放、回笼月度分析报告制度,按月对辖内支行、部资金收支情况及其特点进行分析,并对造成当期资金投放(或回笼)的原因予以重点分析。

(三)我行在统计管理上始终坚持按照国家统计法以及中国人民银行和××银行的有关规定进行,统计数据完全来源于各支行(部)会计部门的各项报表,坚持报真情、报真数,不擅自公开发表统计资料和泄露统计机密,在按时完成省分行规定的各项统计资料的同时,认真地做好中国人民银行要求上报的各类统计报表。

四、加强财政补贴资金管理,做好监督拨付工作

今年以来,我行对财政补贴资金管理的重点是加强与财政、粮食部门的联系,积极向

财政、粮食主管部门汇报粮食销售、保管情况,补贴资金能否及时拨付到位直接影响到我行各项工作能否顺利开展。

（一）自粮食市场放开后,国有粮食购销企业的各项财政补贴已逐步减少,加上历史遗留问题等因素,给粮食企业经营和我行贷款收息率任务的顺利完成带来了很大的难度,也严重影响到我行信贷资产的安全性和效益性。在新形势下,我行年初对所辖支行、部的财政补贴情况进行了调查摸底,及时掌握各级粮棉油储备数量、库存值的增减变化及其原因,对各项补贴的项目、金额、来源、时间做到心中有数;并对已掌握的各项财政补贴政策和财政补贴资金拨付情况,认真实施规范化操作,切实加强财政补贴资金的督促到位和监督拨付等管理工作,按时正确上报各类财政补贴报表及有关情况分析,认真及时登记各类财政补贴台账,确保台账间数据准确、相互衔接。

（二）积极加强宣传,密切与财政、企业主管部门的联系,争取理解和支持,为管理财政补贴资金营造了良好的内外部环境。各支行、部落实配备了管理财政补贴资金的兼职人员,积极主动督促同级财政和企业主管部门及时拨付财政补贴资金,弄清每一笔补贴资金的来龙去脉,及时将补贴资金到位情况反馈给财政部门,督促下拨资金,避免了由于职责不清、信息不对称造成补贴资金滞留的情况;并与会计部门积极配合,做好柜面监督,共同做好财政补贴资金专户和拨付手续的管理工作。

（三）经过我行与当地财政、企业主管部门的共同努力,财政补贴资金到位情况及监督管理水平有了较大的提高。至12月末,全市应收各项财政补贴资金××万元,实收各项财政补贴资金××万元,财政补贴资金到位率××%。

五、监测和分析等级行管理指标,适时调整工作思路

2021年度等级行考核与以前年度相比有很大的调整,首先市分行要求各支行认真领会等级行管理文件,掌握新的指标精神,并对考核指标提出反馈意见,分析各项指标完成的难易程度,指导全年工作。其次根据各行月度经营指标的完成情况,市分行对各支行的失分项进行原因和对策分析,通过对经营指标的监测,适时调整工作思路,找出工作重点,明确工作方向,为领导进行正确的预测决策提供了保障,有效提高了各支行的经营管理水平。

六、加大调查研究力度,做好业务经营分析,发挥业务综合职能

为了充分发挥资金计划业务部门的综合职能作用,我行十分注重提高业务经营分析水平,增强业务经营分析的实用性,做好领导的参谋助手。通过掌握所辖支行、部和粮食购销企业信贷资金运用、粮油物资运动、信贷资金变化、信贷资产结构变化及存贷款异常等收购资金封闭管理动态情况,深入分析影响全行业务活动的各种因素,并且坚持静态分析与动态分态相结合、近期分析与远期分析相结合、银行信贷活动分析与企业经营活动分析相结合、微观分析与宏观分析相结合的分析方法,紧紧抓住收购资金封闭管理重点和疑点,揭示规律,找出特点,反映问题,提出对策,增强了全行业务经营分析的前瞻性和指导性作用。

七、认真做好季节性信贷资金需求预测，为经营决策服务

为了进一步做好2021年夏季粮油收购工作，保证粮油收购资金的供应，我行主动和粮食、农业等部门联系，搜集相关信息资料，如农业生产结构调整变化情况、粮棉油种植面积、产量变化情况、粮棉企业改革改制进程等。同时深入企业，获取企业的经营信息，为计划预测服务。通过对2021年夏季粮油购销形势的分析，预计前期收购进度较慢，收购时间会拉长，可能出现收粮困难的现象。随着粮食收购准入条件放开，粮食收购主体呈多元化，收购量势必降低。结合多方面因素考虑，预计全市将收购小麦约××万公斤、收购油菜籽××万公斤。

八、工作不足

回顾2021年我行资金计划管理工作，虽然做了大量的工作，但是对照省分行的要求还有一定的差距，仍存在一些薄弱环节，主要表现在：

（一）新形势下，全行计划在岗人员的业务理论有待进一步充实，业务综合素质有待进一步提高。为此，我们将积极组织理论学习，加强人员培训，提高员工的业务能力。

（二）所辖各支行、部每月（季）财政补贴资金到位情况不甚理想，有待进一步加大与当地财政部门的协调力度。

九、2022年工作打算

2021年我行资金计划管理工作要积极适应当前新形势，迎接新挑战，紧紧围绕年初制定的资金计划管理工作意见，积极开展工作，充分发挥资金计划管理工作的综合职能作用，更好地为全行的各项业务工作服务。

（一）根据年初确定的工作目标和考核内容，加大资金计划管理工作考核力度，按季向所辖支行、部公布考核指标完成情况，促进全行资金计划管理工作的顺利进行。

（二）建立适应市场化要求的信贷投放预测机制。按照"购得进、销得出、有效益"的原则预测年、季度企业购销量，编制年、季度粮棉购销计划；根据粮棉市场供需情况和预期购销价格，按照"以效定贷，以销定贷"的贷款原则预测信贷投放量，编制年、季度信贷投放计划。同时结合我市实际情况和粮棉市场变化趋势，及时修正年、季度粮棉购销计划和信贷投放计划，以逐步建立适应市场化要求的信贷投放预测机制。

（三）积极主动与当地财政部门沟通和协调，促使地方配套的财政补贴资金按时足额到位，减少各类财政补贴资金滞留专户的时间，努力提高财政补贴资金的到位率，为实现全行经营目标创造有利条件。

（四）进一步提高现金和利率管理水平，组织业务人员认真学习并掌握有关现金和利率管理政策，同时结合当前银行反洗钱的工作要求，提高执行现金和利率政策的正确性，加大检查监督力度，及时发现和纠正现金和利率政策执行过程中出现的问题。

简评：该文是一篇专题性总结。所谓"专题性总结"，就是对一定时期内完成的某一项工作或针对某一具体问题做出的评价、结论，对所取得的经验进行的专门总结，因此也

称经验总结。这种总结内容集中、单一、特色鲜明，要求概括出规律性的东西，使之对其他单位、个人起到指导、启蒙、借鉴、参考的作用。

××银行有关资金计划管理工作的总结同时又是该资金计划管理部门的一个年度总结。文中先在前言中概括性地介绍了工作的背景，而后在主体中以横式结构、以分项式的方法叙述了一年中资金计划管理工作的要点以及相应的成效，然后总结了工作的不足，最后提出了对下年工作的打算。该总结提供的工作经验、工作成效与工作教训的资料，为年度考核与未来的工作开展提供了资料依据。

更多例文赏析

思考与练习

1. 简述总结的作用。
2. 总结有哪些特点？
3. 总结与计划有哪些异同？
4. 总结一般由哪几部分构成？
5. 总结标题的主要形式包括哪几种？
6. 简述总结正文各部分的主要内容、作用和要求。

第六章 规章制度

本章学习要点与要求：

本章主要阐述写作规章制度文书的相关知识。学习要点有：规章制度的概念、特点、分类和作用；规章制度的基本结构、具体写作要求及注意事项；规章制度的范例及其评析。通过本章的学习，要求理解规章制度的概念和特点；掌握规章制度的基本结构、写作要求及注意事项；在分析范例的基础上，能够熟练而准确地写作规章制度文书。

第一节 规章制度概述

一、规章制度的概念

规章制度是各种制度、公约、章程、条例、规定、规则、细则、守则、办法、标准、须知等的总称，是国家机关、社会团体、企事业单位等在自己的权限范围内制定的一种具有法规性与约束力，要求相关人员必须共同遵守、照章办事的文件。规章制度的应用范围很广，上至最高领导机关，下至办公室，乃至社会生活的各个方面，都可以用规章制度制定需要遵守的事项、职责范围或达到的标准等，以保证工作、学习、生活等有序、协调地正常进行。

二、规章制度的特点

规章制度是一种运用广泛的管理手段，是人们经常见到的一种文体。它主要有以下几个特点：

（一）目的性明确

规章制度主要用来规范人们在某一特定环境或某一特定事项中的行为，对人们的工作、生活有实际指导和要求执行的效用，因此要有明确的针对性，即具有明确的目的。编写规章制度时不能偏离原有的目的，也不能泛泛而论。

（二）约束力较强

规章制度是社会各种团体根据自己的职能和权限制定的文书，具有一定的强制力和约束力,有令必行,有禁必止。这一特点是其他文体所不具备的。

（三）一定的时效性

规章制度是针对实际生活中的实际问题而制发的,有着明显的时效性。一旦实际情况发生变化,规章制度也应随之进行相应的调整。由于针对的具体情况不同,规章制度时效性的长短也不相同。

（四）格式的规范性

一般来说,规章制度在格式的规范性上要求较高,并且其规范格式和专业术语、习惯用语在相当长的时间内不会改变。

（五）写作者的特定性

规章制度的写作者不是个人,而是法定的写作者,即依法成立并能以自己的名义行使权利和承担义务的组织。国家机关、社会团体、企事业单位都是依据法律、条例、章程等建立并合法存在的法人团体,规章制度可以由它们根据自己的权职范围制发。

三、规章制度的分类

规章制度按照功能的不同可以分为以下三类：

（1）全国性规章制度,由国务院制订,或由各部委制定经国务院批准后颁布,在全国实施。

（2）地方性规章制度,由地方政府及其部门制定,适用于所属地区。

（3）单位性规章制度,由社会团体、企事业单位根据法律规定的程序制定,适用于团体或单位所属人员。

按照执行的时限,规章制度还可以分为现行规章制度和暂行规章制度。

四、规章制度的作用

全国性规章制度和地方性规章制度属于法律法规范畴,其作用主要包括如下几个方面:第一,明示作用,即以法律条文的形式明确告知人们什么是可以做的,什么是不可以做的,哪些行为是合法的,哪些行为是非法的。第二,预防作用,即通过法律法规的明示作用和执法效力以及对违法行为进行惩治使人们知晓法律,进而在日常的具体活动中,根据法律规定来自觉地调节与控制自己的思想和行为,从而达到减少违法和犯罪行为发生的目的。第三,校正作用,即通过法律法规的强制执行力来机械地校正社会中所出现的一些不法行为,使之回归到正常的轨道。第四,扭转社会风气、净化人们的心灵、营造安全稳定的社会环境的社会效益。

单位性规章制度主要有两方面作用:一是起着本团体整体、各机构及其成员的行为规范作用。规章制度一旦制定、批准,制发团体的行为就必须根据规章制度的规则行事。二是起着让团体以外的公众人士了解该团体基本情况的媒介作用。团体的行为准则、方式可以通过这种特定形式广为传播,让公众了解、熟悉该团体,也便于团体活动的开展。

第二节 规章制度的基本结构及其写作

一、规章制度的基本结构

规章制度一般由标题、签署、正文三部分构成。

（一）标题

标题由发文单位名称、事由、文种三要素组成。也有的省去发文单位名称。

（二）签署

签署即署名和日期。如果在标题中已经写明发文单位名称,则在正文后可略去署名,把日期直接写在标题之下、正文之上,用括号括起来。如果在标题中未写明发文单位名称,则要在正文右下方署名,并把日期写在发文单位名称之下。一般政府部门发布规章制度都要有一个发文通知,写明发文对象、基本目的、发文单位和日期。在这种情况下,发文单位名称和日期不出现在规章制度正文中。

（三）正文

正文是规章制度的主体部分,其写法主要有两种类型：

第一种是分章列条款式,多用于内容比较繁多、复杂或较正规的规章制度。采用分章列条款式写作规章制度时,首先将全文分为若干章：第一章为总则,之后各章为分则,最后一章一般为附则。总则简要说明制定本规章制度的目的和总要求;分则为具体内容,可以设小标题标明该章的内容;附则说明附带事项,如本规章制度以及具体实施办法的制定权、修订权、解释权属于谁,适用对象和什么时候开始施行等。每章下还可以包括若干条款,写出该章规定的事项。条款的排序一般可写第几条款,或者只用序码标明,序数可按整个规章制度顺序编排。

第二种是列项式,一般用于内容比较简单的规章制度,无须分章,一项项写出来就可以了,如守则、须知、注意事项等。

此外,规章制度还有一种常见的类型,如规定、规则等,其写作形式很像列项式,但是写作方法类似分章列条款式。这种写法把全文分为若干项：第一项的内容与上述"总则"内容相同;最后一项相当于"附则"的内容。中间项用序码标明,项下的小项目也用序码标明,序码按整个规章制度顺序编排。因此,这种结构基本可以归入分章列条款式。

二、规章制度的写作要求

第一,规章制度必须依据党和国家的有关方针政策,上级的指示精神,以及相关法律法规来制定,要和中央政府的政策以及已有的法律法规保持一致;否则,制定的规章制度不仅行不通,而且会给工作带来损失。所以,在制定规章制度时,制定者要先认真学习有关文件,按照上级的指示精神和相关法律法规来进行。如果上级已经有这方面的规章制度,则不要另起炉灶,只要结合本地区、本部门的实际情况再做必要的补充即可。

第二,制定规章制度必须从实际出发,使之切实可行。特别是公约性质的规章制度,要组织相关成员研究讨论,发挥他们的创造力和主观能动性,使规章制度有助于促进工作和生产,有利于学习和生活。

另外,规章制度的条文要尽量简明扼要、内容具体,便于理解、记忆和执行。

三、规章制度写作的注意事项

（一）按程序规范写作

规章制度如果是法规类的,则要严格执行立法程序,包括草案提出、草案讨论审议、文本表决和公布四个阶段。其中,特别要做好讨论审议的工作。审议的内容包括是否符合上级的相关法律法规,是否可行,是否能在各个单位、部门之间做好协调统一等。一般采用两审制,即经过两次会议审议。规章制度的公布常用公文形式下达,若有必要可同时登报、广播、网络传播等。

（二）重视写作依据

管理者在制定规章制度时,要受国家有关方针政策及相关法律法规的指导和约束,符合上级有关规章制度的指示精神。这就要求制定规章制度要有合法依据。在表述时,可以用"根据……的精神"之类的语句来表明依据所在,必要时还可以援引依据的要点或文本。

另外,规章制度也是管理者针对本单位、部门、地区制定的管理规范和措施,必须符合本单位、部门、地区的实际情况。因此,制定者要深入调查研究,从实际情况中寻找制定规章制度的合理依据。在表述时,可以在"依据……的精神"之后,用"结合……的实际"之类的语句来表明其针对性。为了使规章制度更具合理依据,制定者还可以借鉴和参考其他单位、部门、地区制定的相同或类似的规章制度。

（三）重视表述目的

制定目的是规章制度的内容要素之一,通常放在开头表述。表述时,可以用"为了……制定……"之类的句式。目的的表述要有针对性且具体。

（四）内容周全、合理

规章制度一旦生效,就要严格执行。能否执行,其内容是否周全、合理甚为关键。所谓"周全",是指在规章制度中要充分考虑到可能发生的情况,特别是考虑到可能出现的特例。所谓"合理",是指规章制度除符合管理者的意图外,是否符合绝大多数人的想法和利益,还要考虑到被管理者的条件和愿望。

（五）条款化与规范化

规章制度在表达上的重要特点就是分条列目、层次严谨。从结构上看,规章制度多采用条款式结构,纲目清楚,便于执行。内容安排体现在结构上,通常是先总纲、后细目,先一般、后个别。

第三节　例文简评

例文：

教育部　财政部关于印发《高等学校学生勤工助学管理办法(2018年修订)》的通知

教财〔2018〕12号

各省、自治区、直辖市教育厅(教委)、财政厅(局),有关部门(单位)教育司(局),教育部直属各高等学校：

为深入贯彻党的十九大精神,不断健全学生资助制度,根据当前学生勤工助学工作的新特点及新需要,教育部、财政部对现行的《高等学校学生勤工助学管理办法》进行了修订。现将修订后的《高等学校学生勤工助学管理办法(2018年修订)》印发给你们,请遵照执行。

教育部　财政部
2018年8月20日

高等学校学生勤工助学管理办法
(2018年修订)

第一章　总　　则

第一条　为规范管理高等学校学生勤工助学工作,促进勤工助学活动健康、有序开展,保障学生合法权益,帮助学生顺利完成学业,发挥勤工助学育人功能,培养学生自立自强、创新创业精神,增强学生社会实践能力,特制定本办法。

第二条　本办法所称高等学校是指根据国家有关规定批准设立、实施高等学历教育的全日制普通本科高等学校、高等职业学校和高等专科学校(以下简称学校)。

第三条　本办法所称学生是指学校招收的本专科生和研究生。

第四条　本办法所称勤工助学活动是指学生在学校的组织下利用课余时间,通过劳动取得合法报酬,用于改善学习和生活条件的实践活动。

第五条　勤工助学是学校学生资助工作的重要组成部分,是提高学生综合素质和资助家庭经济困难学生的有效途径,是实现全程育人、全方位育人的有效平台。勤工助学活动应坚持"立足校园、服务社会"的宗旨,按照学有余力、自愿申请、信息公开、扶困优先、竞争上岗、遵纪守法的原则,由学校在不影响正常教学秩序和学生正常学习的前提下有组织地开展。

第六条 勤工助学活动由学校统一组织和管理。学生私自在校外兼职的行为,不在本办法规定之列。

第二章 组织机构

第七条 学校学生资助工作领导小组全面领导勤工助学工作,负责协调学校的宣传、学工、研工、财务、人事、教务、科研、后勤、团委等部门配合学生资助管理机构开展相关工作。

第八条 学校学生资助管理机构下设专门的勤工助学管理服务组织,具体负责勤工助学的日常管理工作。

第三章 学校职责

第九条 组织开展勤工助学活动是学校学生工作的重要内容。学校要加强领导,认真组织,积极宣传,校内有关职能部门要充分发挥作用,在工作安排、人员配备、资金落实、办公场地、活动场所及助学岗位设置等方面给予大力支持,为学生勤工助学活动提供指导、服务和保障。

第十条 加强对勤工助学学生的思想教育,培养学生热爱劳动、自强不息、创新创业的奋斗精神,增强学生综合素质,充分发挥勤工助学育人功能。

第十一条 对在勤工助学活动中表现突出的学生予以表彰和奖励;对违反勤工助学相关规定的学生,可按照规定停止其勤工助学活动。对在勤工助学活动中违反校纪校规的,按照校纪校规进行教育和处理。

第十二条 根据本办法规定,结合学校实际情况,制定完善本校学生勤工助学活动的实施办法。

第十三条 根据国家有关规定,筹措经费,设立勤工助学专项资金,并制定资金使用与管理办法。

第四章 勤工助学管理服务组织职责

第十四条 确定校内勤工助学岗位。引导和组织学生积极参加勤工助学活动,指导和监督学生的勤工助学活动。

第十五条 开发校外勤工助学资源。积极收集校外勤工助学信息,开拓校外勤工助学渠道,并纳入学校管理。

第十六条 接受学生参加勤工助学活动的申请,安排学生勤工助学岗位,为学生和用人单位提供及时有效的服务。

第十七条 在学校学生资助管理机构的领导下,配合学校财务部门共同管理和使用学校勤工助学专项资金,制定校内勤工助学岗位的报酬标准,并负责酬金的发放和管理工作。

第十八条 组织学生开展必要的勤工助学岗前培训和安全教育,维护勤工助学学生的合法权益。

第十九条 安排勤工助学岗位,应优先考虑家庭经济困难的学生。对少数民族学生从事勤工助学活动,应尊重其风俗习惯。

第二十条 不得组织学生参加有毒、有害和危险的生产作业以及超过学生身体承受能力、有碍学生身心健康的劳动。

第五章 校内勤工助学岗位设置

第二十一条 设岗原则:

(一)学校应积极开发校内资源,保证学生参与勤工助学的需要。校内勤工助学岗位设置应以校内教学助理、科研助理、行政管理助理和学校公共服务等为主。按照每个家庭经济困难学生月平均上岗工时原则上不低于20小时为标准,测算出学期内全校每月需要的勤工助学总工时数(20工时×家庭经济困难学生总数),统筹安排、设置校内勤工助学岗位。

(二)勤工助学岗位既要满足学生需求,又要保证学生不因参加勤工助学而影响学习。学生参加勤工助学的时间原则上每周不超过8小时,每月不超过40小时。寒暑假勤工助学时间可根据学校的具体情况适当延长。

第二十二条 岗位类型:

勤工助学岗位分固定岗位和临时岗位。

(一)固定岗位是指持续一个学期以上的长期性岗位和寒暑假期间的连续性岗位;

(二)临时岗位是指不具有长期性,通过一次或几次勤工助学活动即完成任务的工作岗位。

第六章 校外勤工助学活动管理

第二十三条 学校勤工助学管理服务组织统筹管理校外勤工助学活动,并注重与学生学业的有机结合。

第二十四条 校外用人单位聘用学生勤工助学,须向学校勤工助学管理服务组织提出申请,提供法人资格证书副本和相关的证明文件。经审核同意,学校勤工助学管理服务组织推荐适合工作要求的学生参加勤工助学活动。

第七章　勤工助学酬金标准及支付

第二十五条 校内固定岗位按月计酬。以每月40个工时的酬金原则上不低于当地政府或有关部门制定的最低工资标准或居民最低生活保障标准为计酬基准，可适当上下浮动。

第二十六条 校内临时岗位按小时计酬。每小时酬金可参照学校当地政府或有关部门规定的最低小时工资标准合理确定，原则上不低于每小时12元人民币。

第二十七条 校外勤工助学酬金标准不应低于学校当地政府或有关部门规定的最低工资标准，由用人单位、学校与学生协商确定，并写入聘用协议。

第二十八条 学生参与校内非营利性单位的勤工助学活动，其劳动报酬由勤工助学管理服务组织从勤工助学专项资金中支付；学生参与校内营利性单位或有专门经费项目的勤工助学活动，其劳动报酬原则上由用人单位支付或从项目经费中开支；学生参加校外勤工助学，其劳动报酬由校外用人单位按协议支付。

第八章　法律责任

第二十九条 在校内开展勤工助学活动的，学生及用人单位须遵守国家及学校勤工助学相关管理规定。学生在校外开展勤工助学活动的，勤工助学管理服务组织必须经学校授权，代表学校与用人单位和学生三方签订具有法律效力的协议书。签订协议书并办理相关聘用手续后，学生方可开展勤工助学活动。协议书必须明确学校、用人单位和学生等各方的权利和义务，开展勤工助学活动的学生如发生意外伤害事故的处理办法以及争议解决方法。

第三十条 在勤工助学活动中，若出现协议纠纷或学生意外伤害事故，协议各方应按照签订的协议协商解决。如不能达成一致意见，按照有关法律法规规定的程序办理。

第九章　附　则

第三十一条 科研院所、党校、行政学院、会计学院等研究生培养单位根据本办法规定，制定完善本单位学生勤工助学活动的实施办法。

第三十二条 本办法由教育部、财政部负责解释。

第三十三条 本办法自公布之日起施行。教育部财政部印发的《高等学校学生勤工助学管理办法》(教财〔2007〕7号)同时废止。

简评：这是一篇全国性的规章制度公文，由教育部和财政部共同制定颁布，在全国施行。由于有专门的印发通知，所以文件正文中不再出现发文单位名称和颁布日期。标题由发文事由和文种构成。正文分九章，第一章是总则，说明了制定目的、适用范围和规范内容的界定；以下七章是分则，分别是组织机构、学校职责、勤工助学管理服务组织职责、校内勤工助学岗位设置、校外勤工助学活动管理、勤工助学酬金标准及支付和法律责任，

更多例文赏析

都用小标题标明了内容,每章下分若干条,序数按照整个文件编排,不分章单排,全文共三十三条;最后一章为附则,说明相关具体办法的制定、参照执行的范围、本办法的解释权归属、施行时间,以及本办法与之前相关办法的衔接。总体来说,这则管理办法结构完整,语言规范,看起来一目了然,条款之间逻辑清晰、层次严谨,是一篇典范性的规章制度。

思考与练习

1. 规章制度有哪些特点?

2. 规章制度的作用有哪几个方面?

3. 规章制度一般由哪几部分构成?

4. 为什么在制定规章制度时要先认真学习党和国家的有关方针政策及相关法律法规?

5. 规章制度的写作应注意哪些问题?

第三篇

财经调研决策文书篇

第七章 市场调查报告

第八章 经济合同

第九章 市场预测报告

第十章 可行性研究报告

第十一章 经济活动分析报告

第十二章 审计报告

第七章　市场调查报告

本章学习要点与要求：

本章主要阐述写作市场调查报告的相关知识。学习要点有：市场调查报告的概念、特点、分类和作用；市场调查报告的基本结构、具体写作要求及注意事项；市场调查报告的范例及其评析。通过本章的学习，要求理解市场调查报告的概念和特点；掌握市场调查报告的基本结构、写作要求及注意事项；在分析范例的基础上，能够熟练而准确地写作市场调查报告。

第一节　市场调查报告概述

一、市场调查报告的概念

市场调查报告是通过对特定地区、特定类别的市场现状和发展趋势等问题进行深入的调查，在获得调查资料的基础上进行深刻、细致的分析和研究，从中归纳出具有重要参考价值的带有规律性的科学结论，用特有的书面形式写就的专题调查报告。市场调查报告以市场调查为基础。市场调查是运用科学的方法，对商品在市场中的供求状况等诸多因素进行专项的调查研究活动，可分为实地调查、样本征询、问卷调查、座谈问询和资料调查等形式。而市场调查报告就是基于市场调查，运用经济学原理，经过专业的分析和研究后所写成的报告。它反映了市场调查的成果并从中概括出市场变化的规律，从而有助于企业的生产经营活动更趋合理化。

二、市场调查报告的特点

（一）指导性

市场调查报告是因企业生产经营的需要而产生的，它是对调查所得到的客观事实的描述，也是对这些客观事实及其内在规律的深入研究，给企业提供有价值的信息，帮助企业更好地发展。因此，它对企业和市场的发展具有很强的指导意义。

（二）综合性

市场调查报告是基于市场调查完成的。对于在市场调查中所获得的所有相关信息资料，调查报告的撰写者都要进行认真、全面的综合分析和研究，以便全面、深刻地了解调查对象，从调查的资料中寻找规律性的东西，做出简明扼要的分析和正确的判断，最后得出具有指导意义的正确结论。其中就包括结合国际国内经济发展大的趋势、行业发展的趋势、技术进步状况、国家及地方政府对相关产业发展的相关方针政策等因素，对调查对象进行分析和研究。

（三）时效性

市场调查报告应能迅速捕捉市场新动态、新特点，并及时加以分析和研究，否则市场调查报告就成了没有意义的废纸。市场调查报告不但要及时反映目前存在的问题，而且要提出相应的对策、办法、措施等。所以，时效性是市场调查报告的重要特点，准确、及时的市场调查报告将有利于企业的发展。

（四）真实性

市场调查报告所反映的情况必须是从调查中获得的真实信息，否则之后的专业分析和最后写就的市场调查报告就失去了指导意义，反而有可能使企业做出错误的决策，影响企业的发展。真实的情况是市场调查的内容和对象，市场调查报告必须实事求是，就事说理，揭示主旨，写入报告中的所有材料都必须准确无误，确凿可信。

（五）针对性

通常市场调查报告都是针对某一地区、某一商品或某个问题而写就的。市场调查报告的写作要有明确的针对性和目的性，这样才能为企业决策提供有利的依据。市场调查的针对性越强，写成的市场调查报告就越具有指导意义。

三、市场调查报告的分类

目前，市场调查报告使用的范围很广，分类也很多，根据调查内容的大类可以大概分为企业形象市场调查报告、商品营销市场调查报告、区域市场调查报告（其中包括国际市场调查报告）。而一般来讲，企业常用的市场调查报告有：

（一）需求方面的市场调查报告

该类市场调查报告主要是通过对消费者的广泛调查，了解消费者的数量及分布的地区；了解不同的消费心理、消费习惯和消费层次的差异；了解消费的规律，如购买喜好、季节安排等，以及消费者对商品的质量、商标、价格、包装、使用情况、广告宣传及售后服务等方面的评价、意见和要求；了解市场占有率及其走向。另外，还包括了解消费者家庭收入水平和实际购买力、潜在需求量及其购买意向、消费者对商品需求的变动等。只有充分了解相关信息，才能准确把握企业未来生产的方向和规模，获得更高的经济收益。

（二）供给方面的市场调查报告

该类调查报告包括对市场供给情况的调查报告和对企业产品供给情况的调查报告。对市场供给情况的调查是大范围的调查。通过调查，了解该种产品在市场上的供求关系、产品生产厂家有关情况、产品供给前景等。对企业产品供给情况的调查主要是针对企业的生产情况和销售情况、企业产品的市场占有率，以及影响产品销售的主要因素、产品销售的渠道与构成等。通过调查，了解企业销售渠道是否畅通，如何进一步提高供给效率，挖掘供给潜力，改善供给情况等。供给方面的市场调查报告对企业的生产经营决策有直接的影响，因而其使用最为广泛。

（三）其他方面的市场调查报告

除以上两大类之外，市场调查报告还包括一些小类别，如商品价格调查报告和市场竞争情况调查报告等。商品价格调查报告主要包括商品成本、税金、市场价格变动情况，以及消费者对商品市场价格变动的反应等内容。市场竞争情况调查报告主要包括市场竞争程度、竞争对手的基本情况、竞争手段以及竞争产品质量、性能、价格等信息。

四、市场调查报告的作用

市场调查是以市场为对象的调查研究活动，它反映了整个商品领域中特定商品的生产者与消费者、买方与卖方之间广泛的经济联系。在市场经济日趋活跃的今天，中国已经成为世界经济大国，中国经济已融入世界经济，中国正在从制造业大国向制造业强国转变。所有这一切都离不开作为市场经济微观主体的企业的发展，而企业的发展又离不开对市场状况的把握，因此市场调查报告的作用越来越重要。

总而言之，市场调查报告对处于市场环境中的企业来说具有如下两方面的作用：第一，从不同的角度和层面揭示特定市场环境中特定商品的供求关系等相关情况的现状；第二，帮助企业把握特定市场环境中特定商品的供求关系等相关情况的动态和发展趋势。这些为企业决策者根据市场的经营环境和供求关系做出正确的决策提供了重要的依据，进而有利于企业适应市场环境、改善经营管理、促进生产发展、增强竞争力，最终在变动的市场环境中立于不败之地。

第二节 市场调查报告的基本结构及其写作

一、市场调查报告的基本结构

市场调查报告一般由标题、目录、前言、正文、结尾、附件六部分构成。

（一）标题

市场调查报告的标题要求与文章的内容融为一体，是文章内容的高度概括。一般来讲,市场调查报告标题的写法是灵活多样的,有的比较简单,只写一个正题,直接说明调查对象、调查内容或文章的主旨;有的则用比较生动形象的语言突出调查对象,同时伴有副标题。总之,标题应言简意赅、清晰醒目。

具体来讲,常见的标题格式有以下几种:第一种也是最简单的一种,直接在标题中写明市场调查的地区、调查的项目,或者直接提出某一种商品在市场上存在的问题,点明文章的中心,如《上海地区大型医疗器械产品的市场调查报告》。第二种是在正标题中点明文章中心的基础上加一个副标题以给出更多的信息,如《售后服务是关键——某地区电器行业的市场调查报告》,正副标题相辅相成,全面反映全文内容和主旨。这种方式既提出了问题,又写明了市场调查的项目、内容和范围。除以上两种格式外,还有一些灵活的格式,例如以设问句的方式来概括市场调查报告的主要内容,以引起人们的关注,既生动又醒目。

(二) 目录

如果市场调查报告的内容较多,则为了方便读者阅读,应当使用目录或索引形式列出报告所分的主要章节和附录,并注明标题、有关章节号码及页码。一般来说,目录的篇幅不宜超过一页。

(三) 前言

市场调查报告的前言部分,一般包括调查目的、调查对象、调查时间和调查方法等,有时也可简要写明调查对象的背景或直接将调查结果作为开头以突出调查的核心内容。前言部分应简明扼要,紧扣调查目的和指导思想,总述调查概貌,概括基本情况等,要提纲挈领,统领全文,揭示主旨。总之,前言部分应力求言简意赅,高度概括浓缩。

(四) 正文

正文是市场调查报告的主体部分,是全文的中心论点、根据之所在。这部分应注意结合整体宏观经济发展趋势、行业发展趋势以及国家和地方的特定产业政策展开分析。它一般可以分为客观情况介绍、对未来走势的预测、存在的问题以及相关的对策建议等。客观情况介绍部分一般用叙述或说明的方法,将调查得来的有关情况实事求是地表述清楚。这部分内容较多,可以按问题的性质归纳为几大类,以小标题或提问句的形式进行有条理的表述;也可以按时间、地点等顺序进行表述。对未来走势的预测部分主要是通过对调查资料的分析和研究,预测市场发展变化的趋势。这部分内容主要运用议论的方式和结论性的语言加以表述。存在的问题部分主要是通过对发展现状的分析,揭示当前发展中存在的各种问题,一般应分小标题分析列示存在的各种问题。相关的对策建议部分主要是针对上述发展中存在的问题,有针对性地提出改进的建议,指出有关单位和部门应采取的措施。

正文一定要本着实事求是的原则,如实地体现调查对象的现状并加以合理的分析,以期得到有价值的信息,进而对未来的工作进行指导,必要时可附以图表、数字进行说明。在写法上,可以采取叙述与议论相结合的方式。由于这一部分篇幅较长、内容较多,要讲究结构方式,力求条理清楚、重点突出。正文部分的结构经常采用的有纵式、横式和纵横结合式等。纵式的特点,一般是按照时间顺序来叙述和议论;横式的特点,是从客观事物各部分之间的逻辑关系入手,分成几个方面来说明问题。有时在面临一些复杂、经历时间较长的问题时,往往采取横、纵式相互配合穿插的结构。

（五）结尾

市场调查报告的结尾部分要从前文的夹叙夹议中做一个自然的收尾,在理论高度上阐述重要意义,在实事求是分析的前提下,归纳一个有根有据、恰如其分又简洁有力的结论,并且给出合理的建议。结尾的方式各有不同,有的可进一步深化中心思想,有的要写出结论和建议,有的要说明调查中存在的核心问题。不论采用哪种结尾方式,其文字都要做到高度概括,力求深化主题,首尾呼应,加深读者的印象。

（六）附件

附件是指调查报告正文没有提及,但与正文所述内容有关,必须附加说明的部分,它是对正文信息的补充。附件一般包括数据及原始资料、背景材料、调查问卷等。

二、市场调查报告的写作要求

（一）目标明确,讲求时效

市场调查报告的针对性、时效性特点决定了我们在选择调查题目时一定要明确目标。目标越明确,市场调查就会越有效地进行,最后才能得到有价值的、可以指导市场和企业发展的调查报告。市场是瞬息万变的,随着市场经济的发展,产品的更新周期越来越短,人们的消费节奏也越来越快。因此,在目前的市场状况中,我们要有敏锐的经济感觉,有针对性地去调查、分析,明确调查目标,及时确定调查步骤,完成市场调查和调查报告的撰写。

（二）条理清晰,表述简要

撰写市场调查报告是市场调查最后阶段的关键工作。它将全面综合市场调查中所获得的所有相关信息,进行专业的分析和研究,提出结论性的意见和建议。由于市场调查所获得的信息往往比较多,因此需要合理安排市场调查报告的结构,条理清晰地反映市场调查的内容,这也是市场调查整个过程成功的关键所在。市场调查报告的文字表达以叙述、说明、议论为主,要求表述简明扼要、语句精练。

三、市场调查报告写作的注意事项

（一）实事求是

市场调查报告的最大特点是实事求是。以事实为基础，是进行市场调查、写好市场调查报告的前提和保证。从事实出发，发现问题，分析问题，得出结论，为企业决策者提供有价值的信息。因此，调查人员在调查中应努力克服主观性，广泛积累资料，尽可能全面地了解情况，力求每一份材料和数据都做到翔实、可靠，进而认真分析，得出正确的结论，切忌弄虚作假。

（二）把握整体发展趋势

市场调查报告的调查分析和撰写都离不开对调查对象相关市场整体发展趋势的把握，其中就包括对国际国内经济发展大的趋势、行业发展趋势、技术进步状况、国家及地方政府对相关产业发展的方针政策等因素的准确把握和分析。只有做到对调查对象相关市场整体发展趋势的正确把握，才能使调查报告的具体分析拥有合理的根基。

（三）适当结合理论

市场调查报告要求具有一定的专业水准，即在叙述客观事实的基础上，结合相关理论分析，以提高报告的理论水平。但是市场调查报告和我们一般意义上的学术论文是不同的，学术论文强调理论性，以理论分析为主，而市场调查报告的撰写以情况报告为主体。因此，写作者要正确把握结合理论分析的程度，应避免过多的理论论证或空泛议论。

第三节 例 文 简 评

例文：

浙江省庆元县食用菌产业发展调查报告

庆元县是世界人工栽培香菇的发祥地，享有"中国香菇城""中国香菇之乡"等美誉。以香菇为主的食用菌产业是庆元的传统产业，也是庆元农村的支柱产业，为农民的脱贫致富和县域经济的发展发挥了极其重要的作用。1989年以来，联合国教科文组织国际热带地区菇类学会会长张树庭教授三次来庆元考察论证，确认庆元为世界人工栽培香菇发祥地，并亲笔题词"香菇之源"。

近年来，庆元县开展"庆元香菇"国际商标注册、"庆元灰树花"证明商标注册。2014年，"庆元香菇"证明商标被认定为中国驰名商标。2011—2015年，"庆元香菇"获消费者最喜爱的100个中国农产品区域公用品牌、最具影响力中国农产品区域公用品牌、浙江区域名牌农产品等殊荣。"庆元灰树花"成功申报中国农产品地理标志产品。根据浙江大学CARD中国农产品区域公用品牌价值评估课题组评估，"庆元香菇"品牌价值从2010年的43.78亿元上升到2015年的48.63亿元,庆元食用菌品牌竞争力不断增强。

一、庆元县食用菌产业发展历程

庆元县食用菌产业历史悠久,早在八百多年前,百山祖镇龙岩村村民吴三公就发明了世界人工栽培香菇技术——砍花法。这种"砍花法"的制菇技术,被明太祖朱元璋恩准为庆元、龙泉、景宁三县之专利。在漫长的数百年时间里,庆元人以此专利在全国各地从事香菇生产,足迹遍及闽、赣、粤、皖、川、陕、云、贵等十多个省市。清康熙《庆元县志》也有记载:"庆邑之民,以制蕈为业。老者在家,壮者居外,川、陕、云、贵无所不历。"据民国36年《庆元县情简编》:"全县有菇民6万,约占总人口七成。"庆元香菇生产历经了原木"砍花法"栽培香菇、段木"纯菌丝接种"栽培香菇、人造菇木露地栽培香菇和"高棚层架栽培香菇"四个阶段。

由于庆元县在香菇产业中的历史与现有规模,1995年国务院发展研究机构确认庆元"世界人工栽培历史最早、全国最大的香菇产地和集散地"两项中华之最(中最字0342-0343号)。次年又确认庆元为"中国香菇之乡"。庆元县2001年始在全国同行业中率先实施标准化生产,向国家质监总局申报"庆元香菇原产地域产品保护",2002年庆元香菇被认定为"原产地域产品"。2003年《原产地域产品——庆元香菇》国家强制标准正式发布实施。2003年"庆元香菇"文字和图案证明商标被国家工商行政管理总局商标局批准注册。

庆元历届县委、县政府均十分重视香菇产业发展,把它作为发展农村经济脱贫致富奔小康的突破口,制定一系列方针政策,采取相应措施,进行"中国香菇城"系统工程建设,从而使这一传统产业成为主导产业和支柱产业,形成庆元模式的香菇经济和全国创汇农业典型,并取得良好的综合效益。"庆元香菇"品牌及技术已大面积向周边县市乃至全国辐射,形成的年产值在15亿元以上。庆元也因此在2007年被省政府认定为"农业特色优势产业食用菌强县";2009年,被中国食用菌协会授予改革开放30年以来全国唯一获此殊荣的"全国食用菌行业特别贡献奖"称号;2010年,全国第一个"中国食用菌产业基地"落户庆元;2011年,庆元被认定为全国食用菌文化产业建设先进县、全国食用菌产业化发展示范县;2015年,在中国食用菌产业"十二五"(2010—2015)百项优秀成果评选中,庆元被评为"全国优秀食用菌主产基地县"。

二、当前产业发展情况

当前,庆元县委、县政府按照"集聚集约、控量提质、转型升级"的要求,实施"重点提升木腐菌、稳步发展草腐菌、努力开发特色菌"的产业发展战略,打造中国食用菌产业基地,以崭新的姿态继续向前迈进,逐步实现从"食用菌种植大县"向"食用菌产业强县"转变。

(一)生产规模基本稳定,行业产值稳步增长

近年来,庆元食用菌产业发展态势良好,呈稳步增长态势。食用菌年规模稳定在

1.3亿袋左右,其中香菇8 000万袋,黑木耳3 000万袋,灰树花1 800万袋,其他珍稀菌类800万袋左右,一产产值超5亿元,初级市场保持稳定;二产产值大幅增长,从2010年的3.27亿元增长到2015年的9.7亿元,年均增长24%;行业总产值(一、二、三产)稳步增长,从2010年的15亿元增长到2015年的26亿元,年均增长12%。

2016年,全县种植户4 076户,食用菌规模1.14亿袋,其中香菇7 920万袋,黑木耳1 590万袋,灰树花1 010万袋,其他食用菌880万袋。产量8.98万吨(鲜品),其中香菇6.73万吨,黑木耳1.61万吨,灰树花0.55万吨。全县食用菌企业200多家,加工型企业80家,其中县级以上农业龙头企业15家,规模以上企业8家。出口食用菌企业12家,出口备案基地32个,总面积达1 000多亩。全县食用菌总产值35亿元,其中一产产值5亿元,二产产值15亿元,三产产值15亿元。食用菌出口额2 524.64万美元,其中香菇出口额1 128.52万美元。

(二)精深加工走向多元化,全产业链布局完整

庆元县食用菌产业链不断延伸,全县从事食用菌行业的企业有200多家,加工企业80多家,全县食用菌企业列入农业龙头企业15家,其中省级7家。一、二、三产产值比从2010年的33%:20%:47%到2015年的19.5%:38.5%:42.0%,二、三产产值比重不断上升,食用菌产品逐步由简单加工朝休闲、保健、药用以及食用菌机械等方向发展。80多家加工企业的产品涵盖食用菌保鲜品、食用菌休闲食品、食用菌饮品、食用菌保健品、食用菌药品、食用菌机械等方面。庆元斯大食用菌有限责任公司不断研发新的保鲜技术,鲜菇畅销美、韩等国;浙江元康食品有限公司成功研发了有机野生食用菌、休闲即食食品、菇调味品、食用菌饮品等十几种食用菌产品;浙江大山合菇业有限公司、浙江百兴食品有限公司研发出菇酱、菇精等即食产品;浙江百兴生物科技有限公司开发出酵素产品,一面世即受到消费者青睐;浙江方格药业有限公司开发出牛樟芝胶囊等食用菌保健品;庆元菇星节能机械有限公司研制出微电脑控制多功能装袋机等食用菌机械。食用菌加工产业呈现多元化的发展态势。

按照现代化大生产的要求,庆元县食用菌产业在纵向上实现了产加销一体化,食用菌生产资料供应、食用菌生产、加工、储运、销售等环节连接成了一个有机整体,获得了食用菌产品的价值增值。2014年,"庆元县食用菌产业"入选了浙江省首批示范性农业全产业链。

食用菌产销网络逐步完善。由中国供销农产品批发市场控股有限公司投资15.67亿元的庆元香菇市场迁建及物流中心项目投入使用,近400家商户正式入驻,每天香菇交易量都在4吨左右。龙头营销企业带动力较强,目前,全县食用菌企业有200多家,其中年销售收入在500万元以上的有30余家,2 000万~5 000万元4家,0.5亿~1亿元4家,1亿元以上2家。占地500余亩的县食用菌产业园、台湾农民创业园开工建设;百兴食品深加工工厂开工建设,并成功签约台湾腾天生物科技、杭州百山祖生物科技等一批企业。百

兴食品、大山合菇业、江源菇品、元康食品、斯大食品、万成食业、香菇市场等7家企业列入省级农业龙头骨干企业。另外，市级农业龙头企业有6家，县级农业龙头企业有8家。

（三）科技支撑持续增强，质量安全显著提升

浙江省丽水食用菌技术创新服务平台落户庆元，完成投资1 200多万元提升庆元县食用菌科研中心基础设施建设，提高庆元县食用菌科研能力；2012年12月，签约建立李玉院士专家工作站，2014年6月，工作站被评为省级院士专家工作站，为庆元县食用菌科研提供智力支持；浙江省食用菌开发中试基地升级为浙江省食用菌工程技术研究中心；丽水职业技术学院庆元食用菌学院建成招生，浙江百兴食品有限公司成立李国阳博士工作站；完成国家科技富民强县专项行动计划项目"香菇产业化技术集成与示范"和"灰树花产业化技术集成与应用"，承担食用菌产业关键共性技术研究课题11项，研发成功创新成果6项，通过省级审定品种3个；申请专利5项、获授权专利3项；出版专著4部，主持修订行业标准《香菇》GH/T1013—2015，参与制订行业标准《平菇等级规格》和《食用菌运输》，主持修订市级标准4部；获浙江省科学技术奖二等奖1项，浙江省科学技术奖三等奖1项，省农业丰收奖一等奖1项，市农业丰收一等奖、二等奖和三等奖各1项。

充分发挥庆元区域化优势，广泛开展产品质量安全认证，开展香菇质量安全专项整治，加强食用菌种植基地和食用菌加工企业的规范化管理。"十二五"期末，庆元县食用菌行业拥有有机产品45个、无公害产品4个、无公害产地4个、绿色食品6个。"十二五"期间，庆元县食用菌产品农业部农产品检测中心抽检、国家质监局原产地域产品抽检、县内产品抽检均达标，未发生出口食用菌因农残不合格被国外通报案例。2013年庆元县出口食用菌质量安全示范区被评为国家级出口食品农产品质量安全示范区。

（四）推进标准化生产，产业效益提升成效显著

庆元县不断创新、推进食用菌标准化生产，食用菌生产从传统的单家独户生产向标准化、基地化、规模化、集约化生产转变，切实推进标准化生产，产业效益不断提升。一是全面推行菌棒工厂化生产。2012年开始出台扶持政策，全面推行"菌棒工厂化生产+分户出菇管理"的模式，建成76个菌棒工厂化生产厂，年生产能力达7 500万袋，实现菌棒工厂化生产全县覆盖。二是建立食用菌标准化生产基地。建成松源食用菌示范区、赤坑洋食用菌主导产业示范园、东瓜源食用菌标准化生产基地、蔡段食用菌集约化生产基地、庆元县食用菌标准园等标准化生产基地，实现香菇栽培管理基地化。三是开展标准菇棚改造。早在2010年赤坑洋食用菌主导产业示范园建设之初，庆元县就开始谋划标准菇棚改造，并把镀锌钢架标准菇棚纳入园区扶持政策，2013年加大标准菇棚建设扶持力度，开始鼓励棚间种树，2014年开始推行GLP832连栋标准，鼓励集中建设连片标准菇棚。2015年，随着"五水共治"和"六边三化三美"工作的深入推进，庆元县积极探索菇棚美化工作，以G25高速，S229、S329省道，庆百公路沿线公路为重点，对公路沿线可视范围内的香菇棚和黑木耳发菌棚进行改造。2016年，菇棚改造在全县展开。截至2016年年底，全县完成

标准菇棚改造50.41万平方米,推广菇棚套种杨树300多亩。其中,2016年全县菇棚改造项目257个,标准菇棚改造27.71万平方米,棚间种树美化菇棚1万平方米。

三、当前食用菌产业存在的主要问题

(一)产业规模逐步萎缩

一方面,就庆元县自身来说,生产种植量大幅下降。由于农村人口持续向城镇转移,以农村种植为主的食用菌产量逐年下降,香菇生产规模已从高峰期的数亿袋下降到现在的几千万袋。另一方面,产量占全国的份额下降。全国各地食用菌产业发展迅猛,例如河北平泉市利达食用菌合作社的标准化园区,现已建成双层控温棚30多个,仅单个棚就可放路香菇5万袋,合作社年生产香菇达2 000万袋。贵州省、河北省等地,都将食用菌作为脱贫致富的主要产业来抓,未来几年,全国食用菌总产量将大幅增长,庆元县食用菌产量占全国的份额还将进一步下降。

(二)生产方式比较落后

庆元县食用菌产业是从家庭种植副业逐渐发展起来的,工厂化、集约化、规模化程度较低,长期以来处于经营分散、生产设备简陋、生产方式粗放的状态。农业龙头企业从事食用菌生产种植的几乎没有,生产大户、专业户也不多,农户低小散的生产方式依然是主流,很少考虑栽培技术创新、生产工艺提升。

(三)精深加工龙头企业较少

目前,庆元县食用菌主要以干品、鲜品、酱渍品等初加工产品为主,采用的是简单的分拣、包装工艺等。加工产业以初级产品为主,中、高端产品开发的深度、产品线广度都不够。进行精深开发的企业较少,产品不多,只有方格药业、百兴食品等少数企业;技术含量较高的只有孢子粉、灰树花胶囊、多糖粉、酵素等少数产品,且规模不大,产量较小,市场知名度较低。

(四)规模化生产发展不够

要想可持续地发展食用菌产业,工厂化、规模化、标准化生产种植是必然趋势。但庆元县所谓的食用菌工厂化生产仅仅是菌棒集中机械化生产,其他环节几乎是"涛声依旧",并不是真正意义上的食用菌种植工厂化,相比其他地方的食用菌生产种植企业,产业技术落后很多。

四、庆元县食用菌产业可持续发展的对策分析

(一)推进工厂化生产

一个产业之所以成为产业,最基础的必须有一定的规模效应,要巩固庆元县食用菌的市场地位,需要保持一定的产量,比如香菇每年保持8 000万袋左右。一方面要加快食用菌生产基地建设,逐步实现规模化、规范化、集约化发展。目前,可结合竹山等食用菌传统生产村水库移民项目,选址适合地块,以农民入股合作社的形式建设一个500万~1 000万袋规模的标准化食用菌生产种植园区。另一方面要培育专业大户。针对庆元山多地

少,难以建设众多大规模生产基地的实际,建议加强对从事食用菌生产的菇农的培训和管理,打造专业化的菇农队伍,保证一定规模的劳动力从事食用菌生产。同时,要深化土地管理制度改革,采取有力措施,鼓励农村土地向食用菌产业流转,为基地建设提供有效的土地保障。

（二）加强精细化管理

一个产业要得到良好的发展都要经过从低小散到高精尖、从粗放型到集约型的转变,食用菌产业也不例外。要走优质高效、可持续发展的道路,必须进行规模化经营、精细化管理。食用菌产业的可持续发展要走现代农业发展之路,特别要加强食用菌生产设施、设备的研发,提高生产效率。政府要加强引导食用菌的机械生产、食用菌生产企业的技术改造和产品研发。要通过研发加强对香菇种植后的废菌糠、木材加工厂的下脚料、经济林修剪枝、农作物秸杆等原材料的循环使用,发展杂木使用量少的菇类品种,充分、合理地利用地方资源,以进一步提高生产效益、降低成本。

（三）大力发展精深加工

食用菌精深加工有着巨大的市场空间,也是庆元县保持产业竞争优势的重要途径。庆元县应着重做好食用菌精深加工,制定发展规划,精准扶持深加工龙头企业,鼓励企业加大新产品研发力度,扩展产品线,提高市场占有率,推动和实现产业转型升级。要加强对食用菌精深加工企业发展的支持引领,对企业新产品研发、产品引进、新产品推广等出台有针对性的、高含金量的奖励补助政策。要建设实验示范基地,由政府投入资金,食用菌科研中心为广大食用菌生产从业者建立较大型的生产科研实验示范基地,从讲给人听到做给人看,加快科研成果的转化。

（四）食用菌与旅游产业相融合

食用菌产业要与全域旅游、乡村旅游深度融合,大力开发食用菌观光、体验等旅游、休闲养生等业态。比如,结合食用菌袋栽特点,开发盆景式食用菌等个性化旅游产品。

（五）提升从业人员技能

加强培育食用菌职业农民,结合新型职业农民培育,完善食用菌产业人才政策,培养出一大批职业菇农,改革种植模式,提高食用菌集约化、专业化、规模化生产程度,提高经济效益。重点要保护和提升现有流通队伍,依托香菇市场,创新扶持模式,充分调动流通队伍的积极性,活跃庆元食用菌流通贸易,确保庆元香菇市场在全国的市场地位。

资料来源:ex.cssn.cn/dzyx/dzyx_mtgz/201710/t20171019_3673941.shtml(访问时间:2017年10月19日),有删改。

简评: 市场调查报告包括对产品供给与需求方面状况的调查。产业发展调查报告着重对产品供给方面状况的调查分析,因而隶属于广义的市场调查报告。本报告标题为"浙江省庆元县食用菌产业发展调查报告",标题言简意赅,清晰醒目。报告开头有两段文字作为前言,简明扼要地引出了报告的主题。报告正文分为四个部分,包括庆元县食用菌产业发展历程、当前产业发展情况、当前食用菌产业存在的主要问题和庆元县食用菌产业可持续发展的对策分析。各个部分又多分为小标题进行阐述,资料翔实、结构清晰、论点正确、论据有力。整体来看,四个部分从发展历史讲到发展现状,从存在的问题讲到对策建议,环环相扣,逻辑递进关系清晰。报告结尾虽然没有单列结论,但报告结束在有针对性的对策建议上,显得十分完整。

更多例文赏析

思考与练习

1. 市场调查报告有哪些特点?
2. 市场调查报告的作用有哪几个方面?
3. 市场调查报告一般由哪几个部分构成?
4. 为什么市场调查报告的调查分析和撰写都离不开对调查对象相关市场整体发展趋势的把握?

第八章 经济合同

本章学习要点与要求：

本章主要阐述写作经济合同的相关知识。学习要点有：经济合同的概念、特点、分类和作用；经济合同的基本结构、具体写作要求及注意事项；经济合同的范例及其评析。通过本章的学习，要求理解经济合同的概念和特点；掌握经济合同的基本结构、写作要求及注意事项；在分析范例的基础上，能够熟练而准确地写作经济合同。

第一节 经济合同概述

一、经济合同的概念

合同也叫"契约"，是当事人为确立双方的权利与义务而达成的共同遵守的协议。经济合同是合同的一个分支，是商品经济发展的产物，自古有之。古时我国有契、券、质剂等，演变到今天，逐步规范化而形成经济合同。

经济合同是法人、组织之间为实现一定的经济目的而设立、变更、终止民事权利与义务关系的协议。依法签订的合同，对当事人具有法律约束力，并受法律保护。涉外合同必须经政府机关批准方可生效。

二、经济合同的特点

（一）经济目的性

经济合同具有明确的经济目的，如签订目的是借款、购买某项商品，或确定委托关系等。

（二）合法性

经济合同的主体（两方或一方）应具备法人资格。只有合法的合同才会被法律承认有效，受到长期保护；反之，违法的合同不但无效，不能受到法律保护，而且将视其后果追究相关当事人的责任。

（三）平等性

签订经济合同的双方处于平等地位,权利和义务相对等,相互制约。任何一方均不能对他方施加限制或强迫。享受合同规定的权利,就必须承担相应的义务;规定了义务,就应享受相应的权利。一方的权利体现为另一方的义务,一方的义务又体现为另一方的权利,二者互为因果,相互产生作用与影响。

（四）规范性

经济合同是以书面形式签订的,其内容和形式都必须规范化。当事人所交易的内容、相互的权利和义务只有以书面的形式确定下来,才具备法律效力。也只有规范的合同,才能真正做到有章可循、有据可查,防止疏漏或歧义,避免不必要的矛盾和纠纷,确保合同双方的合法权益真正落实。

三、经济合同的分类

根据不同的标准可以对经济合同进行不同的分类。例如,根据书面形式,合同可分为条款式合同和表格式合同。根据《中华人民共和国民法典》（以下简称《民法典》）的规定,合同可分为19种基本类型。

（一）买卖合同

买卖合同是出卖人转移标的物的所有权于买受人,买受人支付价款的合同。

（二）供用电、水、气、热力合同

供用电合同是供电人向用电人供电,用电人支付电费的合同。供用水、供用气、供用热力合同,参照供用电合同的有关规定。

（三）赠与合同

赠与合同是赠与人将自己的财产无偿给予受赠人,受赠人表示接受赠与的合同。

（四）借款合同

借款合同是借款人向贷款人借款,到期返还借款并支付利息的合同。

（五）保证合同

保证合同是为保障债权的实现,保证人和债权人约定,当债务人不履行到期债务或者发生当事人约定的情形时,保证人履行债务或者承担责任的合同。

（六）租赁合同

租赁合同是出租人将租赁物交付承租人使用、收益,承租人支付租金的合同。

（七）融资租赁合同

融资租赁合同是出租人根据承租人对出卖人、租赁物的选择，向出卖人购买租赁物，提供给承租人使用，承租人支付租金的合同。

（八）保理合同

保理合同是应收账款债权人将现有的或者将有的应收账款转让给保理人，保理人提供资金融通、应收账款管理或者催收、应收账款债务人付款担保等服务的合同。

（九）承揽合同

承揽合同是承揽人按照定作人的要求完成工作，交付工作成果，定作人支付报酬的合同。

（十）建设工程合同

建设工程合同是承包人进行工程建设，发包人支付价款的合同。建设合同包括工程勘察、设计、施工合同。

（十一）运输合同

运输合同是承运人将旅客或货物从起运点运输到约定地点，旅客、托运人或收货人支付票款或运输费用的合同。它包括客运合同、货运合同和多式联运合同等。

（十二）技术合同

技术合同是当事人就技术开发、转让、许可咨询或者服务订立的确立相互之间权利和义务的合同。它包括技术开发合同、技术转让合同、技术许可合同、技术咨询合同和技术服务合同。

（十三）保管合同

保管合同是保管人员保管寄存人交付的保管物，并返还该物的合同。

（十四）仓储合同

仓储合同是保管人储存存货人交付的仓储物，存货人支付仓储费的合同。

（十五）委托合同

委托合同是委托人和受托人约定，由受托人处理委托人事务的合同。

（十六）物业服务合同

物业服务合同是物业服务人在物业服务区域内，为业主提供建筑物及其附属设施的维修养护、环境卫生和相关秩序的管理维护等物业服务，业主支付物业费的合同。

（十七）行纪合同

行纪合同是行纪人以自己的名义为委托人从事贸易活动，委托人支付报酬的合同。

(十八）中介合同

中介合同是中介人向委托人报告订立合同的机会或者提供订立合同的媒介服务,委托人支付报酬的合同。

（十九）合伙合同

合伙合同是两个以上合伙人为了共同的事业目的,订立的共享利益、共担风险的协议。

上述19种合同是已经规范并纳入《民法典》的典型合同。另外还有许多种类的合同没有纳入《民法典》,这些合同的订立原则也主要参照《民法典》的总则。我们在本书中主要介绍各种经济合同的共性及其订立的总原则。

四、经济合同的作用

经济合同是规范经济活动行为的文书,它具有以下作用：

（一）维护经济秩序

订立经济合同要遵守法律,任何单位和个人不得利用经济合同进行违法活动。订立经济合同要遵循平等互利、协商一致的原则,任何一方不能将自己的意志强加给另一方。因此,经济合同的制定有利于稳定社会经济秩序,有利于国家、集体、个人之间的经济合作,促进市场经济健康发展。

（二）保护当事人的合法权益

依法订立的经济合同是调整财产关系的一种法律形式,受到法律的保护。当事人订立经济合同是一种法律行为,这使当事人之间建立起相互制约的权利义务关系。经济合同一旦订立,即具有法律约束力,一方面,当事人的权利受法律保护；另一方面,当事人必须履行合同规定的义务,否则须承担法律责任。国家通过有关部门对经济合同进行管理、监督、仲裁、判决,从而维护当事人的合法权益。

（三）促进企业加强经济核算、改善经营管理

合同一经签订,企业就要依法履行合同规定的义务,因此必须按合同内容的需要安排人力、物力、财力进行生产、运输。这样有利于增强企业管理的计划性和前瞻性。

第二节 经济合同的基本结构及其写作

一、经济合同的基本结构

经济合同一般由标题、当事人名称或姓名及住所、正文和结尾四部分构成。

（一）标题

标题要表明合同的性质和内容，如购销合同、施工合同、承包合同等。

（二）当事人名称或姓名及住所

当事人指订立合同的单位或个人。当事人的名称可以简称甲、乙，出租方、承租方，委托人、受托人等，以便在叙述合同条款时行文方便。当事人的名称可以是单位，也可以是个人。比较重要的合同还要在当事人名称上方或合同右上方注明合同编号、签订时间、签订地点。

（三）正文

正文是经济合同的核心部分。正文包括引言和主体两个部分。

1. 引言

引言中要写明订立合同的目的、根据、是否经过双方平等协商等。常用习惯语"根据……为了……经双方协商一致，签订本合同"。

2. 主体

虽然不同的经济合同可以采用的外部形式各不相同，如可以采用条款式、表格式，或者条款和表格相结合的形式，但总体说来都必须具备以下条款：

（1）标的。标的是合同当事人权利和义务的共同指向对象。在签订经济合同时，标的必须明确。如果标的不明确，合同就无法顺利执行。标的有实物和非实物两大类，主要有货物、劳务、工程项目三种形式。如果标的是货物，则货物的名称、花色、规格、型号、产地、商标、质量都要写清楚；否则，执行合同时就有可能出现纠纷。

（2）数量和质量。标的的数量是标的的具体量化指标，是以数字和计量单位来衡量的标的的尺度。它是计算标的价款的直接依据，因此一定要明确、具体。使用的计量单位必须是国家法定的公制计量单位，度量衡必须准确、清楚，切不可使用模棱两可的计量单位。

质量是标的内在特征和品质的规定。标的的质量必须有明确的说明，如标的的名称、成分、效用、大小、品种、等级、保质期等各方面必须在合同中有详细的规定。

（3）价款或酬金。价款或酬金是合同中一方以货币形式付给另一方标的的代价，体现了标的的价值。以货物或工程项目为标的的经济合同，其代价体现为价款；以劳务为标的的经济合同，其代价体现为酬金。单位价格与总价款、酬金的单价标准和计算方法要明确、具体。

（4）履行期限、地点和方式。履行期限是指合同当事人履行权利、义务的时间界限。如购销合同的履行期限表现为供方的交货时间、需方的付款时间。各方当事人都必须严格按议定的时间履行义务。期限规定得越具体，越有利于合同的执行。明确履行期限首先有利于各方当事人安排生产;其次可以避免一些无谓的纠纷。否则,无履行限期或没有明确履行期限的合同,无异于允许有义务的一方可以无限期地拖延执行合同。

履行地点是指完成经济合同内容、具体履行义务的地点,如交货、运货、承建等地点。因为涉及费用承担问题,所以地点一定要明确、具体。

履行方式是当事人履行义务的方式,如购销合同中,供方是分批交货还是一次性交货、是对方提货还是送货、用什么方式运输等,都需要注明。供方出于自身原因到期不能交货,要承担迟延责任;需方未能按期提货,也应承担迟延责任。如果是供方送货,则经济合同中应就运费的承担、运价标准以及中途产品毁损等有关方面做出明确的规定。

(5) 违约责任。违约责任是对不按合同规定履行义务的制裁措施,是维护合同各方当事人合法权益的保证,即当合同当事人违反约定,不能或不愿完全履行合同中规定的义务时,按法律规定其必须承担相应的经济责任和法律责任。有了违约责任的约束,可以敦促合同当事人按期、如约地履行自己的义务。因此,该条款是合同的法定必备条款。在订立违约责任条款时,合同当事人应当考虑、估计一切可能发生的情况,越周全越好,并把这些情况体现在违约责任条款中,尽量地详细、全面和实际,绝不能笼统含糊。

以上条款是经济合同必须具备的,而不同的经济合同视情况不同还可以有特殊条款和其他约定事项。

(四) 结尾

1. 合同附则

合同附则包括合同相关的生效时间、有效期限,合同的份数、保管方式等。有的合同还附有表格、图纸、实样等附件,也可以在这部分加以说明和体现。

2. 落款

在正文的下方要签署以下内容:双方单位名称、法定代表人及委托代理人姓名,并加盖印章,双方当事人的地址、电话、邮政编码、传真号码、开户银行名称、账号等。若有签证或公证单位,则要写明签证、公证单位的名称,法定代表人姓名,并加盖印章。

3. 日期

在落款下方写明合同的签订日期。

二、经济合同的写作要求

(一) 要熟悉国家有关法律法规和方针政策

只有对国家有关法律法规和方针政策有详尽的了解,才可能根据情况订立出规范、有效、合理、合法的经济合同,才能避免未来不必要的损失与纠纷。

（二）要精通业务，全面了解情况

订立经济合同要从实际出发，达到解决问题的目的。因此，精通业务、全面了解情况是订立经济合同的基础。不了解实际情况，盲目签订的合同只会损害自身利益，造成损失。

（三）要在平等协商、取得一致意见的基础上确定各项条款

合同是双方共同协商的产物，其特点之一是平等性。只有根据平等协商达成一致而订立的合同，才可能为各方当事人所自愿遵循，也才能保障合同的如约履行。

三、经济合同写作的注意事项

经济合同是法律类文书，涉及各方当事人的利益，因此在写作中应严肃认真；否则，合同中微小的疏忽和差错都有可能给将来带来不必要的麻烦与损失。在订立经济合同时，要注意以下几个方面：

（一）格式要规范、合理

经济合同的格式要符合《民法典》的要求，不可简化、遗漏；同时，合同的内容要完整，条款要清楚、完备，使之具有合理性、合法性。

（二）表述要准确、严谨

经济合同的各项条款在逻辑上和意义上要严密，不能前后矛盾、相互冲突。文字表述应力求准确、严密，用词要小心斟酌，不可马虎，谨防引起歧义。

（三）文面要清楚、整洁

经济合同一经签署就具有法律效力，这就要求合同的文面整齐干净、字迹工整，一般不允许涂改，如果不得已要修改，则应在修改之处加盖双方当事人的印章。

第三节　例　文　简　评

例文 1：借款合同

中国建设银行个人消费借款合同

贷款种类：

合同编号：

贷款人：中国建设银行

中国建设银行地址：

联系电话：

传真号码：

借款人姓名：

工作单位：

家庭住址：

联系电话：

还款账号：

保证人：

住所：

通信地址：

电话：

开户金融机构及账号：

传真号码：

出质人：

住所：

通信地址：

电话：

开户金融机构及账号：

传真号码：

抵押人：

住所：

通信地址：

电话：

开户金融机构及账号：

借款人(以下称甲方)：

贷款人(以下称乙方)：

甲方因_____需要，向乙方申请_____贷款，乙方经审查同意发放贷款。甲乙双方根据《中国建设银行个人_____贷款管理办法》，经协商一致，订立本合同。

第一条　借款用途

(一)消费人或使用受益人：_____。

(二)借款用于_____。

(三)指定的商户或单位：_____。

第二条　借款金额

人民币(大写)_____。

第三条 借款期限

本合同约定借款期限为_____年,自乙方将借款划入本合同规定账户之日起计算,即(或)从_____年___月___日至_____年___月___日。

第四条 放款条件

本合同项下的担保合同生效后,乙方将借款划入本合同规定账户。

第五条 贷款支用

(一)双方约定在本合同生效后_____个工作日内办理贷款支用。

(二)贷款支用方式:甲方同意乙方将贷款划入下述账户:

1.账户名称:_____,账号:_____。

2.账户名称:_____,账号:_____。

3.账户名称:_____,账号:_____。

第六条 借款利率

(一)双方约定月利率为_____。

(二)借款期内遇国家法定利率调整时,实行一年一定,每年年初按中国人民银行确定的相应档次的利率确定借款利率;借期不超过一年的,执行本合同利率,不受国家法定利率调整的影响。

第七条 还本付息

(一)甲方按月等额归还借款本息。经计算,甲方在支用贷款的次月起每月归还本息共计_____元,还款日为每月_____日(最后一次还款不能迟于本合同履行期限届满日)。如果本合同借款期限不超过一年,甲方则在借款到期时一次性偿还借款本息,不实行按月等额归还借款本息的方式。

(二)甲方委托银行自动划扣借款本息。

甲方授权乙方在每月还款日自动从甲方在建设银行开立的储蓄卡账户或储蓄存折账户_____中扣收每月本息额,因该账户存款余额不足等甲方原因导致乙方在还款日未受足额清偿的,未受清偿的贷款视为逾期贷款。

如甲方提供的个人账户出现冻结等情况而造成无法扣收本息的,甲方须及时向乙方提供新的还款账户用于扣收借款本息。

(三)甲方全部提前归还借款本息,应提前15天通知乙方并经乙方同意。

乙方按合同约定的利率已计收的利息不随还款期限、国家法定利率的变化而调整。

乙方因甲方提前还款所受的损失,不再要求甲方予以补偿。

第八条 合同的变更与解除

(一)本合同生效后,甲、乙任何一方不得擅自变更和解除本合同。

(二)甲方将本合同项下的权利和义务转让给第三方的行为,在同时满足以下条件后生效:

1. 必须经乙方书面同意；
2. 乙方与第三方已签订债权债务转让合同或已签订新的借款合同；
3. 本合同项下的担保合同已做相应变更。

第九条　借款担保

甲方必须为履行本合同提供担保。

（一）甲方以保证方式提供担保的，保证人应与乙方另行签订《保证合同》，保证人应承诺：

1. 保证担保范围

借款金额（大写）＿＿＿＿＿＿元及利息、借款人应支付的违约金（包括罚息）、赔偿金以及实现借款债权和抵押权的费用（包括律师费、诉讼费等）。

2. 保证方式

连带责任保证。借款合同履行期限届满甲方没有履行债务偿还的，乙方有权就甲方应承担的债务从保证人存款账户中相应地予以扣划。

3. 保证期间

自借款合同生效之日起至借款合同履行期限届满之日后两年止。

4. 保证效力

借款合同其他条款无效并不影响本保证人承诺担保条款的效力。

5. 提前承担保证责任

借款合同履行期限届满之前，甲方以自己的行为表明或乙方有其他证据证明甲方将不履行或不能履行借款合同的，乙方有权要求保证人提前承担保证责任，本保证人同意承担。

（二）甲方以抵押方式提供担保的，抵押人应与乙方另行签订《抵押合同》，抵押合同附件"抵押物清单"列明的抵押物须依法登记的应办理登记。

（三）甲方以质押方式提供担保的，出质人应与乙方另行签订《质押合同》，质押合同附件"质押财产清单"列明的质押财产须移转占有或依法办理出质登记。

（四）乙方认为抵押物、质押财产在担保期间需办理财产保险的，甲方应办理抵押物、质押财产在担保期间的财产保险。

甲方在财产保险单上应填写或注明乙方为被保险人，并与保险人在保险单中特别约定，一旦发生保险事故，保险人应将保险赔偿金直接划付至乙方指定的账户。

甲方应将保险单证交由乙方代为保管。

（五）保证人失去担保能力，或作为保证人的法人发生承包、租赁、合并和兼并、合资、分立、联营、股份制改造、破产等行为，足以影响借款合同项下的借款本息清偿的，乙方有权要求甲方重新提供担保，并办理担保手续。

（六）设定的抵押物意外毁损或灭失，足以影响借款合同项下的借款本息清偿的，乙方有权要求甲方在抵押物价值减少的范围内提供新的担保，并办理担保手续。

（七）设定的质押财产出现非乙方因素的意外毁损或灭失，足以影响借款合同项下的借款本息清偿的，乙方有权要求甲方在质押财产价值减少的范围内提供新的担保，并办理担保手续。

第十条　甲乙双方的其他权利义务：

（一）甲方应按本合同约定的用途使用借款，不得将借款挪作他用，甲方无条件接受乙方对借款使用情况进行检查。

（二）甲方应对向乙方提供的借款有关资料的真实性负责。

（三）甲方自愿接受乙方对其收入情况进行检查。

（四）乙方须按合同约定及时足额发放贷款。

第十一条　违约责任

（一）甲方未按本合同还款计划偿还借款，即出现本合同第七条（二）项逾期贷款的，乙方则按逾期金额和天数以万分之_____利率计收利息。

（二）甲方未按本合同约定用途使用借款，乙方对挪用部分的借款按挪用天数以万分之_____计收利息。

（三）甲方发生下列情况之一时，乙方有权停止向甲方发放贷款，或提前收回已发放贷款的本息，或解除借款合同：

1. 本合同生效后，无论何种原因导致甲方未能发生本合同项下的消费行为的；

2. 甲方未按本合同约定用途使用借款的；

3. 甲方向乙方提供虚假借款资料的；

4. 甲方拒绝接受乙方对其收入情况进行检查的；

5. 甲方连续三个月不履行还款义务或有其他缺乏偿债诚意的行为的；

6. 出现本合同第九条第（五）、（六）、（七）项约定情况而甲方未提供新的担保的；

7. 甲方被宣告失踪，而其财产代管人拒绝履行本合同的；

8. 甲方丧失民事行为能力，而其监护人拒绝履行本合同的；

9. 甲方死亡或被宣告死亡，而其财产合法继承人拒绝继续履行本合同的；

10. 甲方卷入或即将卷入重大的诉讼或仲裁程序及其他法律纠纷，足以影响其偿债能力的。

（四）保证期间内，保证人发生下列情况之一时，乙方有权停止向甲方发放贷款，或提前收回已发放贷款的本息，或解除借款合同：

1. 保证人失去担保能力的；

2. 作为保证人的法人发生承包、租赁、合并和兼并、合资、分立、联营、股份制改造、破

产等行为,足以影响借款合同项下保证人承担连带保证责任的;

3. 保证人拒绝乙方对其资金和财产状况进行监督的;

4. 保证人向第三方提供超出其自身负担能力的担保的。

(五)抵押期间内,抵押人发生下列情况之一时,乙方有权停止向甲方发放贷款,或提前收回已发放贷款的本息,或解除借款合同:

1. 抵押人不妥善保管抵押物或拒绝乙方对抵押物是否完好进行检查的;

2. 乙方要求抵押人对抵押物办理财产保险,而抵押人未按乙方要求办理抵押物财产保险的;

3. 因第三人的行为导致抵押物价值减少,而抵押人未将损害赔偿金作为保证金存入乙方指定账户的;

4. 抵押物价值减少,抵押人未在30天内向乙方提供与减少的价值相当的担保的;

5. 未经乙方书面同意,甲方赠与、迁移、出租、转让、再抵押或以其他任何方式处分抵押物的;

6. 抵押人经乙方同意转让抵押物,但所得的价款未划入乙方指定账户并用于提前清偿所担保的债务的。

(六)质押期间内,出质人发生下列情况之一时,乙方有权停止向甲方发放贷款,或提前收回已发放贷款的本息,或解除借款合同:

1. 乙方要求出质人对质押财产办理财产保险,而出质人未按乙方要求办理质押财产保险的;

2. 质押财产价值减少,出质人未在30天内向乙方提供与减少的价值相当的担保的;

3. 出质人经乙方同意转让质押财产,但所得的价款未划入乙方指定账户并用于提前清偿所担保的债务的。

(七)乙方除本条第(三)项规定情况外未按借款合同约定及时足额发放贷款,乙方应按未发放的贷款金额日息万分之_____向甲方支付违约金。

第十二条 甲乙双方任何一方变更住址(地址)、电话等应事先通知另一方。

第十三条 其他约定

1.(略)

2.(略)

3.(略)

第十四条 合同争议的解决

本合同在履行过程中发生争议,各方可以协商解决,也可以直接向乙方所在地的人民法院提起诉讼。

在协商或诉讼期间,本合同不涉及争议部分的条款各方仍须履行。

第十五条 本合同满足以下条件后生效:

1. 本合同项下的担保合同已签订;

2. 本合同经双方签字或盖章。

第十六条 本合同有效期

本合同有效期从生效之日起至本合同项下借款本息足额清偿之日止。

第十七条 本合同正本一式两份,甲乙双方各执一份。

甲方(签字):   乙方(公章):

                                        授权代理人(签字):

年　月　日   年　月　日

简评: 该文是借款合同。合同明确了各方当事人(借款方、贷款方)、借款金额、利率,以及各方当事人权利和义务的各项细节问题,如借款期限、还款时间、借款担保等。为了进一步保障借款的安全性,该借款合同规定了违约责任、合同争议解决的方法,还规定了合同生效条件和有效期。最后,各方当事人签字并加盖印章使合同生效。

例文 2:购销合同

购 销 合 同

合同编号:

签订地点:

签订时间:

立合同双方:

供方:＿＿＿＿＿＿＿＿＿＿＿＿＿＿＿＿＿

需方:＿＿＿＿＿＿＿＿＿＿＿＿＿＿＿＿＿

供需双方本着平等互利、协商一致的原则,签订本合同,以资双方信守执行。

第一条 商品名称、种类、规格、单位、数量

品名	种类	规格	单位	数量	备注

第二条 商品质量标准

商品质量标准可选择下列第＿＿＿＿项:

1. 附商品样本,作为合同附件。

2. 商品质量按照＿＿＿＿＿＿＿＿＿＿＿标准执行(次品率不得超过＿＿＿＿%)。

3. 商品质量由双方议定。

第三条　商品单价及合同总金额

1. 商品定价,供需双方同意按_____定价执行。如因原料、材料、生产条件发生变化而需变动价格,应经供需双方协商;否则,相关损失由违约方承担经济责任。

2. 合同总金额:_____。

第四条　包装方式及包装品处理

_____。

(根据不同的商品种类,规定不同的包装方式、包装材料及规格。包装品以随货出售为原则;凡须退还对方的包装品,应按铁路规定,订明回空方法及时间,或另做规定。)

第五条　交货方式

1. 交货时间:_____。

2. 交货地点:_____。

3. 运输方式:_____。

第六条　验收方法

_____。

(按照交货地点与时间,根据不同的商品种类,规定验收方法。)

第七条　预付货款

_____。

(根据不同的商品种类,决定是否预付货款及金额。)

第八条　付款日期及结算方式

_____。

第九条　运输及保险

_____。

(根据实际情况,需委托对方代办运输手续者,应于合同中订明。为保证货物途中的安全,代办运输单位应根据具体情况代为投保运输险。)

第十条　运输费用负担

_____。

第十一条　违约责任

1. 需方延付货款或付款后供方无货,使对方造成损失,应偿付对方此批货款总价____%的违约金。

2. 供方如提前或延期交货或者交货不足数量,应偿付需方此批货款总价____%的违约金。需方如不按收货期限收货或拒收合格商品,亦应偿付供方此批货款总价____%的违约金。任意一方如提出增减合同数量、变动交货时间,应提前通知对方,征得同意,否则应承担经济责任。

3. 供方所发货品有不合规格、质量要求或霉烂等情况，需方有权拒绝付款（如已付款，应订明退款退货办法），但须先行办理收货手续，并代为保管和立即通知供方，由此所发生的一切费用损失，由供方承担，如经供方要求代为处理，须负责迅速处理，以免造成更大的损失，其处理方法由双方协商决定。

4. 约定的违约金，视为违约的损失赔偿。双方没有约定违约金或者损失赔偿额的计算方法的，损失赔偿额应当相当于违约所造成的损失，包括合同履行后可以获得的利益，但不得超过违反合同一方订立合同时应当预见到的因违反合同而可能造成的损失。

第十二条 当事人一方因不可抗力不能履行合同时，应当及时通知对方，并在合理期限内提供有关机构出具的证明，可以全部或部分免除该方当事人的责任。

第十三条 本合同在执行中发生纠纷，签订合同双方不能协商解决时，可以向人民法院提起诉讼或向_____仲裁机构申请仲裁。

第十四条 合同执行期间，如因故不能履行或需要修改，必须经双方同意，并互相换文或另订合同，方为有效。

需方：_____（盖章）　　　　供方：_____（盖章）

法定代表人：_____（盖章）　　法定代表人：_____（盖章）

开户银行及账号：_____　　　　开户银行及账号：_____

　　　　　　　　　　　　　　　　　　　　____年__月__日

简评：该文是一份购销合同。合同明确规定了标的物及其数量、质量标准、价款、交货和验收的方法等，当事人（供方、需方）的违约责任，以及当出现纠纷时的解决办法。该合同文字简洁、表述清楚，为双方当事人认真有效地履行合同内容提供了有效的法律保障。

例文3：委托合同

广告委托合同

代理方	单位名称（盖章）				委托方	单位名称（盖章）		
	地　址					地　址		
	电　话		传　真			电　话		传　真
	开户银行					开户银行		
	账　号					账　号		
	代表签名					代表签名		

(续表)

	广告媒体	规格	时段(或版面)	数量	单价	金额
委托内容						

品牌名称	
刊播日期	自 年 月 日起至 年 月 日止共计 天
总金额	人民币(大写)： 元整；¥
付款时间	委托方于 年 月 日前将款项 万元付达代理方。
付款方式	○电汇(实时电汇) ○转账 ○现金 ○其他方式：

备注：①本合同金额为不含税金额；②广告投放时间为   年 月 日到   年 月 日中的任意天,代理方必须在   年 月 日前将广告资源消化完；③自合同签订日起,委托方可在任何时间将所抵产品提出；④所有产品均以经销价计算；⑤如遇重大活动、节目或周末突发新闻、电视台节目调整等其他原因,广告统一编排按时间播出。

附则

1. 委托、代理双方根据《中华人民共和国广告法》和《中华人民共和国民法典》及有关法律规定,签订本合同。
2. 委托方委托刊播的广告内容和表现形式必须遵守相关法律规定,代理方有权审查,要求修改或拒绝代理。广告刊播后,凡因广告内容和表现形式造成侵犯而发生的法律责任,由委托方负责承担。委托方提供的广告带经电视台审查不合格导致不能播出,不属代理方违约。
3. 合同签订后,委托方要求变更广告刊播时段,须经代理方同意。如要求停播,代理方不予退款,广告顺延。
4. 代理方出于不可抗力因素或电视台原因,对广告播出时间进行调整,不属违约行为。

附则

5. 广告播出实行先付款后播出。对分期付款业务,代理方实行款到下单。委托方须在前期付款额度广告播出完毕前五天将下期应付款付达代理方,委托方未能如期付款视为违约,代理方有权停止播出本合同约定的广告,并有权追究委托方相应的经济责任。
6. 委托方以现金形式付款须直接交付代理方财务部,否则视为未付款。
7. 广告样稿(样带)为合同附件,是合同不可撤销的组成部分,与本合同具有同等法律效力。
8. 本合同解释权由代理方所有,如发生纠纷或争议,双方约定通过代理方所在地人民法院进行诉讼与裁决。
9. 本合同经代理方盖章且双方代表签字生效。

签约时间： 年 月 日

简评:该文是一份委托合同,属于表格式合同。通过对表格中内容的设置来体现合同的内容与要求。这种对合同条款的表格式处理方法能使内容更加简单、清楚、一目了然,便于合同当事人理解与执行合同。

例文 4:劳动合同

编号:＿＿＿＿＿＿＿

劳动合同书

(适用于本市房屋建筑与市政基础设施领域建筑施工企业)

甲　方:＿＿＿＿＿＿＿＿＿＿＿＿＿＿＿

乙　方:＿＿＿＿＿＿＿＿＿＿＿＿＿＿＿

签订日期:＿＿＿＿＿＿＿＿＿＿＿＿＿＿

根据《中华人民共和国劳动合同法》《中华人民共和国建筑法》和有关法律、法规,甲乙双方经平等自愿、协商一致签订本合同,共同遵守本合同所列条款。

一、劳动合同双方当事人基本情况

第一条　甲方(用人单位)名称:＿＿＿＿＿＿＿＿＿＿＿＿＿＿＿＿＿＿

　　　　法定代表人(委托代理人)或主要负责人:＿＿＿＿＿＿＿＿

　　　　注册地址:＿＿＿＿＿＿＿＿＿＿＿＿＿＿＿＿＿＿＿＿＿＿

　　　　在京通信地址:＿＿＿＿＿＿＿＿＿＿＿＿＿＿＿＿＿＿＿＿

　　　　联系电话:＿＿＿＿＿＿＿＿＿＿＿＿＿＿＿＿＿＿＿＿＿＿

第二条　乙方(劳动者)姓名:＿＿＿＿＿＿＿＿＿＿＿＿＿＿＿＿＿＿

　　　　居民身份证号码:＿＿＿＿＿＿＿＿＿＿＿＿＿＿＿＿＿＿＿

　　　　上岗证证件号码:＿＿＿＿＿＿＿＿＿＿＿＿＿＿＿＿＿＿＿

　　　　现居住地址:＿＿＿＿＿＿＿＿＿＿＿＿＿＿＿＿＿＿＿＿＿

　　　　联系电话:＿＿＿＿＿＿＿＿＿＿＿＿＿＿＿＿＿＿＿＿＿＿

乙方身份证复印件粘贴处

二、劳动合同期限

第三条　本合同采取下列第____种期限形式：

（一）以完成一定工作任务为期限。自_____年____月____日起至_____工作任务完成即行终止。

（二）固定期限,自_____年____月____日起至_____年____月____日止。

其中,试用期自_____年____月____日起至_____年____月____日止。

（三）无固定期限,自_____年____月____日起。

其中,试用期自_____年____月____日起至_____年____月____日止。

三、工作内容和工作地点

第四条　甲方招用乙方担任_____岗位（工种）工作。乙方的职业资格等级证或上岗证号码为_____,工作地点为_____。

第五条　甲方根据国家、北京市和行业劳动定额标准和质量验收标准,安排乙方的工作任务。乙方应按照甲方的要求,按时完成规定的工作任务,达到约定标准。

四、工作时间和休息休假

第六条　甲方安排乙方实行下列第____种工作工时制度：

（一）标准工时制度。

（二）综合计算工时制度。

（三）不定时工时制度。

实行综合计算工时制度和不定时工时制度的,应经注册地人力社保行政部门批准。

第七条　甲方对乙方的工作时间安排必须执行国家规定的工时制度并依法保证乙方的休息权利。

五、劳动报酬

第八条　乙方工资标准为：

（一）实行按日计算工资的：

1. 工资标准为____元/日；

2. 工资计算方式为____元/日×出勤工日；

3. 出勤工日按照甲乙双方签字确认的出勤记录计算；

4. 双方应于每月____日前,按照上述标准,核算乙方上月工资数额并由双方签字确认。

（二）实行计件工资的：

1. 工作量计算标准为_____；

2. 工作量单价为_____；

3. 工资计算标准为工作量单价×乙方完成的工作量；

4. 乙方应当按照甲方书面告知的标准完成工作，甲方的工作标准见本合同第二十条。

5. 双方应于每月____日前，按照上述标准，核算乙方上月工资数额并由双方签字确认。

（三）乙方试用期月工资_____元。甲方支付给乙方试用期的工资不得低于本单位相同岗位最低档工资或者劳动合同约定工资的百分之八十，并不得低于北京市最低工资标准。

（四）甲方每月____日以法定货币或采取银行转账方式支付乙方工资。甲方每月支付乙方的工资不得低于本市规定的最低工资标准。

六、社会保险和福利待遇

第九条　甲乙双方应按照国家、北京市和企业注册地有关社会保险的法律、法规和政策规定参加社会保险，并按时足额缴纳各项社会保险费。其中，乙方负担的部分由甲方代扣代缴。

第十条　乙方患病或非因工负伤、患职业病或因工负伤的待遇按国家、北京市和统筹地有关规定执行。

第十一条　甲方应为从事危险作业的职工办理意外伤害保险，投保标准为_____，并支付保险费。

第十二条　甲方为乙方提供以下福利待遇：_____
_____
_____

七、职业培训

第十三条　甲方负责对乙方进行职业技能、劳动安全生产以及普法维权教育培训。

第十四条　甲方应实行"先培训后上岗"的就业准入政策，上岗前应对乙方进行以下方面的业务培训：

（一）国家有关建筑行业的法律法规和政策文件。

（二）建筑行业《国家职业标准》所要求的理论知识和实操方法。

（三）建筑行业相关规章、规程标准。

（四）事故防范和应急救援处理办法及安全知识。

（五）劳动者权利、义务以及劳动争议处理的程序与合法渠道。

八、劳动保护、劳动条件和职业危害防护

第十五条　甲方应坚持安全第一、预防为主的方针，建立健全安全生产的责任制度和

群防群治制度。

第十六条　甲方应依法加强对建筑安全生产的管理,执行安全生产责任制度,采取有效措施,防止伤亡和其他安全生产事故的发生。

第十七条　甲方和乙方在施工过程中,应当遵守有关安全生产的法律、法规和建筑行业安全规章、规程,不得违章指挥或者违章作业。乙方有权对影响人身健康的作业程序和作业条件提出改进意见,有权获得安全生产所需的防护用品。乙方对危及生命安全和人身健康的行为有权拒绝,并提出检举和控告。

九、劳动合同的变更、解除、终止和经济补偿

第十八条　经甲乙双方协商一致,可以变更本合同约定的内容,并以书面形式确定。

第十九条　甲乙双方解除、终止本合同,应当按照《中华人民共和国劳动合同法》规定执行。

十、当事人约定的其他内容

第二十条　甲乙双方依法约定的其他事项:

1. 采取计量工资方式的,工作标准为:＿＿＿＿＿＿＿＿＿＿＿＿＿＿＿＿＿＿＿
＿＿＿＿＿＿＿＿＿＿＿＿＿＿＿＿＿＿＿＿＿＿＿＿＿＿＿＿＿＿＿＿＿＿＿＿＿
＿＿＿＿＿＿＿＿＿＿＿＿＿＿＿＿＿＿＿＿＿＿＿＿＿＿＿＿＿＿＿＿＿＿＿＿＿
＿＿＿＿＿＿＿＿＿＿＿＿＿＿＿＿＿＿＿＿＿＿＿＿＿＿＿＿＿＿＿＿＿＿＿＿＿

十一、劳动争议处理及其他

第二十一条　甲乙双方因履行本合同发生劳动争议,当事人可以到项目所在地的劳动争议调解委员会、依法设立的基层人民调解组织或者在乡镇、街道设立的具有劳动争议调解职能的组织申请调解;调解不成的或者当事人不愿意调解的,可以依法申请仲裁、提起诉讼。

第二十二条　劳动合同履行地与甲方注册地不一致的,有关乙方的最低工资标准、劳动保护、劳动条件、职业危害防护等事项,按照劳动合同履行地的有关规定执行;甲方注册地的有关标准高于劳动合同履行地的有关标准,且甲方与乙方约定按照甲方注册地的有关规定执行的,按照约定执行。

第二十三条　本合同未尽事宜或与现行及今后国家、北京市有关规定相悖的,按有关规定执行。

第二十四条　本合同附件包括:

甲方＿＿＿＿＿＿＿＿＿＿＿＿＿＿＿＿＿＿＿＿＿＿＿＿＿＿＿＿等管理制度,

乙方在签署本合同前已经知悉上述制度的相关内容并同意遵照执行。

甲方(公章)   乙方签字:

法定代表人(签字):

签字日期: 年   月   日   签字日期: 年   月   日

签 约 须 知

一、本合同适用于在京施工的各类建筑企业使用的人员。

二、用人单位和劳动者应保证向对方提供的与履行劳动合同有关的各项信息真实有效。

三、用人单位与劳动者使用本合同签订劳动合同时,凡需要双方协商约定的内容,协商一致后填写在相应的空格内。

签订劳动合同,用人单位应加盖公章,法定代表人(委托代理人)或主要负责人应本人签字或盖章。

四、当事人约定的其他内容在本合同内填写不下时,可另附纸。

五、本合同应用钢笔或签字笔填写,字迹清楚,文字简练、准确,如有涂改,双方应在涂改处签字盖章。

六、本合同一式三份,用人单位和劳动者双方各持一份,另一份留工地项目部备查。交劳动者的不得由用人单位代为保管。

七、(一)采取按日计算工资的方式的,甲方应当如实记录乙方出勤情况、编制出勤记录,并于每月____日前交乙方签字确认出勤情况。双方未签字确认出勤记录或出勤记录不齐全的,按照乙方主张的出勤情况执行。

(二)采取计量工资方式的:

1. 甲方应当书面明确告知乙方工作标准,本合同附件中无书面告知记录的,视为乙方工作符合甲方标准。

2. 甲方应如实记录乙方工作量完成情况,并于每月____日前交乙方书面确认,双方对于工作量完成情况没有争议的,应当即时履行书面签认手续,书面签认手续一式两份,甲方、乙方各留存一份;双方对于工作量完成情况存在争议的,应当对工作量争议内容履行书面签认手续,书面签认手续一式两份,甲方、乙方各留存一份。

资料来源:北京市人力资源和社会保障局官方网站。

更多例文赏析

简评：该文为劳动合同，属于常用经济合同。合同对甲乙双方（劳资双方）的权利和义务进行规定（劳动合同期限、工作时间和休息休假、劳动报酬、社会保险和福利待遇、职业培训、劳动保护、劳动条件和职业危害防护等），并明确解除合同的条件，以及经济补偿、劳动争议处理的方式，便于合同当事人理解与执行合同，保护劳资双方利益。

思考与练习

1. 什么是经济合同？经济合同有哪些作用？
2. 简述经济合同的格式。
3. 经济合同正文部分应包含哪些条款？
4. 订立经济合同应注意哪些问题？

第九章 市场预测报告

本章学习要点与要求：

本章主要阐述写作市场预测报告的相关知识。学习要点有：市场预测报告的概念、特点、分类和作用；市场预测报告的基本结构、具体写作要求及注意事项；市场预测报告的范例及其评析。通过本章的学习，要求理解市场预测报告的概念和特点；掌握市场预测报告的分类、基本结构、写作要求及注意事项；在分析范例的基础上，能够熟练而准确地写作市场预测报告。

第一节 市场预测报告概述

一、市场预测报告的概念

预测就是根据现有的资料，依照事物发生、发展和变化的规律，对某一事物或现象的未来状况、形态做出估计和推测。

市场预测就是根据市场调查获得的资料，运用一定的经济理论和科学方法，分析研究、测算、估计未来某一时期内市场某一方面或某些因素的发展趋势，从而为生产经营决策提供科学的依据。市场预测报告就是根据这种分析研究的情况以及最后做出的估计和推测写成的书面报告。

市场预测报告有广义和狭义之分，广义的市场预测报告又称经济预测报告，狭义的市场预测报告又称产品销售预测报告。

二、市场预测报告的特点

（一）预见性

市场预测报告最显著的特点是对未来市场的发展方向及特点做事前预测。它是在广泛调查的基础上，全面分析研究有关的数据资料，运用相关的经济理论和科学方法，对未来市场商情发展的趋势做出科学的判断和预见。现实的经济状况、未来的发展趋势、发展前景、变化情况等都是预测的重点。

（二）科学性

市场预测就是对经济现象的历史和现状进行科学分析，把握其内在联系，从而揭示预测对象的客观规律，推测其发展趋势。因此，市场预测是在充分占有详尽的信息资料的基础上，运用科学的方法加以分析研究，经过严密的推理和科学论证，从而得出科学的预测结论。

（三）时效性

市场预测报告记录和反映的是经济发展的最新变化和各方面的最新动态，它能为生产者、管理者、经营者、销售者提供必要的决策信息，信息的价值与提供信息的时间往往是密切相关的，预测人员必须快速将信息传递给决策部门和管理部门。所以，时效是市场预测报告的价值所在，准确、及时的市场预测报告有助于企业在竞争激烈的市场上夺得一席之地。

三、市场预测报告的分类

市场预测报告使用的范围广、频率高，按照不同的分类标准，可分为不同的种类。

（一）按照预测范围，可分为宏观市场预测报告和微观市场预测报告

宏观市场预测报告即对整个国民经济或某一地区、某一领域、某一系统范围的经济发展前景所做的全面、总体的综合预测。

微观市场预测报告即对一家企业的经济活动或某种产品的产销需求所做的预测。它以单个经济单位的活动为考察对象，如企业一定时期的产销量、产品销路、资金需要量等。

（二）按照预测期限，可分为短期、近期、中期、长期市场预测报告四大类

短期市场预测报告一般是反映季度性的市场变化趋势的预测报告。

近期市场预测报告一般是反映年度市场变化趋势的预测报告。

中期市场预测报告一般是反映三至五年时间内市场变化趋势的预测报告。

长期市场预测报告一般是反映五年以上时间内市场变化趋势的预测报告。

（三）按照预测对象，可分为市场需求预测报告、市场占有率预测报告、产品发展预测报告和资源预测报告

市场需求预测报告即针对某一种产品或某几种产品潜在市场需求量的预测报告。一般需要考虑消费偏好、消费者购买力等因素的影响。

市场占有率预测报告即针对某种产品在市场中的销售量或销售额占同类产品销售量或销售额比重的预测报告。一般需要考虑产品价格、竞争对手和可替代产品等因素的影响。

产品发展预测报告即针对某种产品未来发展变化趋势的预测报告。一般需要考虑产

品的生命周期、技术进步等因素的影响。

资源预测报告即针对某种资源未来发展变化趋势的预测报告。一般需要考虑资源行业供需现状、经济运行状况、下游行业发展等因素的影响。

（四）按照预测方法，可分为定性分析预测报告和定量分析预测报告

定性分析预测报告一般是采用直观或判断的方法（如德尔菲法、专家意见集合法等）对市场各种因素进行综合分析，归纳演绎其客观规律，对未来市场发展趋势的预测报告。

定量分析预测报告一般是采用定量预测方法（如时间序列预测法、比较分析预测法、经济计量分析预测法等）对未来市场发展趋势的预测报告。

四、市场预测报告的作用

市场预测报告在社会的发展和建设中得到广泛使用，发挥着越来越重要的作用，主要表现在以下几个方面：

1. 参考作用

在经济活动的经营和管理过程中，普遍存在经常性的决策过程。决策的正误直接影响着行业、部门或企业发展的兴衰。预测是为决策服务的，科学的预测分析是决策科学化的前提条件，决策者在决策时往往将预测信息作为重要的参考依据。

2. 指导作用

随着我国市场经济的不断完善和深入发展，人民的物质生活资料将会日益丰富，市场的发展将进一步多元化。在这种情况下，为了引导社会再生产过程的有序运行，市场预测报告将及时提供预见性的观点和建设性的意见，指导整个社会的生产经营活动和人们的消费活动，使社会资源实现最佳配置，发挥最大效用。

3. 规划作用

随着社会主义市场经济的发展，市场预测已成为企业、部门进行长远规划的重要前提。市场预测以各种历史的和大量调查研究所获得的资料为基础，运用各种信息、资料、数据，大量采用观察、归纳、演绎、数学模型和实验等科学方法，对客观事物之间的历史与未来、宏观与微观、原因与结果以及各种因素之间的交叉影响进行科学的分析、测算或估算，及时提供事物今后发展变化可能出现的趋势和可能达到的水平，为国家宏观调控部门、企事业单位进行长远规划提供重要的资料。

第二节 市场预测报告的基本结构及其写作

一、市场预测报告的基本结构

市场预测报告一般由标题、前言、正文、结尾四部分构成。

（一）标题

市场预测报告的标题一般包括预测范围、预测时间、预测对象和文种四个要素。写作时可以用全称，也可以用简称（省略其中的一个或两个要素）。如《××市2024年空调需求量预测》《××公司2023年利润增减预测》为全称形式的标题；再如《××市蔬菜价格趋势预测》《××市场前景的展望》则为简称形式的标题。确定的标题题目要鲜明、醒目。

（二）前言

前言又称小序，是预测报告的开头部分，主要内容是简明扼要地介绍预测的范围、对象、时间、地点和目的。有的还要简要介绍预测结论或预测的方法和过程。

（三）正文

市场预测报告的正文是预测报告的核心部分，一般由概况、预测和建议三部分内容组成。其中，概况是预测的基础，预测是报告的核心，建议是预测的延伸。

1. 概况

概况部分是对预测对象的发展历史和现状做系统而简要的回顾与说明。一般要选择有代表性、有典型意义的资料来介绍和说明预测对象各方面的现状，为下文的预测做铺垫，作为预测分析的基础。因此，选取资料时应侧重于对市场未来发展趋势有直接影响的资料和数据。写好概况是写好预测报告的基础和前提。

概况部分的具体写法灵活多样，应根据收集的资料和预测的具体对象，采用不同的表现手法，可以由远到近、逐层交代，也可以根据事物的运动过程依次陈述，还可以从不同的侧面概括特点、反映趋势等。

2. 预测

预测部分是预测报告的重点内容。在深入分析预测对象现状的基础上，采用科学的预测方法，对所收集的资料进行分析、研究和计算，经过判断推理，从中找出变化和发展的规律，做出科学的结论，从而正确地预测未来的发展趋势。

常用的市场预测方法主要分为两大类：定性预测法和定量预测法。

定性预测法又称判断预测法、调查预测法、经验预测法等，它是依据预测者掌握的知识和经验，取得与预测对象相关的各种因素的历史和现状资料，在对这些资料加工整理、分析研究的基础上，判断预测对象未来情况的预测方法的总称，主要包括购买意向调查法和德尔菲法等。

定量预测法又称数学预测法、定量分析法、统计分析法、客观分析法等，它是根据已掌握的比较完备的资料，运用统计方法，按照一定的数学模型推导出未来经济发展的前景和变动趋势，主要包括动态数列预测法、回归预测法、因果预测法等。

实务中，往往是将定性预测和定量预测结合使用，因为定性分析可以把握定量分析的大体轮廓,定量分析则可以印证定性分析结论的正确、合理和可靠程度。一般只有两者相互补充,才能较为准确地预测出某项预测对象未来的发展趋势。

预测部分具体的写作形式主要有条文式、直述式、块条式等几种。条文式是指在编写预测部分时,分条列项进行逐条逐项的分析;直述式是指直接分段表述分析、推断过程,多用于短小的经济预测;块条式是指将主体先划分成几部分,必要时在每部分中再分条陈述,多用于比较复杂的综合性的经济预测。

3. 建议

建议部分是预测报告的合理延伸。这部分是根据预测的结论提出的切实可行的建议或设想,是市场预测报告写作的目的,必不可少。需要注意的是,所提建议应该是对决策机构有参考价值的,因此所提建议要有的放矢,措施要切实可行。只有这样市场预测报告才能作为有关部门和决策机构的决策依据,从而达到写作市场预测报告的目的。

建议部分在写作形式上多采用分条列项的方式,这样易于做到条理清晰。当然,也可以简明扼要地直接叙述。

(四)结尾

结尾是市场预测报告全文的收束,主要是呼应开头或者归纳全文。有的市场预测报告没有结尾这一部分,常常是写完建议就结束全文。

二、市场预测报告的写作要求

市场预测报告是建立在广泛的调查和严密的科学论证基础之上的,为科学决策提供重要的依据。这就要求在撰写此类报告时,一定要做到实事求是。具体写作要求有如下几点:

(一)目标明确,主次清晰

市场预测活动涉及的范围广,内容也很丰富,在市场预测中往往会涉及许多方面的因素。因此,只有明确了目标,对资料的收集、筛选、使用才有方向性,对预测方法的选择以及市场预测报告的结构安排等才有据可依。如果没有准确把握预测目标,则撰写出的预测报告就会完全失去其应有的价值。此外,目标确定之后,要根据目标的需要,做到分清主次,突出重点,合理地安排预测报告的先后顺序与结构,使撰写的内容不散不乱、条理清晰、层次分明。

(二)资料充分,论据有力

市场预测报告的基础在于调查,通过周密、细致的调查来全面地收集、占有资料,以全面、完整、详尽的资料为依据,认真分析、掌握不同因素间的内在联系,来预测市场未来的发展趋势。只有通过有力的论据、严密的推理,预测结论才有可能可行。因此,我们在收集资料时,一定要做到资料真实可靠,不能有丝毫水分;此外,要收集和选用有代表性的、有典型意义的资料,只有这样才能反映事物的本质,支持预测结论。

(三)观点合理,准确反映

市场不断变化和预测本身固有的性质,使得预测的结果只能是对未来可能趋势的预见,带有一定的不确定性,而不可能是绝对准确的结果。这要求我们在表达市场预测的观点时一定要客观、合理,既不能主观武断,又不能含糊不清。在语言表达上,应做到语言朴实简练、条理清楚。

三、市场预测报告写作的注意事项

市场预测报告写作具体包括如下注意事项:

(1)客观地反映实际情况。具体包括三个方面:一是收集和选用的资料要真实可靠,忠于事实;二是要选择合理的方法进行预测分析;三是必须客观地报告预测结论。

(2)注重预测报告的时效性。市场预测报告是为经济决策服务的,而经济决策的时效性决定了一定要及时地进行市场预测,并且要及时地得出预测结论。因此,进行市场预测时一定要收集反映经济活动的最新变化、最新动态的信息,并迅速地进行加工、处理,及时地将预测报告传递给使用者;否则,错过时机,预测报告也就失去了存在的价值。

(3)忌用华丽辞藻和夸张手法。市场预测报告要求如实反映事物发展变化的客观规律。其语言表达要朴实、准确,忌用华丽的辞藻和夸张的手法。

第三节 例 文 简 评

例文:

三大白色家电市场规模预测

白色家电是指可以替代人力家务劳动的功能性电器产品。为了从视觉上避免占用过多的房屋空间,这类家电通常以白色为主,故被称为白色家电,主要包括电冰箱、空调、洗衣机等。中国是世界上白色家电产量最大的国家,2020年白色家电约占全球市场的60%~70%。三大标志性白色家电产品电冰箱、空调和洗衣机(以下简称"三大白色家电")分别占全球市场的85%、65%和55%。三大白色家电龙头企业分别是格力、美的和海尔。白色家电产业链上游为原材料及零部件的生产,主要涉及压缩机、集成电路、芯片、家电外壳材料等;产业链下游为销售端,主要分为线上销售渠道和线下销售渠道。

一、基本情况

近年来,中国白色家电的市场规模呈波动趋势,2018年前市场规模逐年扩大,特别是三大白色家电,市场规模扩张迅速。表1列示了2016—2021年中国三大白色家电的市场规模。从整体来看,2016年市场规模为3 168亿元,2018年市场规模为3 713亿元,比2016年增长17%,创下历史新高。2019年,受到房地产行业"寒冬"、中美贸易摩擦等因素的影响,三大白色家电市场规模均出现了明显的下滑。2020年,叠加新冠疫情的影响,部分家电企业停工停产,白色家电的市场规模出现明显下滑,仅有3 159亿元,与2018年相比,市场规模整体降幅约15%。2021年,疫情逐渐缓解,其他不利因素影响程度也逐渐弱化,经济进一步实现复苏,白色家电行业也有所改善,实现市场规模3 264亿元,比2020年有所提高,但远未恢复至疫情之前水平。

表1　2016—2021年中国三大白色家电市场规模　　　　　（单位:亿元）

销售额	2016年	2017年	2018年	2019年	2020年	2021年
电冰箱	964	939	958	957	900	971
空调	1 528	1 931	2 010	1 979	1 545	1 527
洗衣机	676	719	745	761	714	766
合计	3 168	3 589	3 713	3 697	3 159	3 264

二、趋势预测

从未来发展的长远角度来看,不利因素的影响在逐渐弱化,白色家电消费将恢复疫情前良好的上升态势。一方面,随着疫情影响的减轻,经济发展的回暖,国内市场逐渐复苏,消费者的购物欲望逐渐恢复;另一方面,白色家电制造厂商更加重视创新理念,引进先进的人工智能、物联网等技术,加大对产品制造技术的研发和对产品结构的不断转型升级,在智能化、高端化、绿色化方面深耕发展。消费者对白色家电的整体需求量将不断增加,主要有以下几个原因:

第一,房地产政策优化调整。家电作为房地产行业的下游配套产业,高度依附房地产行业的发展。各省市政府部门在优化房地产行业股权融资、房产限购、首付比例、房贷利率等方面均加大了放松力度,为房地产市场注入新活力,从而将带动房地产后周期属性的白色家电行业需求增长。

第二,政府政策的支持。家电下乡、节能补贴、以旧换新三大政策成为白色家电需求量不断增加的有利条件。同时,在碳达峰、碳中和背景下,政府出台了一系列有关绿色智能家电的鼓励政策,拓宽了白色家电的供需增长路径。

第三,白色家电的升级换代。城镇化和生活水平的提高使得消费者对家电的智能化提出了更高的要求,高端智能化白色家电逐渐成为消费者的首选。制造厂商在产品外观设计、核心技术和智能交互等方面不断迭代升级,推出多款创新性产品,以满足中高档白色家电消费人群的需求。

第四,国际市场的需求。中国白色家电龙头企业具备明显的竞争优势,品牌也得到了国际的认可。随着疫情管控措施的进一步优化,白色家电企业的国际贸易将大幅增加,有利于产品出口市场规模的扩大。

根据以上分析,未来几年白色家电市场将持续保持增长的趋势。中国三大白色家电市场规模按复合年均增长率5%计算(前瞻产业研究院发布数据),以2021年三大白色家电市场规模3 264亿元为基数,则2026年市场规模可高达约4 100亿元。

三、几点建议

第一,优化白色家电产品结构。适度增加集成化、智能化等蕴含高科技技术和绿色新型中高端白色家电产品。

第二,加强市场动向和产品的预测工作,减少盲目性。

第三,扩宽产品销售渠道,丰富产品销售方式。

简评:本文属于从宏观层面对三大白色家电市场规模发展趋势出具的预测报告。前言部分说明预测的对象、时间等因素。正文由基本情况、趋势预测和几点建议三部分构成。基本情况部分采用列表的形式,运用确切的数据说明了三大白色家电近年来的市场规模变动情况,并逐一分析了各阶段市场规模变化的原因;趋势预测部分从房地产行业、相关政策、产品升级换代及国际市场需求等四个方面进行了充分论证,并对三大白色家电进行了市场规模趋势预测;最后采用分条列项的方式提出了几点合理的建议。全文按照调查现实、预测未来、提出建议的标准结构进行阐述,每一部分各从多个方面、多个层次并列表述,层次分明,资料充分,论证严密,条理清晰,用词贴切。

更多例文赏析

思考与练习

1. 市场预测报告有哪些特点?
2. 市场预测报告的作用有哪几个方面?
3. 市场预测报告一般由哪几部分构成?
4. 市场预测报告的写作应注意哪些问题?
5. 市场预测报告的质量如何影响社会经济的发展?

第十章　可行性研究报告

本章学习要点与要求：

本章主要阐述写作可行性研究报告的相关知识。学习要点有：可行性研究报告的概念、特点、分类和作用；可行性研究报告的基本结构、具体写作要求及注意事项；可行性研究报告的范例及其评析。通过本章的学习，要求理解可行性研究报告的概念和特点；掌握可行性研究报告的分类、写作要求及注意事项；在分析范例的基础上，能够熟练而准确地写作可行性研究报告。

第一节　可行性研究报告概述

作为做出投资决策前必不可少的关键环节，可行性研究报告是在项目建议书获得审批通过的基础上，主要对项目市场、技术、财务、工程、经济和环境等方面进行精确系统、完备无遗的分析，完成包括市场、销售、规模、产品、厂址、原辅料供应、工艺技术、设备选择、人员组织、实施计划、投资、成本、效益及风险等的计算、论证和评价，选定最佳方案，依此就是否应该投资开发项目以及如何投资，或就是终止投资还是继续投资开发等给出结论性意见，为投资决策提供科学依据，并作为进一步开展工作的基础。

一、可行性研究报告的概念

项目可行性分析报告又称项目可行性研究报告、可研报告，是一种格式比较固定、用于向项目审核部门（如国家发展改革委）进行项目立项申报的商务文书，主要用来阐述项目在各个层面上的可行性与必要性，对于项目审核通过、获取资金支持、理清项目方向、规划风险策略都有着相当重要的作用。

二、可行性研究报告的特点

（一）科学性

可行性研究报告必须依据科学的理论，以及大量准确的文献、资料来论证拟建项目在技术、经济上的可行性、合理性，所以科学是其基本依据。

（二）系统性

撰写可行性研究报告是一个全面的系统工程，必须对影响拟建项目的各种因素进行综合分析。分析的方法既要有动态的，又要有静态的；既要进行定性分析，更要进行定量分析；不但要有宏观分析，还要考虑微观分析；不但要从技术的角度出发，还要从效益的角度考察；最后，还必须从整个社会的角度综合考虑。

（三）论证性

在项目正式开始前，可行性研究报告要从技术、经济、社会效益等角度对项目进行综合分析，论证必须有说服力，逻辑严密。论证的充分与否，直接关系到项目能否通过。

三、可行性研究报告的分类

根据不同的标准，可行性研究报告有不同的分类。实践中，根据使用目的不同，可行性研究报告可以细分为：

第一，用于企业融资、对外招商合作的可行性研究报告。此类研究报告通常要求论证投资方案的合理性，并提供竞争分析、营销计划、管理方案、技术工艺等实际运作方案。

第二，用于国家发展改革委立项的可行性研究报告。此类研究报告是大型基础设施项目立项的基础文件，国家发展改革委根据可行性研究报告进行核准、备案或批复，决定是否实施某个项目。

第三，用于银行贷款的可行性研究报告。商业银行在进行贷前风险评估时，需要项目方提供详细的可行性研究报告。

第四，用于申请进口设备免税的可行性研究报告。申请办理进口设备免税项目确认书的企业，需要提供项目可行性研究报告。

第五，用于境外投资项目核准的可行性研究报告。企业在实施"走出去"战略，对国外矿产资源和其他产业进行投资时，需要提供可行性研究报告报国家发展改革委或省发展改革委审批。企业需要申请中国进出口银行境外投资重点项目信贷支持时，也需要提供可行性研究报告。

四、可行性研究报告的作用

（一）企业决策的科学依据

可行性研究报告是企业针对拟投资或建设项目进行全面、系统分析的报告，一般由相关专家来组织编写,具有权威性和专业性。鉴于此,企业一般都将可行性研究报告作为决策的依据,其对于项目能否成功建设和立项意义重大。

（二）有利于获得经济管理部门的认可

经济管理部门由于职责和精力所限,不可能对企业进行全面、系统的了解,可行性研究报告就成为经济管理部门全面了解项目的依据,对于项目能否获得批准和立项起着至关重要的作用。

（三）有利于获得银行贷款或国内外投资者的投资

可行性研究报告也是经济活动中其他投资者认识和了解企业的窗口,能否获得银行的贷款、得到其他投资者的投资,可行性研究报告的作用显而易见。

第二节　可行性研究报告的基本结构及其写作

一、可行性研究报告的主要内容和基本结构

（一）可行性研究报告的主要内容

各类可行性研究报告的侧重点不同,但一般包括以下主要内容：

（1）投资必要性。主要根据政府相关产业政策、项目市场前景等,论证项目投资建设的迫切性及必要性。

（2）技术可行性。主要从项目的主要技术工艺及施工方案等角度,评价项目的可行性。

（3）财务可行性。主要从投资者的角度出发,测算企业建设规模、资金规模及资金筹措途径,评估项目的盈利能力及债务清偿能力。

（4）组织可行性。通过设计合理的组织机构,择优选择管理人员,建立各部门协调分工关系,从组织结构上保证项目顺利执行。

（5）经济可行性。主要从资源配置的角度衡量项目的经济价值,评价项目在配置资源、增加供应、创造就业、改善环境、提高人民生活水平等方面的效益。

（6）社会可行性。主要分析项目在促进区域经济协调发展、提升国民经济产业结构、增进社会稳定性等方面的影响。

（7）风险因素及对策。主要对项目的市场风险、技术风险、财务风险、环境风险、组织风险、法律风险等因素进行评价,制定规避风险的对策,为项目全过程的风险管理提供依据。

（二）可行性研究报告的基本结构

1. 项目概要

　　1.1 项目要点

　　1.2 项目背景

1.3 项目核心竞争力

1.4 项目内容与特点

    1.4.1 体系架构

    1.4.2 技术或资源特点

    1.4.3 商业经营模式特点

1.5 项目市场机遇

1.6 项目投资价值

1.7 项目成功关键

1.8 项目盈利目标

2. 项目公司介绍

  2.1 发起人介绍

  2.2 公司股权结构和核心团队

  2.3 公司组织结构

  2.4 公司财务经营状况（新建项目与公司没有本节）

3. 产品和服务

  3.1 项目开发思路

  3.2 项目创新与差异化

  3.3 项目开发（条件）资源状况

  3.4 项目地理位置与背景

  3.5 项目设备与设施

  3.6 项目建设基本方案与内容

  3.7 项目经营模式与盈利模式

  3.8 项目进展

4. 市场和行业分析

  4.1 行业市场分析

  4.2 行业准入与政策环境分析

  4.3 市场容量分析

  4.4 供需现状与预测

  4.5 目标市场分析

  4.6 销售渠道分析

  4.7 竞争对手分析

5. 项目 SWOT 综合分析

  5.1 优势分析

  5.2 劣势分析

5.3 机会分析

5.4 威胁分析

5.5 SWOT 综合分析

6. 项目发展战略与实施计划

　　6.1 执行战略

　　6.2 竞争策略

　　6.3 市场营销策略

　　　　6.3.1 目标市场定位

　　　　6.3.2 定价策略

　　　　6.3.3 渠道策略

　　　　6.3.4 宣传促销策略

　　　　6.3.5 整合传播策略与措施

　　　　6.3.6 网络营销策略

　　　　6.3.7 客户关系管理策略

　　6.4 经销商培训与销售网络建设

　　6.5 公共关系与战略联盟

　　6.6 售后服务策略

　　6.7 战略合作伙伴

7. 项目管理与人员计划

　　7.1 项目公司管理团队（管理层人员介绍或团队组建）

　　7.2 管理团队建设与完善

　　7.3 人员招聘与培训计划

　　7.4 人员管理制度与激励机制

　　7.5 项目质量控制系统

　　7.6 项目成本控制管理

　　7.7 项目实施进度计划

8. 风险分析与规避对策

　　8.1 项目风险分析

　　8.2 项目风险规避

　　　　8.2.1 政策风险规避方法

　　　　8.2.2 市场风险规避方法

　　　　8.2.3 经营管理风险规避方法

　　　　8.2.4 人才风险规避方法

　　　　8.2.5 融资风险规避方法

9. 投入估算与资金筹措

　9.1 项目融资需求与贷款方式

　9.2 项目资金使用计划

　9.3 融资资金使用计划

　9.4 资金合作方式及资金偿还保障

　9.5 退出机制

10. 项目投资效益分析

　10.1 财务分析基本假设

　10.2 收入估算

　10.3 成本与税金估算

　　10.3.1 采购与水、电、燃料等费用

　　10.3.2 工资及福利费用

　　10.3.3 折旧费

　　10.3.4 维修费

　　10.3.5 管理费用

　　10.3.6 销售费用

　　10.3.7 税率

　10.4 成本估算

　　10.4.1 固定资产折旧费用估算表

　　10.4.2 销售成本估算表

　　10.4.3 付现经营成本估算表

　　10.4.4 运营费用估算表

　10.5 利润表与现金流量表估算

　10.6 重要财务指标

　10.7 财务敏感性分析

　10.8 盈亏平衡分析

　　10.8.1 盈亏平衡点

　　10.8.2 盈亏平衡分析图

　　10.8.3 盈亏平衡分析结论

　10.9 项目投资效益分析结论

11. 项目投资价值分析

　11.1 分析方法的选择

　11.2 收益年限的确定

　11.3 基本数据

11.4 项目投资价值分析结论

12. 附录

（1）基本报表

（2）辅助报表

（3）敏感性分析报表

（4）营业执照

（5）技术应用成果相关证件

二、可行性研究报告的写作要求

（一）科学分析，论证严密

在论证项目的可行性时，必须遵循经济规律，既要科学，又要严密，只有这样才能确保可行的最佳方案具有说服力。

（二）条理清晰，语言简明

可行性研究报告，尤其是大项目的可行性研究报告，涉及的问题非常多，所以在写作时，必须做到条理清晰、语言简明、分清主次，紧紧围绕可行性论证这一中心来组织材料。

（三）真实完整，数据可靠

可行性研究报告一般涉及项目能否通过审批，因此必须保证可行性研究报告的真实性。在撰写可行性研究报告前，必须收集方方面面大量的资料，同时保证资料的真实完整、数据可靠；对项目设计的各个方面做深入、细致的调查研究，不能掺杂水分。

三、可行性研究报告写作的注意事项

（一）写作时语言表达要准确，行文的格式要规范

可行性研究报告一般由专业人士来撰写，它是许多方面决策的依据，所以其语言表达一定要专业，行文的格式要规范，体现出专业性和规范性。

（二）重视不确定性分析，确保预测的准确性

可行性研究报告进行风险分析时所涉及的各种因素，只是对未来事件的一种预期，具有一定的不确定性。但事件发生的概率要以历史或可参照的其他具有可比性的项目的数据为依据，不能因为是预测而随意编造，要确保预测的准确性。

（三）实事求是

可行性研究报告作为审批者和投资者进行决策的依据，必须客观、公正地对经济数据和资料进行分析与论证。

第三节 例 文 简 评

例文1：

××项目可行性研究报告

项目总论：

（总论作为可行性研究报告的首要部分，要综合叙述研究报告中各部分的主要问题和研究结论，并对项目的可行与否提出最终建议，为可行性研究报告的审批提供方便。）

一、项目概况

（一）项目名称

（二）项目承办单位介绍

（三）项目可行性研究工作承担单位介绍

（四）项目主管部门介绍

（五）项目建设内容、规模、目标

（六）项目建设地点

二、项目可行性研究主要结论

（在可行性研究报告中，对项目的产品销售、原料供应、政策保障、技术方案、资金总额及筹措、财务效益、国民经济效益、社会效益等重大问题，都应得出明确的结论。）

（一）项目产品市场前景

（二）项目原料供应问题

（三）项目政策保障问题

（四）项目资金保障问题

（五）项目组织保障问题

（六）项目技术保障问题

（七）项目人力保障问题

（八）项目风险控制问题

（九）项目财务效益结论

（十）项目社会效益结论

（十一）项目可行性综合评价

三、主要技术经济指标表

（在总论部分中，可将研究报告中各部分的主要技术经济指标汇总，列出主要技术经济指标表，使审批者和决策者对项目做全貌了解。）

四、存在问题及建议

（对可行性研究中提出的项目的主要问题进行说明并提出解决的建议。）

项目背景：

（这一部分主要应说明项目建设背景、项目建设必要性、投资理由及项目开展的支撑性条件等。）

一、项目建设背景

（一）中国奢侈品行业迅速发展

（二）项目发起人发起缘由

（三）翡翠市场需求强劲

……

二、项目建设必要性

（一）满足消费者的消费需求

（二）优化本地区产业结构

（三）带动本地区居民就业

……

三、项目建设可行性

（一）经济可行性

（二）政策可行性

（三）技术可行性

（四）模式可行性

（五）组织和人力资源可行性

市场分析：

（市场分析在可行性研究中的重要地位在于，任何一个项目，其生产规模的确定、技术的选择、投资的估算甚至厂址的选择，都必须在对市场需求情况有了充分的了解以后才能决定。而且市场分析的结果可以决定产品的价格和销售收入，最终影响到项目的盈利性和可行性。在可行性研究报告中，要详细地研究当前的市场现状，并将此作为后期决策的依据。）

一、项目产品市场调查

（一）产品国际市场调查

（二）产品国内市场调查

（三）产品价格调查

（四）产品上游原料市场调查

（五）产品下游消费市场调查

（六）产品市场竞争调查

二、项目产品市场预测

（市场预测是市场调查在时间上和空间上的延续,是利用市场调查所获得的信息资料,根据市场调查报告的结论,对未来市场需求量及相关因素进行的定量与定性的判断和分析。在可行性研究工作中,市场预测的结论是制订产品方案、确定项目建设规模的依据。）

（一）产品国际市场预测

（二）产品国内市场预测

（三）产品价格预测

（四）产品上游原料市场预测

（五）产品下游消费市场预测

（六）加工项目发展前景综述

规划方案：

一、项目产品产能规划方案

二、项目产品工艺规划方案

（一）工艺设备选型

（二）工艺说明

（三）工艺流程

三、项目产品营销规划方案

（一）营销战略规划

（二）营销模式规划

（在商品经济环境下,企业要根据市场情况,制定合适的营销模式,争取扩大市场份额,稳定销售价格,提高产品竞争能力。因此,在可行性研究报告中,要对产品营销模式进行研究。）

1. 投资者分成

2. 企业自销

3. 国家部分收购

4. 经销人代销及代销人情况分析

（三）促销策略规划

……

土建总规：

一、项目建设地

（一）项目建设地地理位置

（二）项目建设地自然情况

（三）项目建设地资源情况

（四）项目建设地经济情况

（五）项目建设地人口情况

二、项目土建总规

（一）项目厂址及厂房建设

1. 厂址

2. 厂房建设内容

3. 厂房建设造价

（二）土建规划总平面布置图

（三）场内外运输

1. 场外运输量及运输方式

2. 场内运输量及运输方式

3. 场内运输设施及设备

（四）项目土建及配套工程

1. 项目占地

2. 项目土建及配套工程内容

（五）项目土建及配套工程造价

（六）项目其他辅助工程

1. 供水工程

2. 供电工程

3. 供暖工程

4. 通信工程

5. 其他

安全方案：

（在项目建设中，必须贯彻执行国家有关环境保护、能源节约和职业安全卫生方面的法规、法律，对于项目可能对环境造成的短期和长远影响以及影响劳动者健康与安全的因素，都要在可行性研究阶段进行分析，提出防治措施，并对其进行评价，推荐技术可行、经济且布局合理，对环境的有害影响较小的最佳方案。按照国家现行规定，凡从事对环境有影响的建设项目，都必须执行环境影响报告书的审批制度，同时在可行性研究报告中，对环境保护和劳动安全要有专门论述。）

一、项目环境保护方案

（一）项目环境保护设计依据

（二）项目环境保护措施

（三）项目环境保护评价

二、项目资源利用及能耗方案

（一）项目资源利用及能耗标准

（二）项目资源利用及能耗具体分析

三、项目节能方案

（一）项目节能设计依据

（二）项目节能分析

四、项目消防方案

（一）项目消防设计依据

（二）项目消防措施

（三）火灾报警系统

（四）灭火系统

（五）消防知识教育

五、项目劳动安全方案

（一）项目劳动安全设计依据

（二）项目劳动安全保护措施

人员安排：

（在可行性研究报告中，应根据项目规模、项目组成和工艺流程，研究提出相应的企业组织结构，确定劳动定员总数及劳动力来源以及相应的人员培训计划。）

一、项目组织计划

（一）组织形式

（二）工作制度

二、项目劳动定员和人员培训

（一）劳动定员

（二）年总工资和职工年平均工资估算

（三）人员培训及费用估算

进度安排：

（项目实施时期的进度安排也是可行性研究报告的一个重要组成部分。所谓"项目实施时期"，亦可称为投资时间，是指从正式确定建设项目到项目达到正常生产的这段时间。这一时期包括项目实施准备、资金筹集安排、技术获得与转让、勘察设计和设备订货、施工准备、施工和生产、试运转、竣工验收和交付使用等各个阶段。这些阶段的各项投资活动和各个工作环节，有些是相互影响、前后紧密衔接的，有些是同时开展、相互交叉进行的。因此，在可行性研究阶段，需将项目实施时期各个阶段的各个工作环节进行统一规划、综合平衡，做出合理又切实可行的安排。）

一、项目实施的各阶段

（一）项目实施准备

（二）资金筹集安排

（三）技术获得与转让

（四）勘察设计和设备订货

（五）施工准备

（六）施工和生产

（七）试运转

（八）竣工验收和交付使用

二、项目实施进度表

三、项目实施费用

（一）建设单位管理费

（二）生产筹备费

（三）生产职工培训费

（四）办公和生活家具购置费

（五）其他应支出的费用

四、项目投资使用计划

（一）投资使用计划

（二）借款偿还计划

五、项目财务评价说明和财务测算假定

（一）计算依据及相关说明

（二）项目财务测算基本假定

六、项目总成本费用估算

（一）直接成本

（二）工资及福利费用

（三）折旧及摊销

（四）修理费

（五）财务费用

（六）其他费用

（七）总成本费用

七、销售收入、销售税金及附加和增值税估算

（一）销售收入

（二）销售税金及附加

（三）增值税

八、损益及利润分配估算

九、现金流估算

（一）项目投资现金流估算模型

（二）项目资本金现金流估算模型

项目分析：

（在对建设项目进行评价时，所采用的数据多数来自预测和估算。由于资料和信息的有限性，将来的实际情况可能与此有出入，这会给项目投资带来风险。为了规避或尽可能地降低风险，就要分析不确定性因素对项目经济评价指标的影响，以确定项目的可靠性，这就是不确定性分析。根据分析内容和侧重点不同，不确定性分析可分为盈亏平衡分析、敏感性分析和概率分析。）

（一）盈亏平衡分析

（二）敏感性分析

（三）概率分析

项目效益：

（在建设项目的技术路线确定以后，必须对不同的方案进行财务、经济与社会效益评价，判断项目在经济上是否可行，并比选出最优方案。本部分的评价结论是建议方案取舍的主要依据之一，也是对建设项目进行投资决策的重要依据。本部分就可行性研究报告中财务、经济与社会效益评价的主要内容做一概要说明。）

一、财务效益评价

（财务效益评价是考察项目建成后的盈利能力、债务偿还能力及外汇平衡能力，以判断建设项目在财务上的可行性。财务效益评价多用静态分析与动态分析相结合，以动态分析为主的办法进行，并将财务评价指标与相应的基准参数做比较，以判断项目在财务上是否可行。）

（一）财务净现值（FNPV）

（财务净现值是指把项目计算期内各年的财务净现金流量，按照一个设定的标准折现率（财务基准收益率）折算到建设期初（项目计算期第一年年初）的现值之和。财务净现值是考察项目在计算期内盈利能力的主要动态评价指标。如果项目财务净现值等于或大于零，则表明项目的盈利能力达到或超过了所要求的盈利水平，项目在财务上可行。）

（二）财务内部收益率（FIRR）

（财务内部收益率是指项目在整个计算期内各年财务净现金流量的现值之和等于零时的折现率，也就是使项目的财务净现值等于零时的折现率。财务内部收益率是反映项目实际收益率的一个动态评价指标，该指标越大越好。一般情况下，当财务内部收益率大于等于基准收益率时，项目可行。）

（三）投资回收期（Pt）

（投资回收期按照是否考虑资金的时间价值可以分为静态投资回收期和动态投资回收期。以动态投资回收期为例：

1. 计算公式

动态投资回收期在实际应用中根据项目的现金流量表,用下列近似公式计算:

Pt =(累计净现金流量现值出现正值的年数 -1)+上一年累计净现金流量现值的绝对值/出现正值年份净现金流量的现值

2. 评价准则

(1) Pt≤Pc(基准投资回收期)时,说明项目能在要求的时间内收回投资,是可行的;

(2) Pt>Pc 时,说明项目不可行,应予拒绝。)

(四)项目投资收益率(ROI)

(项目投资收益率是指项目达到设计生产能力后正常年份的年息税前利润或营运期内年平均息税前利润(EBIT)与项目总投资(TI)的比率。项目投资收益率高于同行业的收益率参考值,表明用项目投资收益率表示的盈利能力满足要求。

ROI≥部门(行业)平均投资收益率(或基准投资收益率)时,项目在财务上可考虑接受。)

(五)项目投资利税率

(项目投资利税率是指项目达到设计生产能力后正常年份的年利税总额或营运期内年平均利税总额与项目总投资的比率,计算公式为:

投资利税率=年利税总额或年平均利税总额/总投资×100%

投资利税率≥部门(行业)平均投资利税率(或基准投资利税率)时,项目在财务上可考虑接受。)

(六)项目资本金净利润率(ROE)

(项目资本金净利润率是指项目达到设计生产能力后正常年份的年净利润或运营期内年平均净利润(NP)与项目资本金(EC)的比率。

项目资本金净利润率高于同行业的净利润率参考值,表明用项目资本金净利润率表示的盈利能力满足要求。)

(七)项目测算核心指标汇总表

二、国民经济效益评价

(国民经济效益评价是项目经济效益评价的核心部分,是决策部门考虑项目取舍的重要依据。建设项目国民经济效益评价采用成本效益分析的方法,运用影子价格、影子汇率、影子工资和社会折现率等参数,计算项目对国民经济的净贡献,评价项目在经济上的合理性。国民经济效益评价采用国民经济盈利能力分析和外汇效果分析,以经济内部收益率为主要的评价指标。根据项目的具体特点和实际需要,也可计算经济净现值指标,涉及产品出口创汇或替代进口节汇的项目,要计算经济外汇净现值、经济换汇成本或经济节汇评价。)

三、社会效益和社会影响评价

（在可行性研究报告中，除对以上各项指标进行计算和分析以外，还应对项目的社会效益和社会影响进行分析，也就是对不能量化的效益影响进行定性描述。）

风险防控：

一、建设风险及防控措施

二、法律政策风险及防控措施

三、市场风险及防控措施

四、筹资风险及防控措施

五、其他相关风险及防控措施

结论与建议：

一、总体结论与建议

（根据前面各节的研究分析结果，对建设方案进行总结，提出结论性意见和建议。）

1. 针对推荐的建设方案建设条件、产品方案、工艺技术、财务效益、经济效益、社会效益、环境影响的结论性意见

2. 针对主要的对比方案进行说明

3. 针对可行性研究中尚未解决的主要问题提出解决办法和建议

4. 针对应修改的主要问题进行说明，提出修改意见

5. 针对不可行的项目，提出不可行的主要问题及处理意见

6. 针对可行性研究中主要争议问题的结论

二、附件

（凡属于项目可行性研究范围，但在研究报告以外单独成册的文件，均需列为可行性研究报告的附件，所列附件应注明名称、日期、编号。）

1. 项目建议书（初步可行性研究报告）

2. 项目立项批文

3. 厂址选择报告

4. 资源勘探报告

5. 贷款意向书

6. 环境影响报告

7. 需单独进行可行性研究的单项或配套工程的可行性研究报告

8. 需要的市场预测报告

9. 引进技术项目的考察报告

10. 引进外资的各类协议文件

11. 其他主要对比方案说明

12. 其他

三、附图

1. 厂址地形或位置图(设有等高线)

2. 总平面布置方案图(设有标高)

3. 工艺流程图

4. 主要车间布局

简评:这篇模板较好地体现了可行性研究报告的特点,具有很强的科学性和论证性;通过大量准确的数据资料,从财务、经济、社会效益等多个方面对项目的可行性进行论证,具有较强的说服力。模板结构完整、层次清晰、语言简洁、表达准确,是一篇比较规范与严谨的可行性研究报告模板。

例文 2:

无公害蔬菜和无公害禽畜肉产品扩建项目可行性研究报告

第一章 总 论

一、项目概况

1. 项目名称:××县大自然农业开发公司无公害蔬菜和无公害禽畜肉产品扩建项目。

2. 项目地址:××县××地区。

3. 项目实施单位及法人代表:××县大自然农业开发公司,法人代表××。

4. 建设性质及工期安排:扩建,于××××年年底完工。

5. 项目摘要:××县大自然农业开发公司无公害蔬菜和无公害禽畜肉产品扩建项目根据党的二十大精神和中央农村工作会议精神,以及《××县建设丘陵地区经济发展示范县工作规划》要求,对农业结构实行战略性调整和产业化发展,以提高农产品质量和市场竞争力,促进农业增效、农民增收和农村经济全面发展,利用区位优势和企业比较优势,拟在县城南租用土地××亩,投资××万元,建棚房、圈舍、加工及业务用房××平方米,采购生产及管理设备器具××台(套),建成年产各类果蔬×吨、禽畜肉制品××吨的无公害蔬菜和无公害禽畜肉产品生产基地。项目建成后,将为全县居民提供优质的蔬菜和禽畜肉产品,平均实现年销售收入××万元、利润××万元、税金××万元,预计投资回收期××年。

二、编制依据及范围

1. ××××年××月××日,原农业部发布施行的《无公害农产品管理办法》。

2. ××××年××月,四川省人民政府第××次常务会议通过,××月××日起施行的《××省种植业无公害农产品管理办法》。

3. 《××省农业地方标准汇编(一)》(××××年××月)。

4. ××××年××月,县委、县政府编制实施的《××县建设丘陵地区经济发展示范县工作规划》。

5. 国家和省、市、县有关农牧业深加工产品企业的法律规定。

6. 编制范围:本报告着重对项目建设的意义和必要性、建设条件、建设内容及规模、环境保护、实施计划等进行可行性研究;按照国家的有关法规政策和市场需求情况进行经济和社会效益分析;提出结论性意见,供建设业主和有关部门决策。

第二章 项目建设背景及投资的经济和社会意义

一、项目建设背景

(一)县情简介

××县地处丘陵地区,辖区面积××平方公里,人口××万,其中农业人口××万,县城人口××余万(其中常住人口××万,流动人口近××万)。全县森林覆盖率××%左右,耕地××万余亩,域内北低山区占15.4%、高丘区占35.4%、西南中丘区占17.3%,东南低丘区占21%,沿涪江的河谷地貌占10.9%。属四川盆地亚热带湿润气候,年日照1 300小时,年均降雨量931毫升,年均气温17.3℃,相对湿度79.7%。盛产稻、麦、豆、薯、油菜、棉花、竹、木,适宜养殖猪、牛、羊、兔、鸡、鸭、鹅、鱼类。自改革开放,特别是国家实施西部大开发战略以来,在国家优惠政策和国债资金的扶持下,全县经济社会发展取得了长足进步,县域经济实现了由农业大县向工业强县的跨越,经济结构实现了由单一的二元经济向三次产业协调发展的复合型经济的跨越,人民生活实现了由温饱向初级型小康的跨越。××××年,全县生产总值(GDP)实现××亿元,三次产业比达到××:××:××,县级经济综合竞争力居西部百强县第××位,县域财政收入××亿元,城镇居民人均可支配收入××元,农民人均纯收入××元。

县无公害农产品得到长足发展。先后申报了瞿河无公害果蔬基地、官升无公害粮油基地、万林洪州蜜柚基地、金华西山坪水果基地和香山大蒜、麦冬基地,省测试中心已经完成水样和土样抽检;在大于、瞿河等乡镇实施了无公害优质稻生产,结束了不产优质稻的历史;引进有资质的业主在城南王爷庙村,示范种植无公害蔬菜,建立了无公害农产品咨询服务部和无公害蔬菜、无公害大米销售门市部,设立了"无公害农产品生产基地"和"无公害蔬菜生产基地"标牌。县农业农村局在全县农业发展远景规划中对无公害农产品种养加工和基地建设提出了明确的发展目标:到××××年无公害蔬菜发展到××亩,各类禽畜××万只(头)。

(二)项目业主情况

××县大自然农业开发公司成立于××××年××月,注册资金××万元,注册地址:××县××小区××幢××号,开户银行:××县城市商业银行;属经营无公害蔬菜种植、加工、销售,禽畜(有专项规定的除外)养殖、加工、销售的民营有限责任公司。

公司发展已初具规模。公司地处县城南部，环境优越（经省农科院验证，省农业农村厅认证为无公害蔬菜生产基地），现有无公害蔬菜种植面积××亩；为了综合利用资源，配套发展了无公害禽畜，养牛××头、鹅××只、猪××头，各类圈舍××平方米。××××年，公司被评为县级农业大户、科技示范园。

公司技术力量雄厚。公司现有专职技术人员××人（均是大学本科学历，其中副高职称1人），专职工程师××人（从事种、养业十年以上，实践经验相当丰富，是业内很有声名的成功人士），技术工人××人。同时，公司还与省农科院和××农业大学等科研院所保持着密切关系。

公司生产设施先进。公司购置了运输车、旋耕机、开沟机、覆膜机、自动喷灌设施等现代农机具，修建了自流灌溉渠系、蓄水池、净菜池、沼气池、无滴大棚、无菌园舍等，布局科学。

（三）无公害农产品的特点和前景

无公害农产品是产地环境、生产过程及产品质量符合国家有关标准和规范要求，经农业农村部农产品质量安全认证合格获得认证书并允许加贴无公害农产品标志的未经加工或初加工的食用农产品。无公害农产品是发展绿色食品乃至有机食品的基础，是作为食品的一种基本要求。但目前市场上的农产品，要么有农肥、农药残留，要么是亚硝酸盐、病菌等污染物超标，给人体健康带来极大隐患。党和国家对此十分重视，在全国大、中城市逐步推行食用农产品市场准入制度。因此，无公害农产品的市场前景十分广阔。

二、项目建设的必要性和可行性

（一）必要性

一是提高农产品食用安全和质量，改善人们膳食结构的需要。随着经济社会的发展以及营养知识的普及，人们对饮食安全的要求越来越高，无公害农产品正逐步取代传统农产品，成为人们生活消费的必需品。

二是满足市场需求的需要。××项目地处川中丘陵地区，在这××平方公里的土地上生活着××万人民。全县现有蔬菜种植面积不足××亩，县城附近不足××亩，总产量××万吨，直接供食用的人均年拥有量不足××千克，而城镇居民消费量××千克/年，每年从县外调入大量的蔬菜，需求缺口约××万吨。

三是农业结构调整的需要。今年二月全省农村工作会议明确指出："当前在农村推进'三个转变'要抓几个重点：促进农村土地经营权的合理流转，提高农村土地资源的产业率，发挥科技人才的作用。因此，我省必须以市场为导向，以龙头企业为依托，用抓工业的理念抓农业。"××县大自然农业开发公司积极响应全省会议精神，努力谋求自身发展壮大。产业化经营是前提，企业化生产是方向，市场化营销增效益，科学化武装是出路。

四是××县大自然农业开发公司谋求发展的需要。

（二）可行性

一是生产环境条件具备。省农业农村厅和国家农业农村部相关部门对公司生产地环境、设施进行实地测试,认为符合无公害农产品生产条件。

二是公司初具规模。公司有无公害农产品生产及经营管理的经验和职工队伍,产品有一定的市场知名度和发展潜力。

三是有坚强的技术支撑。公司与省农科院和××农业大学等科研院所保持着密切关系。

四是效益良好。除直接的经济效益外,项目还可安置就业人员××名,带动农户××户,对调整农业结构、实现产业化具有一定的作用,对改善城郊环境景观也大有益处。

第三章　产品市场需求预测及生产规模选择

一、需求预测

1. 无公害农产品在全国的产量比重不足20%,品种数量比重不足30%,但随着无菌育种、无土栽培、大棚温室种植、渗灌滴灌、病虫害生物防治、多元杂交繁殖等无毒害种养殖技术的创新应用,以及人们对新种养殖技术生产及加工产品的了解,无公害农产品已普遍被人们作为消费的上品。

2. 全县市场上无公害农产品数量很少,且多是由外地进入的,主要是供应大型餐馆,因其价格高、品种少、选择性低,未被平常百姓普遍接受,尚未占据一定的市场规模。

3. 对于食品,"无公害"是一种基本要求。但目前市场上的农产品,如蔬菜,要么有农药残留,要么是亚硝酸盐超标,给人体健康带来极大隐患。党和国家对此十分重视,在全国大、中城市逐步推行市场准入制度。因此,无公害农产品的市场前景十分广阔。

4. 随着人们的消费习惯、饮食结构、营养知识的不断改善,无公害农产品将逐步取代传统农产品。

二、生产规模选择

根据全县百万人需菜量××万吨,现有产量××万吨,缺口××万吨,第一期扩建××亩无公害农产品生产基地,取代传统菜品××种;第二期扩建××亩,进入邻县市场;第三期扩建××亩,总计扩建××亩。据此拟建棚房××平方米,采购加工设备、检测仪器××台。

第四章　加工工艺方案及选址

一、经营管理模式

公司以现有××亩无公害蔬菜示范种植为基础,实行"公司+基地+农户""产、学、研一体化""产、供、销一条龙"的经营管理模式。

种苗以公司大棚温室为龙头研究、试种,带动基地农户大面积种植。

生产加工以公司统一用专用设备仪器清洗、分选、包装、储运。

销售实行"优质优价的订单农业",向各大超市、餐馆及集镇市场供货。

二、加工工艺

1. 种植：按无公害生产条件栽培，大棚温室无土种植反季节鲜菜，逐步引用无土栽培技术。

2. 清洗：择除残次枝叶、根须、皮壳，清洗泥淖和残留农肥、农药，削除病虫害疵点，以净菜上市，减少运输量和城镇生活垃圾。

3. 分选：按蔬菜的部位、体形大小、色泽、质量进行分送，以实现优质优价。

4. 包装：按市场货架上架要求，发挥包装蔬菜平衡淡旺季供需矛盾的作用，便利消费者冷藏、经销商储运，提高农产品档次。

5. 储运：采取预冷、速冻、罐藏等设备处理加工，为市场提供新鲜蔬菜。

三、选址

（一）自然条件

1. 地理位置及地貌：（略）

2. 气候：（略）

（二）工程地质及水文地质条件

1. 工程地质条件：（略）

2. 水文地质条件：（略）

3. 地震：（略）

（三）选址方案

大自然农业开发公司将县城××区现有的××亩选定为无公害蔬菜生产基地，该地区具有距县城三公里、位于××公路近侧的区位优势。

第五章　公共设施情况

供水条件：本项目供水由县城自来水厂和××渠排灌干渠解决，能满足本项目供水需要。

供电条件：全县供电条件优越，境内中、小型水电站××座，电力装机××万千瓦时。本项目由城市供电系统供电。

供气条件：全县已开发浅层油气井××口，民用天然气实现自给。城南区已铺设市政天然气输气管线，供气系统由县××燃气公司提供。

排水条件：项目排水实行雨污分流制。雨水经收集就近直接排入城市雨水管网；污水经专用设施处理达标后进入城市污水管网，由城市污水处理厂再次处理后达标排放。

交通条件：全县公路四通八达，县、乡（镇）、村纵横交错的公路网络已经形成，通车里程达××公里，出县通道全部黑色化，绵渝路北段已改建成高等级公路并与成南高速公路相连。××条公共交通路线从城市中心辐射四方。

通信条件：县内国际直拨、移动电话、无线寻呼等现代化通信网络遍布城乡，畅达全国及世界180多个国家和地区,通信条件十分优越;邮政业务全面开通。

综上所述,本项目投资环境良好,建设条件具备。

第六章 环境评价及保护措施

一、根据县环保部门要求,本项目执行下列环境标准

1. 废水:(略)

2. 废气:(略)

3. 噪声:(略)

二、本项目建设主要污染因素分析

1. 施工噪声及施工场地物料运输产生的扬尘;

2. 生活污水、生活垃圾;

3. 少量设备噪声。

三、预测项目对环境的影响

1. 选址环境现状:(略)

2. 空气环境质量现状:(略)

3. 地表水:(略)

拟选建设场地周围无大污染源,环境质量现状良好,完全满足项目建设对环境的要求。

四、环境保护措施

1. 施工期:(略)

2. 营运期:(略)

五、预期效果评价

只要在项目建设过程中按"三同时"认真落实污染治理措施,项目施工期和营运期均不会对环境造成很大影响;同时,农作物将有效地改善基地周围的空气环境质量及附近区域的生态环境质量。

第七章 建 设 内 容

一、大棚区建设

(略)

二、养殖场建设

(略)

三、生产加工厂房建设

(略)

四、仓库建设

(略)

第八章　投资计划和资金来源

一、投资计划

（略）

二、资金来源

（略）

第九章　效 益 分 析

一、社会效益

（略）

二、经济效益

（略）

第十章　综 合 评 价

通过论证分析，××县大自然农业开发公司扩大无公害蔬菜和无公害禽畜肉产品生产规模是必要的，也是可行的。项目的经济效益、社会效益、生态效益较好，项目的实施对县农业农村工作将产生重要影响，对农民增收、繁荣农村经济、实现农民生活"奔小康"将起到积极的促进作用。

简评：本例文从项目建设背景及投资的经济和社会意义、产品市场需求预测及生产规模选择、加工工艺方案及选址、公共设施情况、环境评价及保护措施、建设内容、投资计划和资金来源、效益分析等多方面对项目的可行性进行了充分的论证，最后得出结论。整篇报告分章列示，为全面进行论证提供了足够的篇幅；每章中又分条以小标题的形式对具体的内容进行了概括，语言简洁。总之，这是一篇论据充分、论证严密，具有很强的说服力的可行性研究报告。

更多例文赏析

思考与练习

1. 什么是可行性研究报告？
2. 可行性研究报告一般包括哪些必不可少的内容。
3. 结合小视频制作行业的特点，撰写一份小视频制作项目的可行性研究报告。

第十一章　经济活动分析报告

本章学习要点与要求：

本章主要阐述写作经济活动分析报告的相关知识。学习要点有：经济活动分析报告的概念、特点、分类和作用；经济活动分析报告的基本结构、具体写作要求及注意事项；经济活动分析报告的范例及其评析。通过本章的学习，要求理解经济活动分析报告的概念和特点；掌握经济活动分析报告的分类、写作要求及注意事项；在分析范例的基础上，能够熟练而准确地写作经济活动分析报告。

第一节　经济活动分析报告概述

经济活动分析报告是对评价经济活动运行状况的各种经济指标进行分析和比较，研判经济活动运行状况，对比预期目标，提出调整措施，以稳定和改善经济活动进行运行状况的分析报告；是相关经济研究、决策部门对经济活动进行研判及决策的第一手资料。做好经济活动分析报告工作，对宏观经济调控、中观行业政策调整、微观企业决策具有重要作用。

一、经济活动分析报告的概念

经济活动分析报告是以科学的经济理论和经济政策为指导，以国民经济整体或某一部门的预算、计划目标为依据，对评价经济活动运行状况的各种经济指标或会计指标进行系统的分析和比较，给予准确的评价，并从中总结经验、揭露矛盾、提出建议，借以指导工作、改进经营管理，从而提高经济效益的一种陈述性的书面报告。

二、经济活动分析报告的特点

（一）系统性

经济活动分析报告一般要对企业分散的经济现象进行分析，用简明扼要的语言反映和说明企业经济活动运行的状况,揭示经济活动的规律,使企业领导及有关方面掌握行情,了解有关部门和本单位的生产情况、计划完成情况、库存情况、资金周转情况、供销情况及利润情况等。可见,要对企业的经济活动做出判断,必须对经济活动进行系统、全面的考察。

(二) 分析性

经济活动分析报告通过对企业进行全面的考察,在揭示出经济活动规律的基础上,对企业的经济活动进行全面的总结和分析,如实地把企业经营管理中存在的问题揭示出来,并提出相应的改进措施和合理建议,使企业能充分挖掘内部潜力,提升企业的经营管理水平,增强产品的竞争力,提高企业的经济效益。

(三) 专业性

在对经济活动进行分析时,专业人员往往通过对现在与以往的历史账目、报表等数据的比较分析,得出结论,提出建议,因此专业性是立论的基础。

(四) 定期性

不同的经济活动周期下企业的经营活动具有不同的特点,这决定了企业必须在不同的阶段对经济活动进行定期的考查。正是基于这样的考虑,经济活动分析报告一般是对年度、季度、月份的报表资料进行分析,具有明显的经常性、定期性特点。

三、经济活动分析报告的种类

经济活动分析报告应用广泛,种类繁多,可按不同的标准加以分类。

(一) 按经济领域的范围划分

1. 宏观经济分析报告

宏观经济分析报告是从整体或全局的角度,对国民经济全局性问题进行分析而撰写的报告。宏观经济分析报告聚焦消费、投资、出口、人口、就业、收入、财政、科技、环境等宏观经济数据的最新动态,深入分析宏观经济数据的发展趋势以及全国各个地区宏观经济数据的横向对比情况,形成不同时间段全国各个地区的宏观经济数据聚合体系,为宏观经济研究、宏观调控政策调整和投资管理决策提供基础数据支撑与分析模型参考。

2. 中观行业分析报告

中观行业分析报告是从各个不同行业的角度,对行业概况、行业市场供求、行业竞争状况、行业景气状况及行业热点问题(政策热点、市场热点、技术动态)、未来发展趋势等进行分析而撰写的报告,是行业协会自律政策和投资管理决策的重要参考依据。

3. 微观经济分析报告

微观经济分析报告是从局部(如某公司的生产经营活动)的角度,对公司行业地位、产品竞争力、技术壁垒、市场占有率、公司治理水平、公司利润、市场估值、经营管理及投资决策等进行分析而撰写的报告。

(二)按经济活动的目的和内容划分

1. 综合性分析报告

综合性分析报告又称全面分析报告或系统分析报告,是指在一定时期内,对某一部门或单位的经济活动进行全面、系统的分析和研究后写成的书面报告,多用于定期分析。

2. 专题性分析报告

专题性分析报告又称专项或单项分析报告,是指在经济活动中选择某个关键性问题进行比较深入的分析和研究后写成的书面报告。

(三)按分析对象的行业部门划分

经济活动分析报告按分析对象的行业部门,可分为工业经济活动分析报告、农业经济活动分析报告和商业经济活动分析报告等。

四、经济活动分析报告的作用

(一)有助于科学决策的实现和生产经营计划的制订

经济活动分析报告宏观上是制定国民经济计划和发展纲要的重要依据;中观上是制定行业政策、择优选择行业投资的基础;微观上是各企业面向市场参与竞争、投资研判、进行科学决策的必备工具。所以,经济活动分析报告在计划及决策的制定、执行、完成的整个过程中发挥着重要的作用。

(二)有助于政府相关职能部门及时、有效地发挥宏观调控作用

经济活动分析报告全面、系统地反映了国民经济及其部门乃至各个环节的动态发展情况,政府相关职能部门可据此针对经济活动中出现的各种经济失调、混乱现象和脱节问题,及时地调整产业结构和生产力布局,保持经济的持续、健康、稳定发展,保证市场的良好、规范运行。

(三)有助于企业经营管理者改善经营管理,提高经济效益

经济活动分析报告能全面、系统地反映企业生产经营各个环节所存在的问题,并提出建设性的意见。企业经营管理者通过阅读经济活动分析报告,能对企业生产经营的各个环节有一个全方位的了解,对生产经营活动的计划、决策、组织和调控成竹在胸,从而能有力地实施各种有针对性的措施,检查和控制企业的生产经营活动,提高企业的管理水平和经济效益。

五、经济活动分析常用的方法

经济活动分析的方法多种多样,常用的主要有以下几种:

（一）比较分析法（或对比分析法）

比较分析法是经济活动分析中最常用的方法。它是对在同一基础上（时间、内容、项目、条件等）的两个或两个以上可比的数字资料进行比较分析，根据比较分析的结果，找出生产或管理中的问题或差距，并分析原因，提出改进的方法。比较分析的内容主要有以下三方面：

1. 实际指标与计划指标的比较

将本期实际指标与计划指标相比较，检查计划执行情况，分析计划完成或未完成的原因，并提出改进的方法。

2. 本期实际指标与历史指标的比较

将本期实际指标与上期或上年同期指标相比较，与本单位历史最高水平、平均水平、最低水平相比较，用以反映企业经济活动的发展变化趋势，提高企业的管理水平和经济效益。

3. 本期实际指标与国内外先进指标的比较

将本期实际指标与客观条件大体相同的同行业先进单位在同期的实际指标相比较，发现本单位的差距，分析差距产生的原因，找出本单位的薄弱环节，提高工作效率和经济效益。

此外，比较分析的内容还包括比率分析，即计算指标的相对数，对各种比率进行比较。

（二）因素分析法

因素分析法是对影响经济活动的各种要素进行具体分析，进而对经济活动做出预测的方法。比较分析法侧重于发现问题，揭露矛盾；而因素分析法侧重于分析原因，是在形成结果的众多综合因素中，寻找起重要或关键作用的因素，并做重点剖析，分清多种矛盾中的主要矛盾和次要矛盾。

（三）动态分析法（或预测分析法）

经济活动的各种主客观因素都处在一种动态的发展变化之中，动态分析法是从本单位过去和目前指标的分析中找出规律，预测未来经济发展趋势的方法。

（四）模型分析法

模型分析法是对经济变量进行定量研究，构建模型，从而准确地揭示出各变量之间的关系的方法。由于模型的复杂性，具体可参照统计学、计量经济学等课程，在此不再赘述。

（五）指数分析法

指数分析法是将经济活动指标编制成指数，通过指数来量化经济活动运行状况的方法，常见的有股票指数、房地产价格指数等。

第二节　经济活动分析报告的基本结构及其写作

一、经济活动分析报告的基本结构

经济活动分析报告一般由标题、前言、正文和结尾四部分构成。

（一）标题

一份完整的经济活动分析报告的标题，一般包括单位名称、时间、分析对象和文种几个要素，如《××商场××××年经济成本分析报告》。在单位名称及时间明确无误的情况下，有时也可将主要观点作为分析报告的标题，如《低价恶性竞争应吸取的教训》。

（二）前言

前言部分简要叙述和说明分析对象的基本情况及分析目的，如生产、销售、利润分配等经济活动分析过程。写作时，常采用文字概括和数据图标相结合的表现手法。

（三）正文

正文反映经济活动分析报告的主要内容，也是经济活动分析报告的主体部分。该部分内容根据分析的对象和目的，涉及的内容非常广。因此，该部分内容常常根据报告的种类、目的和要求做适当的安排。一般来说，主体部分应该包括：基本情况的文字或数据说明，取得的业绩及存在的问题，提出的改进建议或整顿措施。同时，根据分析目的的不同，内容上可以有所侧重，例如可以把取得的业绩作为重点，也可以把存在的问题作为重点，还可以把提出的改进建议或整顿措施作为重点。

（四）结尾

结尾起收束全文的作用，目前大多数经济活动分析报告不专门安排结尾部分，写完建议后自然作结。

二、经济活动分析报告的写作要求

（一）要坚持全面性、系统性分析

由于经济活动是由多个相互关联的环节相互作用而形成的综合体，因此在进行经济活动分析时，要遵循全面性和系统性的原则。既要从宏观又要从微观着手，一定要从经济活动的整个过程把握分析，不能孤立地看待问题。只有坚持系统论的观点，才不至于陷入井底之蛙的处境；只有全面把握经济活动的整个过程，才能得出比较客观、真实的结论。

（二）要坚持抓住主要矛盾，突出主要问题，把握重点

影响经济活动的因素错综复杂，只有在众多的因素中抓住主要矛盾，才能突出主要问题，提出有针对性的对策建议，这样对于解决实际问题才能起到立竿见影的效果。

（三）要进行充分的调研,掌握大量的一手资料

只有从生产经营的客观实际出发,做充分的调研,掌握大量的一手资料,才能进行全面、客观的分析。调研工作做得如何,资料是否客观、全面,直接影响到经济活动分析报告的结论和对策建议。所以,大量的调研活动必不可少。

（四）要重视统计分析方法的运用

经济活动分析报告不能只停留在定性描述的层面上,只有基于大量的数据资料,运用各种统计分析方法,图文并茂,数据翔实,才能撰写出具有较强说服力的分析报告。

三、经济活动分析报告写作的注意事项

（一）避免统计数据和文字说明脱节

经济活动分析报告中运用的数据较多,为了让读者清楚地了解经济活动的实况,写作时不能简单地堆砌数据,而应适当地加以文字说明。这样,在具体数据的基础上进一步深入分析,易于把握经济现象的成因,也有助于提出改进的建议和整顿的措施。

（二）避免孤立地分析报告年度数据

经济活动分析报告要坚持全面、联系的观点,不能孤立地分析报告年度数据,而应进行横向和纵向的比较分析,这样分析报告才有针对性和启发性。

第三节 例文简评

例文1：

2022年上半年金融统计数据报告

一、广义货币增长11.4%,狭义货币增长5.8%

6月末,广义货币(M2)余额258.15万亿元,同比增长11.4%,增速分别比上月末、上年同期高0.3个和2.8个百分点;狭义货币(M1)余额67.44万亿元,同比增长5.8%,增速分别比上月末、上年同期高1.2个和0.3个百分点;流通中货币(M0)余额9.6万亿元,同比增长13.8%。上半年净投放现金5 186亿元。

二、上半年人民币贷款增加13.68万亿元,外币贷款减少201亿美元

6月末,本外币贷款余额212.34万亿元,同比增长10.8%。月末人民币贷款余额206.35万亿元,同比增长11.2%,增速比上月末高0.2个百分点,比上年同期低1.1个百分点。上半年人民币贷款增加13.68万亿元,同比多增9 192亿元。分部门看,住户贷款增加2.18万亿元,其中短期贷款增加6 209亿元,中长期贷款增加1.56万亿元;企（事）业单位贷款增加11.4万亿元,其中短期贷款增加2.99万亿元,中长期贷款增加6.22万亿元,票据融资增加2.11万亿元;非银行业金融机构贷款增加103亿元。6月份,人民币贷款增加2.81万亿元,同比多增6 867亿元。6月末,外币贷款余额8 926亿美元,同比下降5.8%。上半

年外币贷款减少 201 亿美元,同比多减 1 003 亿美元。6 月份,外币贷款减少 173 亿美元,同比多减 275 亿美元。

三、上半年人民币存款增加 18.82 万亿元,外币存款减少 103 亿美元

6 月末,本外币存款余额 257.68 万亿元,同比增长 10.5%。月末人民币存款余额 251.05 万亿元,同比增长 10.8%,增速分别比上月末、上年同期高 0.3 个和 1.6 个百分点。上半年人民币存款增加 18.82 万亿元,同比多增 4.77 万亿元。其中,住户存款增加 10.33 万亿元,非金融企业存款增加 5.3 万亿元,财政性存款增加 5 061 亿元,非银行业金融机构存款增加 9 513 亿元。6 月份,人民币存款增加 4.83 万亿元,同比多增 9 741 亿元。6 月末,外币存款余额 9 867 亿美元,同比下降 3.2%。上半年外币存款减少 103 亿美元,同比多减 1 400 亿美元。6 月份,外币存款增加 22 亿美元,同比少增 29 亿美元。

四、6 月份银行间人民币市场同业拆借月加权平均利率为 1.56%,质押式债券回购月加权平均利率为 1.57%

上半年银行间人民币市场以拆借、现券和回购方式合计成交 821.62 万亿元,日均成交 6.73 万亿元,日均成交同比增长 31.2%。其中,同业拆借日均成交同比增长 15.8%,现券日均成交同比增长 28.6%,质押式回购日均成交同比增长 33.7%。6 月份,同业拆借加权平均利率为 1.56%,比上月高 0.06 个百分点,比上年同期低 0.57 个百分点;质押式回购加权平均利率为 1.57%,比上月高 0.1 个百分点,比上年同期低 0.6 个百分点。

五、国家外汇储备余额 3.07 万亿美元

6 月末,国家外汇储备余额为 3.07 万亿美元。6 月末,人民币汇率为 1 美元兑 6.7114 元人民币。

六、上半年跨境贸易人民币结算业务发生 4.58 万亿元,直接投资人民币结算业务发生 3.01 万亿元

上半年,以人民币进行结算的跨境货物贸易、服务贸易及其他经常项目、对外直接投资、外商直接投资分别发生 3.47 万亿元、1.11 万亿元、0.81 万亿元、2.2 万亿元。

资料来源:中国人民银行官网。

简评:本例文是一篇中国人民银行发布的关于金融数据的专项分析报告,报告数据翔实、逻辑严谨、方法得当,是一篇非常不错的经济活动分析报告写作样本。

例文 2:

2022 年 6 月份居民消费价格同比报告

2022 年 6 月份,全国居民消费价格同比上涨 2.5%。其中,城市上涨 2.5%,农村上涨 2.6%;食品价格上涨 2.9%,非食品价格上涨 2.5%;消费品价格上涨 3.5%,服务价格上涨 1.0%。1—6 月,全国居民消费价格平均比上年同期上涨 1.7%。

6 月份,全国居民消费价格环比持平。其中,城市持平,农村持平;食品价格下降

1.6%，非食品价格上涨0.4%；消费品价格下降0.1%，服务价格上涨0.2%。

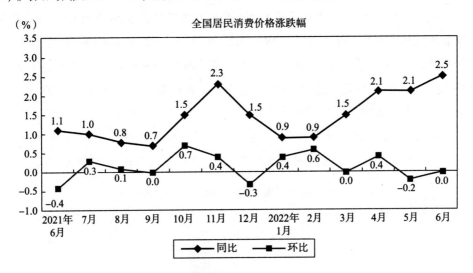

全国居民消费价格涨跌幅

一、各类商品及服务价格同比变动情况

6月份，食品烟酒类价格同比上涨2.5%，影响CPI（居民消费价格指数）上涨约0.70个百分点。食品中，鲜果价格上涨19.0%，影响CPI上涨约0.34个百分点；蛋类价格上涨6.5%，影响CPI上涨约0.04个百分点；鲜菜价格上涨3.7%，影响CPI上涨约0.07个百分点；粮食价格上涨3.2%，影响CPI上涨约0.06个百分点；畜肉类价格下降4.7%，影响CPI下降约0.16个百分点，其中猪肉价格下降6.0%，影响CPI下降约0.08个百分点；水产品价格下降3.3%，影响CPI下降约0.07个百分点。其他七大类价格同比均上涨。其中，交通通信、教育文化娱乐、其他用品及服务价格分别上涨8.5%、2.1%和1.7%，生活用品及服务、居住价格分别上涨1.5%和0.8%，医疗保健、衣着价格分别上涨0.7%和0.6%。

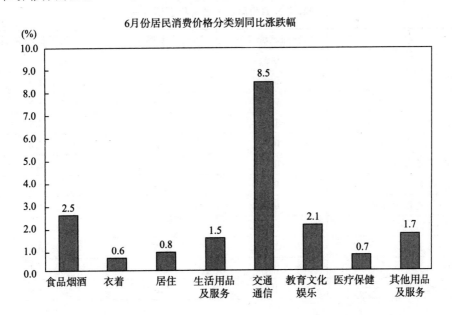

6月份居民消费价格分类别同比涨跌幅

二、各类商品及服务价格环比变动情况

6月份,食品烟酒类价格环比下降1.0%,影响CPI下降约0.28个百分点。食品中,鲜菜价格下降9.2%,影响CPI下降约0.19个百分点;鲜果价格下降4.5%,影响CPI下降约0.10个百分点;蛋类价格下降4.3%,影响CPI下降约0.03个百分点;水产品价格下降1.6%,影响CPI下降约0.03个百分点;畜肉类价格上涨1.0%,影响CPI上涨约0.03个百分点,其中猪肉价格上涨2.9%,影响CPI上涨约0.04个百分点。其他七大类价格环比三涨两平两降。其中,交通通信、教育文化娱乐、其他用品及服务价格分别上涨2.2%、0.1%和0.1%;居住、医疗保健价格均持平;生活用品及服务、衣着价格分别下降0.2%和0.1%。

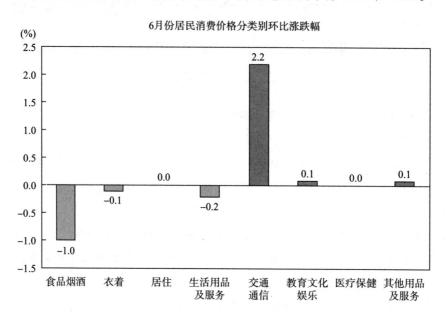

6月份居民消费价格分类别环比涨跌幅

2022年6月份居民消费价格主要数据

	环比涨跌幅（%）	同比涨跌幅（%）	1—6月同比涨跌幅（%）
居民消费价格	0.0	2.5	1.7
其中:城市	0.0	2.5	1.7
农村	0.0	2.6	1.5
其中:食品	−1.6	2.9	−0.4
非食品	0.4	2.5	2.2
其中:消费品	−0.1	3.5	2.1
服务	0.2	1.0	1.1
其中:不包括食品和能源	0.1	1.0	1.0
按类别分			
一、食品烟酒	−1.0	2.5	0.4
粮食	0.0	3.2	2.4
食用油	1.4	5.0	3.9

(续表)

	环比涨跌幅（%）	同比涨跌幅（%）	1—6月同比涨跌幅（%）
鲜菜	-9.2	3.7	8.0
畜肉类	1.0	-4.7	-19.7
其中：猪肉	2.9	-6.0	-33.2
牛肉	-0.4	0.9	0.5
羊肉	-1.6	-6.0	-4.6
水产品	-1.6	-3.3	2.4
蛋类	-4.3	6.5	6.7
奶类	0.2	0.9	0.7
鲜果	-4.5	19.0	12.0
卷烟	0.1	1.5	1.7
酒类	0.4	1.6	1.7
二、衣着	-0.1	0.6	0.5
服装	-0.1	0.7	0.6
鞋类	-0.1	0.5	0.2
三、居住	0.0	0.8	1.2
租赁房房租	0.1	-0.3	0.1
水电燃料	-0.3	4.0	4.0
四、生活用品及服务	-0.2	1.5	1.0
家用器具	-0.8	1.3	1.9
家庭服务	0.2	2.7	3.0
五、交通通信	2.2	8.5	6.3
交通工具	-0.3	0.2	0.6
交通工具用燃料	6.6	32.8	26.2
交通工具使用和维修	-0.1	1.5	1.5
通信工具	-0.9	-4.3	-3.5
通信服务	-0.1	-0.3	-0.3
邮递服务	0.0	0.0	-0.2
六、教育文化娱乐	0.1	2.1	2.3
教育服务	0.0	2.5	2.6
旅游	1.2	4.1	4.4
七、医疗保健	0.0	0.7	0.7
中药	0.3	2.7	2.2
西药	0.1	-0.4	-0.5
医疗服务	0.0	0.9	0.9
八、其他用品及服务	0.1	1.7	1.2

资料来源：国家统计局官网。

简评:本例文是一篇关于居民消费价格变化的专项分析报告,报告用图表形象地描述了消费品价格变化的整体状况,并具体分析了居民消费品各个构成部分的具体变化情况,逻辑严谨,数据翔实,是一篇非常不错的经济活动分析报告写作样本。

例文 3:

工商银行 A 股 2021 年度分红派息实施公告

一、通过分配方案的股东大会届次和日期

中国工商银行股份有限公司(简称本行)2021 年度利润分配方案已经本行于 2022 年 6 月 23 日召开的 2021 年度股东年会审议通过。

二、分配方案

(一)发放年度:2021 年度

(二)分派对象

截至股权登记日下午上海证券交易所收市后,在中国证券登记结算有限责任公司(简称中国结算)上海分公司登记在册的本行全体 A 股股东。

本行 H 股股东的现金股息发放事宜不适用本公告,其详情请参见本行于 2022 年 6 月 23 日登载于香港联合交易所"披露易"网站(www.hkexnews.hk)的关于 2021 年度股东年会投票表决结果的公告。

(三)分配方案

本次利润分配以截至分红派息股权登记日 2022 年 7 月 11 日的本行 356 406 257 089 股普通股为基数,每股派发现金股息人民币 0.2933 元(含税),本次派发现金股息共计约人民币 1 045.34 亿元。其中,A 股普通股股份数为 269 612 212 539 股,本次派发 A 股现金股息共计约人民币 790.77 亿元。

三、相关日期

股份类别	股权登记日	最后交易日	除权(息)日	现金红利发放日
A 股	2022-07-11	—	2022-07-12	2022-07-12

四、分配实施办法

(一)实施办法

除中华人民共和国财政部(简称财政部)、中央汇金投资有限责任公司、全国社会保障基金理事会(国有资本划转账户)的现金股息由本行自行发放外,其他 A 股股东的现金股息委托中国结算上海分公司通过其资金清算系统向股权登记日上海证券交易所收市后登记在册并在上海证券交易所各会员单位办理了指定交易的股东派发。已办理指定交易的 A 股股东可于股息发放日在其指定的证券营业部领取现金股息,未办理指定交易的 A 股股东股息暂由中国结算上海分公司保管,待办理指定交易后再进行派发。

（二）自行发放对象

财政部、中央汇金投资有限责任公司、全国社会保障基金理事会（国有资本划转账户）的现金股息由本行自行发放。

（三）扣税说明

1. 对于持有本行 A 股的自然人股东，根据《关于上市公司股息红利差别化个人所得税政策有关问题的通知》（财税〔2015〕101 号）、《关于实施上市公司股息红利差别化个人所得税政策有关问题的通知》（财税〔2012〕85 号）等规定，持股期限在 1 个月以内（含 1 个月）的，其股息红利所得全额计入应纳税所得额，实际税负为 20%，每股实际派发现金股息人民币 0.23464 元；持股期限在 1 个月以上至 1 年（含 1 年）的，暂减按 50% 计入应纳税所得额，实际税负为 10%，每股实际派发现金股息人民币 0.26397 元；持股期限超过 1 年的，股息红利所得暂免征个人所得税，每股实际派发现金股息人民币 0.2933 元。

自然人股东从公开发行和转让市场取得的本行股票，本行派发股息红利时，对持股期限超过 1 年的，股息红利所得暂免征个人所得税；对持股 1 年以内（含 1 年）的，本行暂不扣缴个人所得税，待转让股票时，中国结算上海分公司根据其持股期限计算应纳税额，由证券公司等股份托管机构从资金账户中扣收并划付中国结算上海分公司，中国结算上海分公司于次月 5 个工作日内划付本行，本行在收到税款当月的法定申报期内向主管税务机关申报缴纳。

对于持有本行 A 股的证券投资基金，其股息红利所得按照《关于上市公司股息红利差别化个人所得税政策有关问题的通知》（财税〔2015〕101 号）、《关于实施上市公司股息红利差别化个人所得税政策有关问题的通知》（财税〔2012〕85 号）等规定执行。

2. 对于 A 股的居民企业股东（含机构投资者），其现金股息所得税由其自行缴纳，实际派发现金股息为税前每股人民币 0.2933 元。

3. 根据 2008 年 1 月 1 日起实施的《中华人民共和国企业所得税法》及其实施条例的规定，凡中国企业向非居民企业股东派发股息时，需由中国境内企业按 10% 的税率代扣代缴所得税。对于 A 股的合格境外机构投资者（QFII）股东，由本行按 10% 的适用税率统一代扣现金股息所得税，每股实际派发现金股息人民币 0.26397 元。如果 QFII 股东涉及享受税收协定（安排）待遇，按照《国家税务总局关于发布〈非居民纳税人享受协定待遇管理办法〉的公告》（国家税务总局公告 2019 年第 35 号）、《关于中国居民企业向 QFII 支付股息、红利、利息代扣代缴企业所得税有关问题的通知》（国税函〔2009〕47 号）的规定执行。

五、沪股通投资者利润分配事宜

对于香港联合交易所有限公司（简称香港联交所）投资者（包括企业和个人）投资上海证券交易所本行 A 股股票（简称沪股通），其股息红利将由本行通过中国结算上海分公司按股票名义持有人账户以人民币派发。本行按照 10% 的税率代扣所得税，并向主管税务机关办理扣缴申报，每股实际派发现金股息人民币 0.26397 元。如果沪股通投资者涉及享受税收协定（安排）待遇，按照《国家税务总局关于发布〈非居民纳税人享受协定待遇管理办法〉的公告》（国家税务总局公告2019年第35号）、《关于沪港股票市场交易互联互通机制试点有关税收政策的通知》（财税〔2014〕81号）的规定执行。

沪股通投资者股权登记日、现金红利派发日等时间安排与本行A股股东一致。

六、港股通投资者利润分配事宜

对于上海证券交易所、深圳证券交易所投资者（包括企业和个人）投资香港联交所本行H股股票（简称港股通），本行已与中国结算签订《港股通H股股票现金红利派发协议》，中国结算作为港股通投资者名义持有人接收本行派发的现金红利，并通过其登记结算系统将现金红利发放至相关港股通投资者。

港股通投资者的现金红利以人民币派发。根据《关于沪港股票市场交易互联互通机制试点有关税收政策的通知》（财税〔2014〕81号）、《关于深港股票市场交易互联互通机制试点有关税收政策的通知》（财税〔2016〕127号）的相关规定：对内地个人投资者通过沪港股票市场交易互联互通机制（简称沪港通）、深港股票市场交易互联互通机制（简称深港通）投资香港联交所上市H股取得的股息红利，H股公司按照20%的税率代扣个人所得税，每股实际派发现金股息人民币0.23464元。对内地证券投资基金通过沪港通、深港通投资香港联交所上市H股取得的股息红利所得，比照个人投资者征税。H股公司对内地企业投资者不代扣股息红利所得税款，应纳税款由企业自行申报缴纳，每股实际派发现金股息人民币0.2933元。

港股通投资者股权登记日、现金红利派发日等时间安排与本行H股股东一致，请参见本行于2022年6月23日登载于香港联合交易所"披露易"网站（www.hkexnews.hk）的关于2021年度股东年会投票表决结果的公告。

七、有关咨询办法

联系地址：中国北京市西城区复兴门内大街55号

联系电话：86-10-66108608

传　　真：86-10-66107571

特此公告。

中国工商银行股份有限公司董事会
2022年7月4日

资料来源：上海证券交易所官网。

更多例文赏析

简评：本例文是一篇典型的微观企业经济活动分析报告，文章对工商银行A股2021年度分红派息活动进行了非常详细的公告，为企业分红派息活动提供了明确的操作支持，投资者对整个分红派息活动了然于胸、一清二楚。

思考与练习

1. 经济活动分析报告的基本结构及写作要求是什么?
2. 企业经济活动分析主要有哪几种方法?
3. 基于中美两国 2022 年的经济活动指标,撰写一篇中美经济实力对比的分析报告,并总结未来的发展趋势。
4. 查阅某上市公司 2022 年的财务报告,撰写一篇其 2022 年的经营情况分析报告,提出公司存在的主要问题,并提出相应的经营管理改进措施。

第十二章 审计报告

本章学习要点与要求:

本章主要阐述写作审计报告的相关知识。学习要点有:审计报告的概念、特点、分类和作用;审计报告的基本结构、具体写作要求及注意事项;审计报告的范例及其评析。通过本章的学习,要求理解审计报告的概念和特点;掌握审计报告的分类、基本结构、写作要求及注意事项;在分析范例的基础上,能够熟练而准确地写作各类审计报告。

第一节 审计报告概述

一、审计报告的概念

审计是由国家独立的专门机构和人员依法对被审计单位的财务状况、经营成果及其是否遵守财经法纪等方面或者对某个特定事项是否符合相关规定所进行的监督活动,是综合评价被审计单位财务的真实性、合法性、效益性或者被审计特定事项的合规性、合法性的活动。审计工作一般由上级财务主管部门、审计部门或委托的会计师事务所担当。

审计报告是审计机关实施审计后,对被审计单位财务的真实性、合法性、效益性发表审计意见或者对被审计特定事项的合规性、合法性发表审计意见的书面文书。

审计报告是审计人员对审计过程和审计结果的一次全面总结,能够全面反映被审计单位或被审计特定事项的情况,因而可以作为有关机关或部门提出审计结论,做出处理决定的主要依据,同时它也是衡量一项审计工作的完成状况和质量的基本凭证。

二、审计报告的特点

作为经济监督活动的书面报告,审计报告的特点可归纳为以下几点:

(一) 公正性

审计人员受国家审计机关的指派或其他单位的委托,以独立的第三者的身份执行审计任务,既要对委托者负责,又要对一切审计报告的使用者、与被审计单位财务活动有关的各个方面负责。审计人员在遵循相应的审计原则和审计规范的前提下,客观、公正地分析和评价被审计单位的经营管理情况,并在不受任何其他意见干扰的情况下得出审计结论,如实撰写审计报告。因此,审计人员出具的审计报告具有客观公正性。

(二) 权威性

审计报告是审计人员对被审计单位的财务状况、经营成果和资金增减变动情况发表独立、客观、公正的审计意见的载体,受到审计报告各方使用者的普遍认可和接受。审计机关、委托单位及其他审计报告使用者可以通过审计报告了解被审计单位或个人的实际情况,做出各自不同的处理决定,如相应的行政处理、法律裁决、是否投资等行为。因此,审计机关和审计人员的独立性与公正性保证了审计报告的可信度,同时也决定了审计报告的权威性。

(三) 总结性

审计报告是审计人员反映审计过程及审计结果的一种文字材料。审计人员在收集大量相关资料的基础上进行整理归纳、分析研究,最后得出结论并撰写为审计报告的形式来反映审计意见,总体评价被审计单位的财务状况、经营成果和资金增减变动情况,是对整个审计工作的全面总结。因此,审计报告具有总结性。

三、审计报告的分类

审计报告因审计的范围、对象、组织等不同而有着不同的分类标准。一般说来,最常见的审计报告的分类包括以下几种:

(一) 按照审计的范围可分为综合审计报告和专项审计报告

综合审计报告是对被审计单位全部的财务工作或经济效益进行审计形成的审计报告,一般应反映全部经济活动指标的审计结果。

专项审计报告是对财务工作的某个方面或影响经济效益的个别指标进行审计,也包括对某个特定事项进行专门审计形成的审计报告。

(二) 按照审计报告使用的目的可分为公布目的的审计报告和非公布目的的审计报告

公布目的的审计报告一般用于对企业股东、投资者、债权人等非特定利益相关者公布的附送财务报表的审计报告。

非公布目的的审计报告一般用于针对经营管理、合并或业务转让、融通资金等特定目的而实施审计的审计报告。这类审计报告是分发给特定使用者的,如经营管理者、合并或业务转让的关系人、提供贷款的金融机构等。

(三) 按照审计实施主体可分为政府机关审计报告、独立审计报告(民间审计报告)和内部审计报告

政府机关审计报告是指政府审计机关作为审计主体,依据相关规定对审计对象发表审计意见的书面文件。

独立审计报告(民间审计报告)是指注册会计师作为审计主体,根据审计准则的规定,在执行审计工作的基础上,对财务报表发表审计意见的书面文件。

内部审计报告是指单位内部审计人员作为审计主体,根据审计计划对被审计对象实施必要的审计程序后,就被审计对象发表审计意见的书面文件。

(四) 按照审计报告的详略程度可分为简式审计报告和详式审计报告

简式审计报告,又称短式审计报告,是指注册会计师对应公布的财务报表进行审计后所编制的简明扼要的审计报告。简式审计报告反映的内容是非特定多数的利害关系人共同认为的必要审计事项,具有所记载事项为法令或审计准则规定的特征,有标准格式。因而,简式审计报告一般适用于公布目的,具有标准审计报告的特点。

详式审计报告,又称长式审计报告,是指对审计对象所有重要的经济业务和情况都要做详细说明与分析的审计报告。详式审计报告主要用于指出企业经营管理存在的问题和帮助企业改善经营管理,故其内容要较简式审计报告丰富得多、详细得多。详式审计报告一般适用于非公布目的,具有非标准审计报告的特点。

(五) 按照审计报告的性质可分为标准审计报告和非标准审计报告

标准审计报告是指不附加说明段、强调事项段或任何修饰性用语的无保留意见的审计报告。其中,无保留意见是指当注册会计师认为财务报表在所有重大方面均按照适用的财务报告编制基础编制并实现公允反映时发表的审计意见。包含其他报告责任段,但不含有强调事项段或其他事项段的无保留意见的审计报告也被视为标准审计报告。

非标准审计报告是指标准审计报告以外的其他审计报告,包括带强调事项段的无保留意见的审计报告和非无保留意见的审计报告。非无保留意见的审计报告包括保留意见的审计报告、否定意见的审计报告和无法表示意见的审计报告。

如果认为财务报表在所有重大方面按照适用的财务报告编制基础的规定编制并实现公允反映,注册会计师应当发表无保留意见。当存在下列情形之一时,注册会计师应当按照《中国注册会计师审计准则第 1502 号——在审计报告中发表非无保留意见》的规定,在审计报告中发表非无保留意见:

(1) 根据获取的审计证据,得出财务报表整体存在重大错报的结论;

（2）无法获取充分、适当的审计证据，不能得出财务报表整体不存在重大错报的结论。

如果财务报表没有实现公允反映，注册会计师应当就该事项与管理层讨论，并根据适用的财务报告编制基础的规定和该事项得到解决的情况，决定是否有必要按照《中国注册会计师审计准则第1502号——在审计报告中发表非无保留意见》的规定在审计报告中发表非无保留意见。

四、审计报告的作用

审计报告的作用从根本上说是由审计的职能所决定的，也是审计职能的重要体现，集中表现在以下几个方面：

（1）审计报告是报告使用者得出相应结论和做出处理决定的重要参考依据。审计报告可以及时地反映被审计单位的情况和存在的问题，及时地报告审计结果，国家机关及有关部门可以根据审计报告及时地做出处理决定；财政、税务、工商、金融、物价等综合经济管理部门可以通过审计报告了解各自监督管理过程中存在的问题及薄弱环节，改进部门管理工作；被审计单位可以通过审计报告揭示自身经营管理中存在的问题，正确看待自己的生产经营活动，不断提高经营管理水平，强化自己的竞争能力。

（2）审计报告有利于保护被审计单位的投资者、债权人等利益相关者的利益。审计报告能够真实、客观、公允地反映被审计单位的财务状况、经营成果和资金增减变动情况，为会计信息的使用者提供准确、可靠的数据信息，这在一定程度上起到保护被审计单位的投资者、债权人等利益相关者的利益的作用。

（3）审计报告是检验和衡量审计人员业务水平、审计工作质量的重要手段。审计报告是审计人员对审计工作任务完成情况及其结果所做的总结，通过它可以检查审计工作任务的完成情况，如在审计过程中是否实施了必要的审计程序，是否以审计工作底稿为依据发表审计意见等；同时，它还可以衡量审计人员业务水平和工作质量的高低，推动整个审计水平的提高。

第二节　审计报告的基本结构及其写作

一、审计报告的基本结构

审计主体的不同以及审计涉及的内容十分广泛的特点决定了审计报告的结构多种多样，本章只介绍国家机关审计报告的格式和内容，以及独立审计报告的格式和内容。

（一）国家机关审计报告的格式和内容

2010年9月1日《中华人民共和国审计署令》（第8号）发布了《中华人民共和国国家审计准则》，要求自2011年1月1日起在审计署机关及派出、派驻机构试行。该准则对审计报告的格式和内容做了明确的规定。依照第一百二十二条，审计报告包括下列基本要素：

(1) 标题；

(2) 文号（审计组的审计报告不含此项）；

(3) 被审计单位名称；

(4) 审计项目名称；

(5) 内容；

(6) 审计机关名称（审计组名称及审计组组长签名）；

(7) 签发日期（审计组向审计机关提交报告的日期）。

依照第一百二十三条，审计报告的主要内容包括：

(1) 审计依据，即实施审计所依据的法律法规规定；

(2) 实施审计的基本情况，一般包括审计范围、内容、方式和实施的起止时间；

(3) 被审计单位基本情况；

(4) 审计评价意见，即根据不同的审计目标，以适当、充分的审计证据为基础发表的评价意见；

(5) 以往审计决定执行情况和审计建议采纳情况；

(6) 审计发现的被审计单位违反国家规定的财政收支、财务收支行为和其他重要问题的事实、定性、处理处罚意见以及依据的法律法规和标准；

(7) 审计发现的移送处理事项的事实和移送处理意见，但是涉嫌犯罪等不宜让被审计单位知悉的事项除外；

(8) 针对审计发现的问题，根据需要提出的改进建议。

审计期间被审计单位对审计发现的问题已经整改的，审计报告还应当包括有关整改情况。

经济责任审计报告还应当包括被审计人员履行经济责任的基本情况，以及被审计人员对审计发现问题承担的责任。

核查社会审计机构相关审计报告发现的问题，应当在审计报告中一并反映。

(二) 独立审计报告的格式和内容

《中国注册会计师审计准则第1501号——对财务报表形成审计意见和出具审计报告》明确规定了独立审计报告的格式和内容。

1. 标题

审计报告的标题统一规范为"审计报告"。

2. 收件人

审计报告的收件人是指注册会计师按照业务约定书的要求致送审计报告的对象，一般是指审计业务的委托人。审计报告应当按照审计业务的约定载明收件人的全称，如"××股份有限公司""××有限公司董事会"等。

3. 审计意见

审计报告的第一部分应当包含审计意见,并以"审计意见"为标题。该部分内容由两部分构成:

(1) 指出已审计的财务报表,主要内容包括:指出被审计单位的名称;说明财务报表已经审计;指出构成整套财务报表的每一财务报表的名称;提及财务报表附注,包括重大会计政策和会计估计;指明构成整套财务报表的每一财务报表的日期或涵盖的期间。

(2) 说明注册会计师发表的审计意见。如果对财务报表发表无保留意见,除非法律法规另有规定,审计意见应当使用"我们认为,后附的财务报表在所有重大方面按照[适用的财务报告编制基础(如企业会计准则等)]的规定编制,公允反映了[……]"的措辞。

4. 形成审计意见的基础

审计报告应当包含标题为"形成审计意见的基础"的部分。该部分应当紧接在审计意见部分之后,并包括下列方面:

(1) 说明注册会计师按照审计准则的规定执行了审计工作。

(2) 提及审计报告中用于描述审计准则规定的注册会计师责任的部分。

(3) 声明注册会计师按照与审计相关的职业道德要求独立于被审计单位,并履行了职业道德方面的其他责任。声明中应当指明适用的职业道德要求,如中国注册会计师职业道德守则。

(4) 说明注册会计师是否相信获取的审计证据是充分、适当的,为发表审计意见提供了基础。

5. 管理层对财务报表的责任

审计报告应当包含标题为"管理层对财务报表的责任"的部分。管理层对财务报表的责任部分应当说明管理层负责下列方面:

(1) 按照适用的财务报告编制基础的规定编制财务报表,使其实现公允反映,并设计、执行和维护必要的内部控制,以使财务报表不存在由于舞弊或错误导致的重大错报。

(2) 评估被审计单位的持续经营能力和使用持续经营假设是否适当,并披露与持续经营相关的事项(如适用)。对管理层评估责任的说明应当包括描述在何种情况下使用持续经营假设是适当的。

6. 注册会计师对财务报表审计的责任

审计报告应当包含标题为"注册会计师对财务报表审计的责任"的部分。注册会计师对财务报表审计的责任部分应当包括下列内容:

(1) 说明注册会计师的目标是对财务报表整体是否不存在由于舞弊或错误导致的重大错报获取合理保证,并出具包含审计意见的审计报告。

(2) 说明合理保证是高水平的保证,但并不能保证按照审计准则执行的审计在某一重大错报存在时总能发现。

（3）说明错报可能由于舞弊或错误导致。在说明错报可能由于舞弊或错误导致时，注册会计师应当从下列两种做法中选取一种：①描述如果合理预期错报单独或汇总起来可能影响财务报表使用者依据财务报表做出的经济决策，则通常认为错报是重大的；②根据适用的财务报告编制基础，提供关于重要性的定义或描述。

（4）说明在按照审计准则执行审计工作的过程中，注册会计师运用职业判断，并保持职业怀疑。

（5）通过说明注册会计师的责任，对审计工作进行描述。

7. 按照相关法律法规的要求报告的事项（如适用）

除审计准则规定的注册会计师责任外，如果注册会计师在对财务报表出具的审计报告中履行其他报告责任，则应当在审计报告中将其单独作为一部分，并以"按照相关法律法规的要求报告的事项"为标题，或使用适合该部分内容的其他标题，除非其他报告责任涉及的事项与审计准则规定的报告责任涉及的事项相同。如果涉及相同的事项，则其他报告责任可以在审计准则规定的同一报告要素部分列示。

8. 注册会计师的签名和盖章

审计报告应当由项目合伙人和另一名负责该项目的注册会计师签名和盖章。注册会计师应当在对上市实体整套通用目的财务报表出具的审计报告中注明项目合伙人，以利于增强项目合伙人的个人责任感以及明确法律责任。

9. 会计师事务所的名称、地址和盖章

审计报告应当载明会计师事务所的名称和地址，并加盖会计师事务所公章。根据《中华人民共和国注册会计师法》的规定，注册会计师承办业务，由其所在的会计师事务所统一受理并与委托人签订委托合同。因此，审计报告除应由注册会计师签名和盖章外，还应载明会计师事务所的名称和地址，并加盖会计师事务所公章。如果注册会计师在审计报告中载明会计师事务所的地址，则标明会计师事务所所在的城市即可。

10. 报告日期

审计报告日不应早于注册会计师获取充分、适当的审计证据，并在此基础上对财务报表形成审计意见的日期。在确定审计报告日时，注册会计师应当确信已获取下列两方面的审计证据：

（1）构成整套财务报表的所有报表（包括相关附注）已编制完成；

（2）被审计单位的董事会、管理层或类似机构已经认可其对财务报表负责。

二、审计报告的写作要求

（一）审计报告的写作程序

第一步，整理和分析审计工作底稿相关资料。审计工作底稿是撰写审计报告的基础。

在实施审计的过程中,审计人员记录、收集了大量资料,但大多是分散的、不系统的。审计人员首先应根据委托审计的内容、范围和要求,将相关资料按照不同的类别进行系统的整理与分析,列举审计中发现的问题,理清脉络,反复筛选,使审计资料条理化、系统化。

第二步,审计人员逐项认真研究与核实审计资料。一要查看是否完成审计工作任务,审计工作方案是否全部执行;二要对审计中发现的问题进行核实,包括证据是否完整可靠、数据是否真实、手续是否齐全、问题是否清楚等。审计人员对审计工作底稿得出综合结论,形成书面记录。

第三步,提请被审计单位调整和披露。在整理分析审计工作底稿、核实审计资料的基础上,审计人员向被审计单位通报审计情况、初步结论、应调整的财务报表事项以及应在财务报表附注中予以披露的事项,提请被审计单位加以调整和披露。若审计报告用于对外公布目的,则除被审计单位财务报表无须调整外,审计人员应在递送审计报告时后附被审计单位调整后的财务报表。

第四步,编制和出具审计报告。审计人员在整理分析审计工作底稿和要求被审计单位调整财务报表事项、对财务报表附注做出适当披露,并根据被审计单位对审计建议的采纳情况确定审计报告的类型和措辞后,应拟订审计报告提纲,概括和汇总审计工作底稿所提供的资料。审计报告初稿最后由派出审计机关单位领导或审计会议审定,其在审定审计报告时,同样应充分考虑被审计单位的意见。审计机关根据讨论审定的意见,得出审计结论和做出处理决定,以审计机关或主管单位的名义下发被审计单位执行。

(二)撰写审计报告的基本原则

1. 内容与目的要一致

审计报告的内容与审计的目的一定要一致。审计报告的内容是对审计工作的总结,因此在审计工作中,首先要明确审计的特定目的,即要解决的核心问题是什么。之后,根据特定目的制订审计方案。审计工作执行完成以后,编制审计报告时应重新查看审计方案是否完善,核实需解决的问题是否已经查清,目的是否达到。

2. 内容要真实可靠

审计报告内容的真实可靠取决于两个因素:一是审计过程中所依据的资料要真实可靠,要求在收集审计证据时获得的相关数据和事实必须经过反复核实后才能作为审计证据;二是出具审计意见时必须依法得出结论,如实地反映事物的本来面貌,是什么就是什么,绝不能以权代法、以情代法。以事实说话,才能使审计报告的公正性得以实现。

3. 内容要全面完整

审计报告的内容要全面反映审计中发现的问题。审计报告所列事实必须具有充分性,应足以支持审计意见的形成。与审计目的紧密联系的主要问题,在编制审计报告时应重点反映;涉及次要问题的资料,则可采用综合、概括的方式处理。

三、审计报告写作的注意事项

1. 格式要规范,用词要恰当

首先要根据形成的审计意见选择恰当的审计报告类型;其次,陈述时用词要准确,数据要精确,依据的法规、政策要明确,不能有丝毫的差错。特别是结论性、关键性的语句,一定要字斟句酌,运用准确。例如,是"完全属实"还是"基本属实",是"偷税"还是"漏税",诸如此类的表述一定要清楚。

2. 评价要公正,建议要可行

要根据审计过程中所掌握的审计证据客观地评价被审计单位,写作时要旗帜鲜明地表明审计人员的态度,要针对实际情况和具体问题进行分析与评价。对被审计单位提出的意见或建议要切实可行,不能忽视被审计单位的具体情况,提出过高的要求。

3. 重点要突出,详略要得当

审计中查出的问题一般较多,大事、小事均有,在撰写审计报告时,要求完整具体、详略得当;分清主次和先后关系,突出重点,抓住主要矛盾和矛盾的主要方面,切忌冗长繁杂。

第三节 例文简评

例文1:

审 计 报 告
××京审字〔2022〕第××号

××(股份)有限公司全体股东:

一、审计意见

我们审计了后附的××(股份)有限公司(以下简称"贵公司")财务报表,包括2021年12月31日的资产负债表,2021年度的利润表、现金流量表、所有者权益变动表以及相关财务报表附注。

我们认为,后附的财务报表在所有重大方面按照企业会计准则的规定编制,公允反映了贵公司2021年12月31日的财务状况以及2021年度的经营成果和现金流量。

二、形成审计意见的基础

我们按照中国注册会计师审计准则的规定执行了审计工作。审计报告的"注册会计师对财务报表审计的责任"部分进一步阐述了我们在这些准则下的责任。按照中国注册会计师职业道德守则,我们独立于贵公司,并履行了职业道德方面的其他责任。我们相信,我们获取的审计证据是充分、适当的,为发表审计意见提供了基础。

三、关键审计事项

关键审计事项是我们根据职业判断,认为对本期财务报表审计最为重要的事项。这些事项是在对财务报表整体进行审计并形成审计意见的背景下进行处理的,我们不对这些事项单独发表意见。

[按照《中国注册会计师审计准则第1504号——在审计报告中沟通关键审计事项》的规定描述每一关键审计事项。]

四、其他信息

××(股份)有限公司管理层(以下简称管理层)对其他信息负责。其他信息包括××(股份)有限公司2021年年度报告中涵盖的信息,但不包括财务报表和我们的审计报告。

我们对财务报表发表的审计意见不涵盖其他信息,我们也不对其他信息发表任何形式的鉴证结论。

结合我们对财务报表的审计,我们的责任是阅读其他信息,在此过程中,考虑其他信息是否与财务报表或我们在审计过程中了解到的情况存在重大不一致或者似乎存在重大错报。基于我们已执行的工作,如果我们确定其他信息存在重大错报,我们应当报告该事实。在这方面,我们无任何事项需要报告。

[按照《中国注册会计师审计准则第1521号——注册会计师对其他信息的责任》的规定报告。]

五、管理层对财务报表的责任

贵公司管理层负责按照企业会计准则的规定编制财务报表,使其实现公允反映,并设计、执行和维护必要的内部控制,以使财务报表不存在由于舞弊或错误导致的重大错报。

在编制财务报表时,管理层负责评估贵公司的持续经营能力,披露与持续经营相关的事项(如适用),并运用持续经营假设,除非管理层计划清算贵公司、终止运营或别无其他现实的选择。

六、注册会计师对财务报表审计的责任

我们的责任是对财务报表整体是否不存在由于舞弊或错误导致的重大错报获取合理保证,并出具包含审计意见的审计报告。合理保证是高水平的保证,但并不能保证按照审计准则执行的审计在某一重大错报存在时总能发现。错报可能由于舞弊或错误导致,如果合理预期错报单独或汇总起来可能影响财务报表使用者依据财务报表做出的经济决策,则通常认为错报是重大的。

在按照审计准则执行审计工作的过程中,我们运用职业判断,并保持职业怀疑。同时,我们也执行以下工作:

(1)识别和评估由于舞弊或错误导致的财务报表重大错报风险,设计和实施审计程序以应对这些风险,并获取充分、适当的审计证据,作为发表审计意见的基础。由于舞弊可能涉及串通、伪造、故意遗漏、虚假陈述或凌驾于内部控制之上,未能发现由于舞弊导致的重大错报的风险高于未能发现由于错误导致的重大错报的风险。

(2)了解与审计相关的内部控制,以设计恰当的审计程序,但目的并非对内部控制的有效性发表意见。

（3）评价管理层选用会计政策的恰当性和做出会计估计及相关披露的合理性。

（4）对管理层使用持续经营假设的恰当性得出结论。同时，根据获取的审计证据，就可能导致对贵公司持续经营能力产生重大疑虑的事项或情况是否存在重大不确定性得出结论。如果我们得出结论认为存在重大不确定性，审计准则要求我们在审计报告中提请报表使用者注意财务报表中的相关披露；如果披露不充分，我们应当发表非无保留意见。我们的结论基于截至审计报告日可获得的信息。然而，未来的事项或情况可能导致贵公司不能持续经营。

（5）评价财务报表的总体列报、结构和内容（包括披露），并评价财务报表是否公允反映相关交易和事项。

我们与治理层就计划的审计范围、时间安排和重大审计发现等事项进行沟通，包括沟通我们在审计中识别出的值得关注的内部控制缺陷。

××会计师事务所（盖章）　　　　　　　　中国注册会计师：×××（项目合伙人）
　　　　　　　　　　　　　　　　　　　　　　　（签名并盖章）
中国××市　　　　　　　　　　　　　　中国注册会计师：×××
　　　　　　　　　　　　　　　　　　　　　　　（签名并盖章）
　　　　　　　　　　　　　　　　　　　2022年××月××日

简评：这是一份标准无保留意见的审计报告。标题为标准格式审计报告；收件人为委托人即××（股份）有限公司全体股东；正文由审计意见、形成审计意见的基础、关键审计事项、其他信息、管理层对财务报表的责任、注册会计师对财务报表审计的责任构成。审计意见段指出了被审计的财务报表的名称、日期或涵盖的期间，以及对被审计财务报表的审计意见；形成审计意见的基础段提供了出具审计意见类型的重要背景；关键审计事项是注册会计师根据职业判断认为对当期财务报表审计最为重要的事项，一般从与公司治理层沟通的事项中选取；其他信息是注册会计师在审计报告日前已获取的所有其他信息，且未识别出信息存在重大错报；管理层对财务报表的责任以及注册会计师对财务报表审计的责任段主要说明被审计单位管理当局和注册会计师各自的责任。出具无保留意见的审计报告时，一般以"我们认为"的术语为意见段的开头，以表明本段内容为注册会计师提出的意见，并表示承担对该审计意见的责任。要注意不能使用"我们保证"等字样，因为注册会计师发表的是自己的判断或意见，不能对财务报表的合法性和公允性做出绝对保证，以避免财务报表使用者产生误解，同时也可明确注册会计师仅仅承担审计责任，而并不减除被审计单位对财务报表所承担的会计责任。在对财务报表反映的内容是否公允提出审计意见时，应使用"在所有重大方面公允反映了"的术语，因为人们已普遍认识到财务报表不可能做到完全正确和绝对公允，所以审计报告中不能使用"完全正确""绝对公允"等词汇，但也不能使用"大致反映""基本反映"等模糊不清、态度暧昧的术语。

例文 2：

审 计 报 告
××京审字〔2022〕第××号

××（股份）有限公司全体股东：

一、保留意见

我们审计了后附的××（股份）有限公司（以下简称"贵公司"）财务报表，包括 2021 年 12 月 31 日的资产负债表，2021 年度的利润表、现金流量表、所有者权益变动表以及相关财务报表附注。

我们认为，除"形成保留意见的基础"部分所述事项产生的影响外，后附的财务报表在所有重大方面按照企业会计准则的规定编制，公允反映了贵公司 2021 年 12 月 31 日的财务状况以及 2021 年度的经营成果和现金流量。

二、形成保留意见的基础

如财务报表附注×所述，贵公司对 2021 年 11 月投入使用的×类固定资产没有计提折旧。如果按照贵公司固定资产折旧政策，应当计提折旧费用××万元。相应地，贵公司 2021 年 12 月 31 日的累计折旧应当增加××万元，固定资产账面净值减少××万元，2021 年度所得税、净利润和股东权益将分别减少××万元、××万元、××万元。

我们按照中国注册会计师审计准则的规定执行了审计工作。审计报告的"注册会计师对财务报表审计的责任"部分进一步阐述了我们在这些准则下的责任。按照中国注册会计师职业道德守则，我们独立于贵公司，并履行了职业道德方面的其他责任。我们相信，我们获取的审计证据是充分、适当的，为发表审计意见提供了基础。

三、关键审计事项

关键审计事项是根据我们的职业判断，认为对本期财务报表审计最为重要的事项。这些事项是在对财务报表整体进行审计并形成意见的背景下进行处理的，我们不对这些事项提供单独的意见。除"形成保留意见的基础"部分所述事项外，我们确定下列事项是需要在审计报告中沟通的关键审计事项。

[按照《中国注册会计师审计准则第 1504 号——在审计报告中沟通关键审计事项》的规定描述每一关键审计事项。]

四、其他信息

[按照《中国注册会计师审计准则第 1521 号——注册会计师对其他信息的责任》的规定报告。]

五、管理层对财务报表的责任

贵公司管理层负责按照企业会计准则的规定编制财务报表，使其实现公允反映，并设计、执行和维护必要的内部控制，以使财务报表不存在由于舞弊或错误导致的重大错报。

在编制财务报表时,管理层负责评估贵公司的持续经营能力,披露与持续经营相关的事项(如适用),并运用持续经营假设,除非管理层计划清算贵公司、终止运营或别无其他现实的选择。

六、注册会计师对财务报表审计的责任

我们的责任是对财务报表整体是否不存在由于舞弊或错误导致的重大错报获取合理保证,并出具包含审计意见的审计报告。合理保证是高水平的保证,但并不能保证按照审计准则执行的审计在某一重大错报存在时总能发现。错报可能由于舞弊或错误导致,如果合理预期错报单独或汇总起来可能影响财务报表使用者依据财务报表做出的经济决策,则通常认为错报是重大的。

在按照审计准则执行审计工作的过程中,我们运用职业判断,并保持职业怀疑。同时,我们也执行以下工作:

(1) 识别和评估由于舞弊或错误导致的财务报表重大错报风险,设计和实施审计程序以应对这些风险,并获取充分、适当的审计证据,作为发表审计意见的基础。由于舞弊可能涉及串通、伪造、故意遗漏、虚假陈述或凌驾于内部控制之上,未能发现由于舞弊导致的重大错报的风险高于未能发现由于错误导致的重大错报的风险。

(2) 了解与审计相关的内部控制,以设计恰当的审计程序,但目的并非对内部控制的有效性发表意见。

(3) 评价管理层选用会计政策的恰当性和做出会计估计及相关披露的合理性。

(4) 对管理层使用持续经营假设的恰当性得出结论。同时,根据获取的审计证据,就可能导致对贵公司持续经营能力产生重大疑虑的事项或情况是否存在重大不确定性得出结论。如果我们得出结论认为存在重大不确定性,审计准则要求我们在审计报告中提请报表使用者注意财务报表中的相关披露;如果披露不充分,我们应当发表非无保留意见。我们的结论基于截至审计报告日可获得的信息。然而,未来的事项或情况可能导致贵公司不能持续经营。

(5) 评价财务报表的总体列报、结构和内容(包括披露),并评价财务报表是否公允反映相关交易和事项。

我们与治理层就计划的审计范围、时间安排和重大审计发现等事项进行沟通,包括沟通我们在审计中识别出的值得关注的内部控制缺陷。

××会计师事务所(盖章)   中国注册会计师:×××(项目合伙人)

                     (签名并盖章)

中国××市   中国注册会计师:×××

                     (签名并盖章)

                     2022年××月××日

简评：这是一份因会计政策选用不恰当而发表保留意见的审计报告。标题为标准格式审计报告；收件人为委托人即××(股份)有限公司全体股东；正文由保留意见、形成保留意见的基础、关键审计事项、其他信息、管理层对财务报表的责任、注册会计师对财务报表审计的责任构成。保留意见段指出了被审计的财务报表的名称、日期或涵盖的期间，以及对被审计财务报表的保留意见；形成保留意见的基础段提供了出具保留意见类型的重要背景；如果有注册会计师特别需要说明的事项，那么也可以单独增加一项需向报告人提醒的说明段；在形成保留意见的基础段与管理层对财务报表的责任段之间增加了关键审计事项段和其他信息段，指出了发表保留意见的所有原因，并说明了保留事项对被审计单位财务状况、经营成果和现金流量的影响程度；管理层对财务报表的责任以及注册会计师对财务报表审计的责任段主要说明被审计单位管理当局和注册会计师各自的责任。出具保留意见的审计报告时，一般仍以"我们认为"的术语为意见段的开头，同时应当使用"除……的影响外"等专业术语指出形成保留意见的基础段对发表审计意见的影响程度，其他与无保留意见的审计报告相同，行文的用词仍需准确、严谨。

例文 3：

审 计 报 告

××京审字〔2022〕第××号

××(股份)有限公司全体股东：

一、否定意见

我们审计了后附的××(股份)有限公司(以下简称"贵公司")财务报表，包括 2021 年 12 月 31 日的资产负债表，2021 年度的利润表、现金流量表、所有者权益变动表以及相关财务报表附注。

我们认为，除"形成否定意见的基础"部分所述事项产生的影响外，后附的财务报表在所有重大方面按照企业会计准则的规定编制，公允反映了贵公司 2021 年 12 月 31 日的财务状况以及 2021 年度的经营成果和现金流量。

二、形成否定意见的基础

如财务报表附注×所述，贵公司通过非同一控制下的企业合并获得对××公司的控制权，因未能取得购买日××公司某些重要资产和负债的公允价值，故未将××公司纳入合并财务报表的范围，而是按成本法核算对公司的股权投资。贵公司的这项会计处理不符合企业会计准则的规定。如果将××公司纳入合并财务报表的范围，××公司合并财务报表的多个报表项目将受到重大影响，但我们无法确定未将××公司纳入合并范围对财务报表产生的影响。

我们按照中国注册会计师审计准则的规定执行了审计工作。审计报告的"注册会计师对财务报表审计的责任"部分进一步阐述了我们在这些准则下的责任。按照中国注册会计师职业道德守则,我们独立于贵公司,并履行了职业道德方面的其他责任。我们相信,我们获取的审计证据是充分、适当的,为发表审计意见提供了基础。

三、关键审计事项

关键审计事项是根据我们的职业判断,认为对本期财务报表审计最为重要的事项。这些事项是在对财务报表整体进行审计并形成意见的背景下进行处理的,我们不对这些事项提供单独的意见。除"形成否定意见的基础"部分所述事项外,我们确定下列事项是需要在审计报告中沟通的关键审计事项。

[按照《中国注册会计师审计准则第1504号——在审计报告中沟通关键审计事项》的规定描述每一关键审计事项。]

四、其他信息

[按照《中国注册会计师审计准则第1521号——注册会计师对其他信息的责任》的规定报告。]

五、管理层对财务报表的责任

贵公司管理层负责按照企业会计准则的规定编制财务报表,使其实现公允反映,并设计、执行和维护必要的内部控制,以使财务报表不存在由于舞弊或错误导致的重大错报。

在编制财务报表时,管理层负责评估贵公司的持续经营能力,披露与持续经营相关的事项(如适用),并运用持续经营假设,除非管理层计划清算贵公司、终止运营或别无其他现实的选择。

六、注册会计师对财务报表审计的责任

我们的责任是对财务报表整体是否不存在由于舞弊或错误导致的重大错报获取合理保证,并出具包含审计意见的审计报告。合理保证是高水平的保证,但并不能保证按照审计准则执行的审计在某一重大错报存在时总能发现。错报可能由于舞弊或错误导致,如果合理预期错报单独或汇总起来可能影响财务报表使用者依据财务报表做出的经济决策,则通常认为错报是重大的。

在按照审计准则执行审计工作的过程中,我们运用职业判断,并保持职业怀疑。同时,我们也执行以下工作:

(1)识别和评估由于舞弊或错误导致的财务报表重大错报风险,设计和实施审计程序以应对这些风险,并获取充分、适当的审计证据,作为发表审计意见的基础。由于舞弊可能涉及串通、伪造、故意遗漏、虚假陈述或凌驾于内部控制之上,未能发现由于舞弊导致的重大错报的风险高于未能发现由于错误导致的重大错报的风险。

(2)了解与审计相关的内部控制,以设计恰当的审计程序,但目的并非对内部控制的有效性发表意见。

(3)评价管理层选用会计政策的恰当性和做出会计估计及相关披露的合理性。

(4)对管理层使用持续经营假设的恰当性得出结论。同时,根据获取的审计证据,就可能导致对贵公司持续经营能力产生重大疑虑的事项或情况是否存在重大不确定性得出结论。如果我们得出结论认为存在重大不确定性,审计准则要求我们在审计报告中提请报表使用者注意财务报表中的相关披露;如果披露不充分,我们应当发表非无保留意见。我们的结论基于截至审计报告日可获得的信息。然而,未来的事项或情况可能导致贵公司不能持续经营。

(5)评价财务报表的总体列报、结构和内容(包括披露),并评价财务报表是否公允反映相关交易和事项。

我们与治理层就计划的审计范围、时间安排和重大审计发现等事项进行沟通,包括沟通我们在审计中识别出的值得关注的内部控制缺陷。

××会计师事务所(盖章)   中国注册会计师:×××(项目合伙人)
                 (签名并盖章)
中国××市   中国注册会计师:×××
                 (签名并盖章)
                2022年××月××日

简评:这是一份否定意见的审计报告。标题为标准格式审计报告;收件人为委托人即××(股份)有限公司全体股东;正文由否定意见、形成否定意见的基础、关键审计事项、其他信息、管理层对财务报表的责任、注册会计师对财务报表审计的责任构成。否定意见段指出了被审计的财务报表的名称、日期或涵盖的期间,以及对被审计财务报表的否定意见;形成否定意见的基础段提供了出具否定意见类型的重要背景;在形成否定意见的基础段与管理层对财务报表的责任段之间增加了关键审计事项段和其他信息段,指出了发表否定意见的所有原因,并说明了否定事项对被审计单位财务状况、经营成果和现金流量的影响程度;管理层对财务报表的责任以及注册会计师对财务报表审计的责任段主要说明被审计单位管理当局和注册会计师各自的责任。出具否定意见的审计报告时,一般仍以"我们认为"的术语为意见段的开头,同时应当使用"除……产生的影响外"等专业术语指出形成否定意见的基础段对发表审计意见的影响程度,行文的用词仍需准确、严谨。

例文 4:

审 计 报 告

××京审字〔2022〕第××号

××(股份)有限公司全体股东:

一、无法表示意见

我们接受委托,审计了后附的××(股份)有限公司(以下简称"贵公司")财务报表,包括2021年12月31日的资产负债表,2021年度的利润表、现金流量表、所有者权益变动表以及相关财务报表附注。

我们不对后附的贵公司的财务报表发表审计意见。由于"形成无法表示意见的基础"部分所述事项的重要性,我们无法获取充分、适当的审计证据作为对财务报表发表审计意见的基础。

二、形成无法表示意见的基础

我们于2022年1月接受贵公司的审计委托,因而未能对贵公司2021年年初金额为××元的存货和年末金额为××元的存货实施监盘程序。此外,我们也无法实施替代审计程序获取充分、适当的审计证据。因此,我们无法确定是否有必要对存货以及财务报表其他项目做出调整,也无法确定应调整的金额。

三、管理层对财务报表的责任

贵公司管理层负责按照企业会计准则的规定编制财务报表,使其实现公允反映,并设计、执行和维护必要的内部控制,以使财务报表不存在由于舞弊或错误导致的重大错报。

在编制财务报表时,管理层负责评估贵公司的持续经营能力,披露与持续经营相关的事项(如适用),并运用持续经营假设,除非管理层计划清算贵公司、终止运营或别无其他现实的选择。

四、注册会计师对财务报表审计的责任

我们的责任是按照中国注册会计师审计准则的规定,对贵公司的财务报表执行审计工作,以出具审计报告。但由于"形成无法表示意见的基础"部分所述的事项,我们无法获取充分、适当的审计证据以作为发表审计意见的基础。

按照中国注册会计师职业道德守则,我们独立于贵公司,并履行了职业道德方面的其他责任。

××会计师事务所(盖章)　　　　　　中国注册会计师:×××(项目合伙人)
　　　　　　　　　　　　　　　　　　　　　　(签名并盖章)

中国××市　　　　　　　　　　　　　中国注册会计师:×××
　　　　　　　　　　　　　　　　　　　　　　(签名并盖章)
　　　　　　　　　　　　　　　　　　2022年××月××日

简评:这是一份无法表示意见的审计报告。标题为标准格式审计报告;收件人为委托人即××(股份)有限公司全体股东;正文由无法表示意见、形成无法表示意见的基础、管理层对财务报表的责任、注册会计师对财务报表审计的责任构成。无法表示意见段指出了被审计的财务报表的名称、日期或涵盖的期间,以及对被审计财务报表的无法表示意见;形成无法表示意见的基础段指出了出具无法表示意见的原因;注册会计师对财务报表审计的责任段中应当删除对自身责任的描述,且使用"由于'形成无法表示意见的基础'部分所述的事项,

更多例文赏析

我们无法获取充分、适当的审计证据以作为发表审计意见的基础"等专业术语,指出形成无法表示意见的基础段对发表审计意见的影响程度,行文的用词要准确、严谨。

思考与练习

1. 什么是审计报告？其主要特点和作用有哪些？
2. 审计报告有哪些种类？
3. 审计报告的写作要经过哪些步骤？
4. 离任审计报告一般包括哪几部分？
5. 在哪些情况下选用保留意见审计报告、否定意见审计报告和无法表示意见审计报告？
6. 独立审计报告中无保留意见审计报告、保留意见审计报告、否定意见审计报告和无法表示意见审计报告在写作上有哪些主要的不同？
7. 审计报告中如何体现注册会计师的职业道德和执业水平？

第四篇

财经信息宣传文书篇

第十三章　商品说明书

第十四章　广告

第十五章　招标书和投标书

第十三章　商品说明书

本章学习要点与要求：

本章主要阐述写作商品说明书的相关知识。学习要点有：商品说明书的概念、特点、分类和作用；商品说明书的基本结构、具体写作要求及注意事项；商品说明书的范例及其评析。通过本章的学习，要求理解商品说明书的概念和特点；掌握商品说明书的基本结构、写作要求及注意事项；掌握商品说明书与广告的不同点；在分析范例的基础上，能够熟练而准确地写作商品说明书。

第一节　商品说明书概述

一、商品说明书的概念

商品说明书是以说明为主要表达方式，全面、详尽地将商品的性能、构造、成分、效用、使用方法、保养、维修等进行说明或介绍的文字材料。它是直接为社会生产和人们生活服务的一种实用性文体。

二、商品说明书的特点

（一）实用性和可操作性

商品说明书是向消费者介绍有关商品的使用、保养、维修知识的材料，消费者在正确使用所购买的商品前，应该认真阅读商品说明书，并按其要求进行操作以实现商品的使用价值。尤其是在高科技迅速发展的今天，各种新产品、新技术、新服务层出不穷，为了保护消费者的切身利益，必须如实地将有关知识加以介绍和指导，帮助消费者熟悉或正确使用商品。因此，实用性和可操作性是商品说明书的基本特点。

（二）科学性和知识性

商品说明书要以科学的态度和科学的方式向消费者客观、真实地介绍商品的性能、构造、成分、效用、使用方法、注意事项、保养、维修等必需的知识,力求全面、准确无误;否则,将会给人们的生产、生活带来不良的甚至严重的后果。这是商品说明书和广告最根本的区别。

(三) 通俗易懂和条理性

商品说明书常常直接用于指导人们的生产和生活,用户往往都是外行,在使用过程中需要逐字逐句地研读,并且一一参照实践。因此,在对商品进行说明和介绍时应以通俗浅显的语言,将商品各方面的情况介绍清楚,尽量不用或少用人们不易理解的专业术语,避免使用生僻词语。此外,商品说明书必须做到条理清晰、层次分明,让用户好懂、好记。

三、商品说明书的分类

根据不同的分类标准,商品说明书有不同的分类方法。常见的有以下几种:按内容可划分为商品介绍说明书、商品使用说明书、商品保养说明书;按说明方式可划分为详细说明书、简要说明书;按性质可划分为日用品说明书、食品说明书、药品说明书、电子产品说明书、机械产品说明书等;按表达形式可划分为文字式说明书、图表式说明书;按结构形式可划分为文章式说明书、条款式说明书。

四、商品说明书的作用

商品说明书广泛用于生产、生活和科研等领域,它在商品和用户之间架起了桥梁,通过对商品或有关服务的知识做客观介绍、科学解释,帮助用户了解商品或服务,指导用户正确掌握或使用商品。它在便利用户的同时也争取了用户,在介绍商品的同时也宣传了商品,有利于扩大销售,因而一定程度地起到了广告的作用。

第二节　商品说明书的基本结构及其写作

一、商品说明书的基本结构

商品说明书一般由标题、正文、结尾三部分构成。

(一) 标题

商品说明书的标题通常由商品名称或说明对象(如品牌、型号)和文种(说明书、说明、××指南、××入门、用户手册等)组成,如《奔腾电饭煲使用说明书》《荣耀70 Pro IMX800用户手册》《方正系列微机技术手册》。一般商品包装上的说明往往就是商品名称,如"蒙牛高钙牛奶""统一鲜橙多"等。

商品说明书标题的字体通常用大号或美术字体,放在明显的位置以引人注意。

（二）正文

商品说明书的正文是说明书的主体,内容、长短和写法因商品而异,没有固定的模式。一般应写明商品的基本情况,如商品的名称、性能、构造、成分、效用、使用方法、适用范围、注意事项、保养(储藏)、安装、维修等;大型或结构复杂的机械说明书则侧重于说明商品的型号、原理、构造等。在实际写作过程中,通常采用以下几种形式:

1. 条款式

条款式是根据商品的主要情况,逐项分条介绍有关商品的各方面知识,如产地、原料、性能、构成、使用方法、注意事项、保养等。这种形式内容集中、条理清晰、层次清楚,表述上严谨有序。

2. 概述式

概述式是对商品的有关情况进行概括的介绍和说明。一般只需介绍商品的基本情况或主要情况。这种形式能使说明书的内容比较完整和连贯,但写作过程中要根据不同类型商品的不同特性做各有侧重、详略得当、具体细致的介绍和说明,力求简明扼要,不要面面俱到。

3. 综合式

综合式是概述式和条款式的结合。文中既有总体概括的介绍,又有分项的具体说明,是把概述式和条款式合二为一的一种综合形式。一般是先概述,后分述。这种形式用得比较普遍,既有总体说明,又有具体的条目内容,能全面、详尽、清晰地介绍商品的整体情况。

（三）结尾

结尾一般包括生产、经销等相关企业或单位的名称、地址、电话、邮编、传真号码、网址及商标说明等内容。商品不同,结尾的内容也各不相同。

二、商品说明书的写作要求

商品说明书的特点决定了在编写商品说明书时一定要如实地说明商品的情况,决不可随意夸大,欺骗消费者,要对消费者负责。具体的写作要求如下:

（一）注重商品的特色

不同的商品有各自的特点,即使是同一种商品,由于型号、外形设计、包装甚至性能上存在差异,也会呈现不同的特色。写作者只有了解商品的特点,抓住其与众不同之处,才能准确、可靠地反映商品的特色,将其与其他同类商品区别开来。

（二）采用恰当的说明方式

根据不同的商品,应选择详略得当的说明方式。对于人们较熟悉的常用商品,可以采用简短的说明方式,比如日用品、食品、医药品等,往往只要介绍商品的性能、特点、用途、用法和保存、保养的方法就可以了。而对于一些复杂的专用商品,就应该采用详细的说明方式,比如科学仪器、机电设备、电子器材等科技产品,往往还要将制作原理、使用的原材料、工作原理、主要技术参数、维护与修理等内容加以详细介绍。写作者应根据不同的商品和写作目的,选择恰当的说明方式进行介绍。

(三)具备较高的专业水平

由以上两点写作要求可以推出商品说明书的写作者必须具备较高的专业水平,对商品的性能特点、制作流程、用途用法等要相当了解,这样才能保证商品说明书的准确性和科学性。

(四)运用适宜的表达方式

由商品说明书的科学性和知识性可知,在编写商品说明书时,语言要尽量具有科学性,不可随意,不可使用描写、抒情、议论等表达方式,在通俗易懂的前提下,可以恰当地引用专业术语,特别是一些专门类的说明书,如药品说明书、专用仪表或机械说明书。

三、商品说明书写作的注意事项

商品说明书写作具体包括如下注意事项:

(1)把广大用户的需要放在第一位,使商品说明书切实起到方便用户的作用。

(2)根据具体商品的实际情况,合理选择说明书的表达方式,抓住重点,突出特色。一方面,能使用户正确地使用商品;另一方面,也有利于增强商品的竞争能力,起到一定的广告宣传作用。

(3)语言力求准确、通俗、简明。一是要用词准确,避免阐述歧义;二是要语言大众化,浅显易懂;三是要文字简练,行文干净利落,言简意赅。

第三节 例 文 简 评

例文1:

葡萄糖酸钙口服溶液说明书

【药品名称】

通用名称:葡萄糖酸钙口服溶液

英文名称:Calcium Gluconate Oral Solution

汉语拼音:Putaotangsuangai Koufurongye

【成 分】本品每毫升含主要成分葡萄糖酸钙100毫克(相当于钙9毫克),辅料为乳酸、氢氧化钙、阿司帕坦、香精。

【性　　状】本品为无色至淡黄色黏稠液体，气芳香，味甜。

【作用类别】本品为矿物质类非处方药药品。

【适　应　证】用于预防和治疗钙缺乏症，如骨质疏松、手足抽搐症、骨发育不全、佝偻病，以及儿童、妊娠和哺乳期妇女、绝经期妇女、老年人钙的补充。

【用法用量】口服，一次1～2支，一日3次。

【不良反应】荨麻疹，面部斑丘疹，面部潮红，刺痒，咽部充血，胸闷，便秘，过敏反应，恶心、呕吐，偶见腹泻等。

【禁　　忌】高钙血症、高钙尿症患者禁用。

【注意事项】

1. 心肾功能不全者慎用。

2. 对本品过敏者禁用，过敏体质者慎用。

3. 本品性状发生改变时禁止使用。

4. 请将本品放在儿童不能接触的地方。

5. 儿童必须在成人监护下使用。

6. 如正在使用其他药品，使用本品前请咨询医师或药师。

7. 肾结石患者应在医师指导下使用。

8. 本品为过饱和溶液，遇冷时可能出现白色药物析出，可加温溶解后服用，不影响疗效。如不溶解请勿服用，可与生产企业联系。

【药物相互作用】

1. 本品不宜与洋地黄类药物合用。

2. 大量饮用含酒精和咖啡因的饮料以及大量吸烟，均会抑制钙剂的吸收。

3. 大量进食富含纤维素的食物能抑制钙的吸收，因钙与纤维素结合成不易吸收的化合物。

4. 本品与苯妥英钠及四环素类同用，二者吸收减少。

5. 维生素D、避孕药、雌激素能增加钙的吸收。

6. 含铝的抗酸药与本品同服时，铝的吸收增多。

7. 本品与噻嗪类利尿药合用时，易发生高钙血症（因增加肾小管对钙的重吸收）。

8. 本品与含钾药物合用时，应注意心律失常的发生。

9. 如与其他药物同时使用可能会发生药物相互作用，详情请咨询医师或药师。

10. 避免与草酸盐类同时服用。

【药理作用】本品参与骨骼的形成与骨折后骨组织的再建以及肌肉收缩、神经传递、凝血机制并降低毛细血管的渗透性等。

【贮　　藏】密封保存。

【包　　装】药用口服液玻璃瓶,每支装 10 毫升,每盒 12 支。

【有 效 期】24 个月。

【执行标准】《中华人民共和国药典》(2010 年版二部)。

【批准文号】国药准字 H10910063。

【说明书修订日期】2016 年 4 月 15 日。

【生产企业】

企业名称:哈药集团三精制药股份有限公司

地址:哈尔滨市香坊区哈平路 233 号

邮政编码:150069

服务热线:400-677-8877

网址:www.sanjing.com.cn

如有问题可与生产企业联系

资料来源:哈药集团三精制药股份有限公司《葡萄糖酸钙口服溶液说明书》。

简评:这是一则条款式的商品说明书。为保证药品的安全使用,每一部分的说明都用黑体括弧加以醒目突出,特别需要说明的禁忌和注意事项也用黑体加粗以引起消费者的注意。说明书的内容完整,从药品的名称、成分、性状、作用类别、适应证、用法用量、不良反应、禁忌、注意事项到药品的贮藏、包装、生产企业等一一做了简要说明,条理清楚,语言通俗易懂,易于消费者的使用。

例文 2:

黄山毛峰

黄山毛峰是产于安徽省黄山市黄山风景区和毗邻的汤口、充川、岗村、芳村、杨村、长潭一带的条形烘青绿茶。当地气候温和,雨量充沛,土壤肥沃,土层深厚,空气湿度大,日照时间短。在这种特殊条件下,茶树天天沉浸在云蒸霞蔚中,因此茶芽格外肥壮、柔软细嫩,叶片肥厚、经久耐泡,成为茶中的上品。

黄山毛峰的采制相当精细,从清明到立夏为采摘期,采回来的芽头和鲜叶还要进行拣剔,剔出其中较老的叶、茎,使芽匀齐一致。在制作方面,要根据芽叶质量,控制杀青温度,不致产生红梗、红叶和杀青不匀不透的现象;火温要先高后低,逐渐下降,叶片着温均匀,理化变化一致。其外形微卷,状似雀舌,绿中泛黄,银毫显露,且带有金黄色鱼叶(俗称黄金片)。入杯冲泡雾气结顶,汤色清碧微黄,叶底黄绿有活力,滋味醇甘,香气如兰,韵味深长。

现在销售的黄山毛峰,分为特级、特一级、特二级、一级、二级、三级、四级和普通等八个等级。

资料来源:作者根据相关资料整理编写。

简评: 这是一则概述式的商品说明书。分两部分介绍了黄山毛峰茶叶的基本情况,包括茶叶的产地、影响茶叶生长的自然条件、黄山毛峰的特点,以及茶叶的整个采制过程。最后说明了目前市场上销售的黄山毛峰茶叶的等级。该说明书有侧重点地介绍了茶叶的特点,内容比较完整和连贯,文字简明。

例文 3:

浓维生素 E 胶丸说明书

维生素 E 是一种对人体生长、发育起重要作用,能促进健康与预防衰老的重要营养要素。早在 1892 年,生物学家就发现它有调节生育机能、防治流产和不育等功效。半个世纪以来,就生理和机理作用,近代分子生物学学者做了详尽研究,认为它在补充人体营养和医疗运用上均有重要功效。

【功能与作用】

1. 本品能促进人体能量代谢,增强人的体质和活力。
2. 本品能预防因过多不饱和脂肪酸(PUFA)异常氧化所导致的有害物质积累而损伤正常组织引起的早衰,有延迟衰老的作用。
3. 本品能改善血液循环,促进溃疡愈合。
4. 本品能防止胆固醇沉积,能预防、治疗动脉硬化。
5. 本品能调整性机能,防治更年期综合征。
6. 本品能保护肝脏。

【适应范围】

动脉硬化、脑血管硬化、冠心病、间歇性跛行、胃肠溃疡、皮肤溃疡、血栓性静动脉炎、静脉曲张、肝功能障碍、肌肉萎缩、不孕、习惯流产、性机能衰退、烧伤、冻伤、贫血,以及预防衰老。

【用法与用量】

日服量:每次 50~100mg,每日三次或遵医嘱。

【规格】50mg,100mg。

【贮藏】密闭,避光,阴凉处保存。

京卫药健字(××)第××号
北京制药厂

资料来源:百度文库。

简评:这是一则综合式的商品说明书。第一部分概括介绍了维生素 E 对人体的重要作用和功效,让人们对该产品有一个大致的认识;第二部分列条说明了使用者需要了解和注意的具体事项。

更多例文赏析

思考与练习

1. 商品说明书的特点和作用有哪些?
2. 商品说明书写作的注意事项有哪些?
3. 商品说明书的形式大体有哪几类?实践中应如何选择?

第十四章　广　　告

本章学习要点与要求：

本章主要阐述写作广告的相关知识。学习要点有：广告的概念、特点、分类和作用；广告的基本结构、具体写作要求及注意事项；广告的范例及其评析。通过本章的学习，要求理解广告的概念和特点；掌握广告的分类、写作要求及注意事项；在分析范例的基础上，能够熟练而准确地写作广告。

第一节　广　告　概　述

随着我国市场经济的建立和完善以及商品经济的逐步扩大，广告已成为推荐商品、宣传服务的最有效方法。通过广告的宣传，能有效刺激需求，密切产销关系，加速商品流通，推动企业竞争。此外，广告还能不断丰富人们的文化生活。

一、广告的概念

广告有广义和狭义之分。

广义的广告，指广告商针对特定的客户群体，对特定的商品或服务所做的宣传活动或信息传播活动，包括以营利为目的的商业广告和不以营利为目的的非商业广告两类。

狭义的广告，仅指以营利为目的的商业广告，也称经济广告，它由可识别的广告商，通过媒体向目标群体传播企业、商品或服务信息，以实现其商业目的。

二、广告的特点

（一）独特性

广告策划文案应具有独创性和原创性，只有从独特的角度和创意出发，才能以新颖的视角，吸引目标群体的注意和关注，增强说服力；否则只会事半功倍，不能取得预期效果。

（二）经济性

众所周知，广告的花费极为高昂，因此，广告的策划要根据宣传对象的特点，恰到好处地进行宣传，即宣传及策划费用必须控制在广告商能够接受的范围之内，也就是用有限的人力、物力、财力达到最佳的效果。

（三）战略性

广告的策划必须结合企业的发展状况，考虑到企业的发展规划，而不能只着眼于企业当前和以后的较短时期。只有以完整的理念来构思、策划广告，延伸于系列广告主题，才能在不同阶段有针对性地进行宣传。

（四）针对性

广告的宣传对象是广大的消费者或用户，宣传的目的是赢得广大消费者或用户的认可和接纳。因此，广告宣传要考虑宣传对象的需要和偏好，做到从实际出发，有的放矢，这是提高广告宣传质量、增强宣传效果的基础。

（五）艺术性

广告要做到引人注目，打动人心，往往需要通过构图、文字修辞、版面编排、音乐韵律甚至戏剧表演等多种艺术表现手法进行宣传。广告的艺术性越鲜明，越富有创造力和感染力，宣传效果越好。因此，成功的广告常常要集艺术性、欣赏性、知识性、趣味性于一体。

三、广告的分类

（一）按内容划分

1. 商品广告

以促进销售为直接目的，主要介绍商品的品牌、商标、性质、特点、功能等，目的是引起消费者的注意促使其购买。

2. 服务（劳务）广告

饭店、旅游、银行、保险、洗衣、修理等服务性行业所做的广告，旨在提供劳务或服务，引起消费者的兴趣，扩大服务范围，主要介绍服务的性质、内容、方式等。

3. 观念广告

企业面向公众传播自己的观念与文化，建立和广大消费者的联系，目的在于提高企业的社会声誉，树立企业的良好形象。

（二）按宣传对象划分

1. 消费者广告

主要宣传对象是广大消费者，又可细分为老人广告、青年广告、女士广告等。

2. 工业广告

主要针对工业部门或单位,按照工业部门的不同性质又可细分为机械工业广告、电子工业广告、食品工业广告等。

3. 商贸广告

主要针对商贸部门或单位,按照商贸部门的不同性质又可细分为批发业广告、零售业广告、服务业广告等。

4. 外贸广告

主要针对外贸部门或单位,按照不同的外贸区域又可细分为北美广告、西欧广告、东亚广告等。

(三)按商品的生命周期划分

1. 开拓期广告

指新产品上市期间所做的广告,主要介绍新产品的特性、使用常识与方法。这是一种激发消费者消费需求的广告,具有"开拓性"。

2. 竞争期广告

指商品在成长与成熟阶段所做的报告,主要介绍某种商品优于其他同类商品的特性,以便在竞争中获得市场。这是一种"劝导性"广告。

3. 维持期广告

主要指商品在衰退阶段所做的广告,主要宣传商品的品牌、商标来提醒消费者,使他们继续购买和使用该商品,以维持销量或防止销量骤减。这是一种"提醒性"广告。

四、广告的作用

(一)沟通购销渠道,促进生产发展

通过广告,能有效促进消费者和销售者之间信息的传递,提供一种沟通购销渠道的平台,满足消费者的需求,扩大商品的销售,促进企业扩大再生产。

(二)方便广大群众,引导社会消费

广告能实事求是地介绍商品的性能、特点、使用和保养知识,为消费者提供相关信息,使他们恰当地选购所需的商品,并可以提高消费者对商品的鉴别、使用能力,唤起消费者潜在的消费需求。

(三)提高服务质量,提升商品的竞争力

通过广告宣传,消费者可以了解商品,并了解企业的服务状况。这样,企业可以在取得消费者信任的同时招徕更多的消费者,从而提升企业及其商品的竞争力。

（四）相互依存，促进大众传播媒介的发展

商业广告通过大众传播媒介来发布，有利于大众传播媒介的商业化、企业化，对大众传播媒介的发展有重大的促进作用。

（五）美化市容，改善环境，丰富人们的文化生活

路牌广告、灯光广告、橱窗广告、商店门面装潢等，若设计新颖、装饰精美，则可以美化市容，改善环境，促进城市的繁荣，丰富人们的文化生活；在传递信息的同时，还能展示社会主义建设的成就，激发人们参加现代化建设的热情和进取精神。

第二节　广告的基本结构及其写作

一、广告的基本结构

广告的构成和表现手法因广告媒介与内容需要的不同而不同，没有统一的固定结构形式。电视、网络及手机等新媒体视频广告，表现手法不拘一格，往往能通过鲜活的视频、特定的音效、夸张的表现手法，直达客户心灵深处，取得良好的宣传效果。相对而言，报纸、杂志、宣传栏等传统媒体广告，结构相对固定，一般由标题、正文及落款等部分构成。

（一）标题

标题是广告的题目，标明了广告的主旨，传达了广告中最重要和最能引起大众兴趣的信息。同时，它又是区分不同广告的标志。标题处于广告的主要位置，在最显著的位置以醒目、特别的字体加以突出。标题要能高度概括主旨，要有新颖、吸引人的创意。

1. 标题的功能

标题具体有以下功能：

（1）吸引读者的注意力。标题是人们接触广告的开始，精彩的标题能抓住读者的注意力，从而使广告传播获得成功。

（2）传递主要广告信息。标题除了要有吸引力，还应包括广告的主要内容，使一般读者通过阅读，就能获悉整个广告的基本信息。

（3）诱导读者阅读全文。标题要传递出人们所关心的信息并引起其兴趣，促使其继续阅读广告正文，从正文中寻求答案。

2. 标题的类型

标题具体包括以下类型：

（1）直接标题。直接标题应以简明的文字表明广告的内容，使人一目了然，如"四月份新影片预告"。

（2）间接标题。在标题中不直接表明广告主题，而是用耐人寻味的语句诱导人们继

续阅读,以引人注目、诱发兴趣为主要目的,如富士胶卷的"盒中自有花满谷"。

(3) 复合标题。复合标题又叫多重标题,由引题、正题、副题组成。引题在正题之前,又叫眉题或肩题,用来说明信息意义或交代背景;正题又叫主标题,是复合标题的中心,用来点明广告的主要内容,传递最核心的内容;副题是对正题内容的补充。复合标题往往兼有直接标题和间接标题的双重性质。例如,"做事要出于心,做人要出于情,品酒要出自真正的名门(引题);茅台王子酒(正题);王子尊天下(副题)。"

(二) 正文

正文是广告的主体,是承接标题,展开讲述广告信息的主要说明文字。它是广告的主旨和主要内容所在。正文的构思应该从兴趣、信任、欲望、行动等若干环节出发。正文的写作可采用陈述体、论证体、文艺体、书信体、说明体等,一般由前言、主体、结尾三部分组成。

1. 前言

前言主要点明商品的主要特征。

2. 主体

主体部分包括广告主办单位名称,商品名称,服务名称,商品的规格、款式、性能、功效、制作工艺,以及保养方式、出售方式等。

3. 结尾

结尾一般以简洁的语言呼吁消费者尽快采取行动。

(三) 落款

落款一般包括广告主办单位名称、厂址、经销商地址、联系方法、联系人等。

二、广告的写作要求

(一) 要实事求是

广告只有忠实、负责地向消费者介绍商品或服务,才能建立商品、企业的信誉。在行文中,一定程度的艺术渲染和艺术夸张是允许的,但必须以事实为基础,不能脱离事实。

(二) 要抓住消费者的消费心理要求

所谓"消费心理要求",就是消费者的兴趣、需要、动机、情感、态度等心理因素。广告一定要针对消费者的消费心理,善于根据不同地区、不同消费者的消费特点,做到"有的放矢"。

(三) 语言文字要有感染力

语言文字是否有感染力是衡量广告优劣的重要标志。广告可以采用各种体裁,但语言文字要准确、精炼、鲜明、生动,既要通俗易懂、朗朗上口,又要活泼风趣、富有情趣。

(四)要明确重点

广告策划文案最重要的内容是目标与主题,目标与主题写得越清楚、越具体越好。目标与主题明确,往往能直接传达给客户所需要的信息,一目了然,言简意赅。

三、广告写作的注意事项

(一)明确客户定位,针对性强

广告写作的根本目标是激发客户的购买欲望,所以厂商或服务商首要的任务就是明确客户定位,针对客户群体的心理特点和共同特征,策划符合其心态的宣传推广活动。

(二)必须讲究战略

广告的写作应富有创意并引人注目,这样才能从心底打动潜在的客户;此外,要做到简明易懂,重点突出,给人留下深刻的印象。切忌平铺直叙,没有新意。

(三)切忌脱离实际,虚假宣传

现代市场经济是建立在信誉和诚信的基础之上的,如果用不符合商品特性的虚假内容进行诱导和欺骗活动,那么即使能短期赚取不法之财,也迟早会丧失信誉,失去经营基础,甚至可能遭到法律的严裁。因此,写作者在增强广告宣传效果的同时一定要做到实事求是。

第三节 例 文 简 评

例文1:

××学校招生广告

内容摘要:××学校是一所政府支持的全日制高职院校。为满足社会对电气人才的需求,学校与国家重点高校××大学强强联合,现面向社会进行第××期招生。

一、学校简介

××学校是一所政府支持的全日制高职院校。为满足社会对电气人才的需求,学校与国家重点高校××大学强强联合,特聘××等大型能源企业的高级技术人员担任专业课主讲教师,并特聘××出版社教材编委会副主任××教授担任顾问。学校坚持以就业为导向,以职业素质、岗位能力为教育核心,为企业培养第一线应用型高级技能人才。

二、办学优势

1. 政府与企业支持:符合条件的学生,每人可享受××元的国家助学金;农村特困、城市低保子女入学,按国家政策可申请"零学费入学";委培企业还为优秀学生提供××元的高额奖学金。

2. 与××大学联合:可升本考研,拿学位证;毕业取得报到证、双档案、双学历+技能等级证,真正成为"高技能+高学历"的"金领"人才。

3.100%的就业率:学校采用"校企联合,订单教育"模式,真正实现了"入学即意味着就业"。学生入学即与学校签订《就业、就读协议书》,保证获"双证"学生按订单合同就业。

三、就业前景

我校与××等大型企事业单位签订了长期定向委培协议。协议中我校学生两年在校学习实践,第三年进入委培企业带薪实习三个月后转为企业职工。今年我校应届毕业生已在定向委培企业全部安置就业。

四、专业名称

电气工程　　　　　自动化仪表　　　　机电一体化
输变电工程　　　　会计电算化　　　　电气运行及自动化

五、办学模式

校企合作、定向委培,实行"3+3"办学模式,即

1.理论+实物演示;

2.实验+指导;

3.企业实训+企业高级技术人员指导。

六、收费标准

1.学费:××元/学期;

2.住宿费:××元/年;

3.代收费按实际情况收取。

七、毕业发证

××高职毕业证书,高级技工证。

　　　　　　　　　　　　　招生办事处地址:××市××大街××号
　　　　　　　　　　　　　招生办事处联系电话:张老师　××××××××
　　　　　　　　　　　　　学校地址:××××××××
　　　　　　　　　　　　　学校联系电话:王老师　××××××××

简评:这则招生广告语言朴实,文风简洁,对学校的招生信息进行了简明扼要的介绍。落款处注明招生单位的地址、联系人、联系电话等,是一则规范的招生广告。

例文2:

××公司招商广告

××公司位于中国著名的"中国小商品城"——浙江义乌。公司占地××平方米,建筑面积××平方米,是一家集研发、生产、销售、广告于一体的科研型实体企业。

公司主要从事太阳能环保广告垃圾箱、户外垃圾屋、公交广告牌、宣传栏、滚动灯箱、指路牌灯箱、阅报栏灯箱、大型户外广告灯箱、小区驱蚊灯箱、儿童游乐设备等产品的研发、生产与销售,以及国内广告制作发布、代理业务。

××公司自创建以来,始终本着"信誉至上、质量可靠、服务到位、安全为主、效率高效"的原则,不断创新发展,为客户提供超值的产品和满意的服务,真正做到实用与美观相结合,质量与服务并行。我们将以可靠的产品质量、贴心的售后服务、满意的市场价格,赢得客户的信赖,欢迎各界朋友来电咨询洽谈。

公司地址:××××××
公司总经理:××
联系人:××
联系电话:××

简评:这则招商广告的标题由招商单位名称和文种共同构成。落款处注明招商单位的地址、总经理、联系人、联系电话等,是一则比较常见的招商广告。

例文3:

脑白金营销广告

图片来源:公开网络。

"今年过节不收礼,收礼只收脑白金"。熟悉的广告语朗朗上口,无人不知,足以说明脑白金广告的成功。

脑白金作为曾经的中国礼品市场第一代表,是如何成功的呢?核心就是"睡眠"概念。睡眠问题一直是困扰中老年人的难题,因失眠而睡眠不足的人比比皆是。有资料统计,国内至少有70%的妇女存在睡眠不足现象,90%的老年人经常睡不好觉。"睡眠"市场如此之大,脑白金正是依靠"睡眠"概念迅速崛起。

简评：作为单一品种的保健品，脑白金之所以能以极短的时间迅速占领市场，并登上中国保健品行业"盟主"的宝座，引领中国保健品行业长达五年之久，其成功的最主要因素在于找到了"送礼"的轴心概念。中国是礼仪之邦，有年节送礼，看望亲友、病人送礼，公关送礼，结婚送礼，下级对上级送礼，年轻人对长辈送礼等种种送礼行为，礼品市场何其浩大。脑白金的成功，关键在于定位于庞大的礼品市场，而且得益于"定位第一"法则，即第一个把自己明确定位为"礼品"——以礼品定位引领消费潮流。

例文 4：

金龙鱼营销广告

图片来源：公开网络。

嘉里粮油（隶属马来西亚华裔创办的郭氏兄弟集团香港分公司）旗下的"金龙鱼"食用油，多年来一直以绝对优势稳居小包装食用油行业第一品牌地位。

调和油产品是金龙鱼创造出来的。当初，金龙鱼在引进国外已经很普及的色拉油时，发现其虽然有市场，但不完全被国人接受。原因是色拉油虽然精炼程度很高，但没有太多的油香，不符合中国人的饮食习惯。后来，金龙鱼研制出将花生油、菜籽油与色拉油混合的产品，使色拉油的纯净卫生与中国人的需求相结合，产品创新终于赢得中国市场。

为了将"金龙鱼"打造成为强势品牌，金龙鱼在品牌方面不断创新，由最初的"温暖亲情·金龙鱼大家庭"提升为"健康生活金龙鱼"。然而，在多年的营销传播中，这些"模糊"的品牌概念除了让消费者记住了"金龙鱼"这个品牌名称，并没有引发更多联想，而且大家似乎还没有清楚地认识到调和油到底是什么，有什么好处。

2002年，金龙鱼又一次跳跃龙门，在营销方案方面获得了新的突破，关键在于其新的营销传播概念"1∶1∶1"。看似简单的"1∶1∶1"概念，配合"最佳营养配方""黄金比例调和油"的宣传语，既形象地传达出金龙鱼由三种油调和而成的特点，又让消费者"误以为"只有"1∶1∶1"的金龙鱼才是最好的食用油。

简评：数字经济时代，媒体越来越丰富，广告的核心竞争力在于内容的感染性。本则广告成功的关键在于，金龙鱼让消费者真正认识了调和油，找到了营销传播的核心概念。

更多例文赏析

思考与练习

1. 广告的标题一般由哪几部分构成？

2. 简述广告的特点。

3. 简述商业广告的分类。

4. 广告的立意特别讲究，请留意日常的电视广告，阐述自己对这则广告印象深刻的原因，其宣传手法是怎样打动你的。

5. 列出一则你最讨厌却印象深刻的广告，谈谈自己对其宣传手法的认识。

第十五章　招标书和投标书

本章学习要点与要求：

本章主要阐述写作招标书和投标书的相关知识。学习要点有：招标书和投标书的概念、特点、分类和作用；招标书和投标书的基本结构、具体写作要求及注意事项；招标书和投标书的范例及其评析。通过本章的学习，要求理解招标书和投标书的概念和特点；掌握招标书和投标书的基本结构、写作要求及注意事项；在分析范例的基础上，能够熟练而准确地写作招标书和投标书。

第一节　招标书和投标书概述

一、招标书和投标书的概念

所谓招标书，就是单位、企业及个人在进行招标时所用的专用文书。招标是指单位、企业或个人在兴建工程或进行大宗商品交易时，先把有关工程或商品的标准、价格、条件、说明等内容以招标书的形式对外发布，以完全公开或邀请的方式招人承建、承卖或承买。与此相对应，投标书就是单位、企业或个人对招标项目投标时所用的专用文书。投标是指承包人或购销者按招标公告的标准和条件，在投标书中报出价格、填写投标书的各项内容，投函招标方。

招投标是在市场经济下引入竞争机制的产物。近年来，我国一些重大建设项目都采用了招投标的方式选择承建人，不仅如此，招投标方式已经进入各个经济领域，不管项目大小、购买量大小，招投标方式已经成为交易双方实现双赢的明智选择。

招标书也叫招标公告、招标启事。招标书必须写清楚招标的项目名称、投标方法、投标资格、技术要求、投标和开标日期、保证条件、支付办法等内容。每一项内容力求写得简洁明确，从而使投标人能够按照招标书列示的条件和要求填写投标书。投标书主要有投标商业条件表、投标企业资格表、投标价格表等三种表格。投标人利用这些表格项目向招标人提出订立合同的建议，提供给招标人备选的方案。

二、招标书和投标书的特点

（一）招标书内容的"三公"原则及投标书内容的保密性

招标的原则是公开、公平和公正，这是由招投标活动本身的特点所决定的。在招标时，招标书列示的招标条件、投标方法要保证公开性。招标单位将自己的标的物、招标意图、招标范围、资金来源、质量要求、工期要求、招标步骤等通过招标书公布于众。有些招标采用邀请方式，但招标条件在被邀请的范围内也是公开的。招标活动只有公开、公平，才能吸引真正感兴趣、有竞争力的投标商竞争，通过竞争达到采购目的，真正维护使用单位利益和国家利益。审定标书中是否含有歧视性条款是招标单位编制、审定标书工作中最重要的环节。审查标书中是否含有歧视性条款也是政府招标管理部门监督、管理招标工作中最重要的任务，是保证招标公平、公正的关键环节。对比于招标书的"三公"原则，投标书在开标之前要有一定的保密性，即投标书要密封后方可送到招标单位，未密封的投标书视为无效。招标书内容的公开和投标书内容的保密都是出自公平竞争的考虑，是竞争的一种策略。

（二）投标书的竞争性

单位、企业或个人把投标书送达招标单位之后，招标单位在各个不同的投标书之间进行比较，并根据之前提出的种种招标条件选择最接近要求的投标书，择优中标。招投标活动的目的决定了投标书之间的公平比较。兴建工程、大宗商品交易之所以采用招标方式，正是为了通过公开要约，比较多家投标书，寻求最佳方案，选择最优的承包者，以实现最大的经济效益。投标书之间的比较和择优是评标阶段的核心内容。投标书作为各投标者实力的载体，投标书之间的比较就是投标者之间的比较。因此，投标书就具有极强的竞争性，它是战胜竞争对手的有力武器。

（三）标书内容的诚信可靠

投标单位在制作投标书时，要严格依据招标书提出的要求列示自己能够提供的条件，切不可说大话。若投标书内容响应招标书，对招标书提出的标准与条件给予应答和承诺，则一定是在自己的实力范围内可完成、可兑现的承诺；否则无论对招标单位还是对投标单位都会造成不可估量的损失，尤其是大型工程的建设更要谨慎行事。虽然投标单位之间存在残酷的竞争，但切不可为最后的中标而不择手段，一定要保证投标书内容的诚信可靠。招标书内容也应遵循这条原则，要切实反映招标单位的全面要求，科学合理地制定招标条件，保证招标书内容的全面翔实，不可任开条件刁难投标单位。此外，制定条件要从实际出发，切不能盲目提高标准、提高设备精度及房屋装修标准等，否则对招标单位和投标单位都没有好处。

（四）标书应维护企业利益和国家利益

招标书编制要注意维护招标单位的商业秘密，也不得损害国家利益和社会公众利益，如排污必须在可允许的范围内,尤其是目前我国经济正处于从高速发展向高质量发展的转变过程中,如何在这个关键时刻实现可持续发展,将是下面要面临的重要问题。因此,在招投标时,招标单位和投标单位在标书中都应对这一方面给予足够重视。

（五）标书的完整性和有效性

标书必须完整地表达出招标单位、投标单位的全部意愿,不能有任何疏漏;否则将会造成一定的经济损失。招标书是投标单位投标及编制投标书的依据,投标单位只有对招标书中的内容进行实质性的响应,才有可能编制出有效的投标书,以及最后达到中标的目的。

三、招标书和投标书的分类

标书按照不同的分类标准,可分为不同的种类。

（一）按招投标的范围可分为国际标书和国内标书

顾名思义,国际标书是面向国际单位和企业的,它没有地域国别的限制。而国内标书主要是面向国内单位和企业,限制国外企业进入。国际标书要求有两种版本,按国际惯例以英文版本为准。但考虑到我国企业的外文水平,标书中常常特别说明,当中英文版本产生差异时以中文版本为准。

（二）按招投标的标的物可分为生产经营性标书和技术标书

生产经营性标书又可分为货物、工程和服务三大类,具体包括工程标书、产品销售标书、劳务标书等;根据具体标的物的不同还可进一步细分,如工程类标书可进一步细分为施工工程、装饰工程、水利工程、道路工程、化学工程等。技术标书包括科研课题标书、技术引进或技术转让标书等。

四、招标书和投标书的作用

招投标是当今世界广泛流行的一种引入竞争机制的经营管理方式。招标书和投标书则是招投标的载体,是招投标活动的产物。随着市场经济的发展,我国各类企业的招投标活动逐渐兴起,应用范围逐渐扩大,已经深入各个经济领域。当前,招投标不仅被应用于兴建工程、大宗商品交易,而且被广泛应用于科学研究、技术攻关之中。在市场经济条件下,它对搞活经济、促进竞争、提高经济效益、推动各项事业发展有着十分重要的作用。

（一）提高招标单位的经济效益

对招标单位来说,根据自己提出的要求,对投标书进行比较并择优取用,既可以节约工程和交易成本,尽可能地获得最优的招标价格,又可以缩短建设工期或商品交货期,确保工程或商品质量,以获得最大的经济效益,促进招标单位的蓬勃发展。

（二）加强单位或企业间的合作

采用招投标方式，可以打破国家（地区）的限制，打破部门的垄断，促进我国市场经济的公平竞争，从而加强地区间、部门间、企业间的经济联系与合作，促进市场经济的发展。

（三）提升投标单位的整体素质

对投标单位来说，在向招标单位提供投标书时，同时也提供了自己可以达到的最好条件。因此，当接到中标书时就是接到了压力和动力，投标单位必定要深挖自己的潜力，努力实现投标书所提供的条件。这种压力和动力将有助于投标单位不断改善经营管理，提高管理水平，进行技术改造和更新，尽可能挖掘潜力，进而提升整体素质。

第二节　招标书和投标书的基本结构及其写作

一、招标书和投标书的基本结构

（一）招标书的基本结构

招标书一般由标题、正文和落款三部分构成。

1. 标题

招标书的标题一般有两种写法：一种是只列示文种，如"招标通告""招标公告""招标启事"等；另一种则稍微具体一些，在文种之前加上招标单位的名称，如"信息学院实验室招标通告"。前者显得简洁，后者则突出招标单位的名称和项目内容，提供更多的信息。

2. 正文

招标书的正文在开头部分会用几句话说明招标项目、缘由。这一小部分的文字表达要突出要点，简洁凝练。主体部分的内容包括招标项目、具体要求、招标方法、投标截止时间以及开标时间等。招标项目有两种书写方式：一种是条文式，另一种是表格式。除招标项目外，主体部分还应写明投标单位的资格要求、招标的手续与标书的售价、投标单位投标书的内容及投标方法等。

3. 落款

落款处要写清招标单位的名称、地址、电话、传真、邮箱等，以便投标单位能够准时送达标书，参加投标。由于招标的类别有很多，招标书的写法也不是固定不变的，可根据具体招标项目而定。

（二）投标书的基本结构

投标书的基本结构与招标书类似，也由标题、正文和落款三部分构成。

1. 标题

投标书的标题一般在正中写明"投标申请书""投标答辩书"或"投标书"即可，不必写出投标单位,这一点与招标书不同。

2. 正文

投标书的正文由开头和主体两部分组成。开头部分应写明投标的依据和主导思想;主体部分应把投标的经营思想、经营方针、经营目标、经营措施、要求、外部条件等内容具体、完整、全面地表述出来,力求论证严密、层次清晰、文字简练。

3. 落款

落款处要写明投标单位(或个人)的名称、各种联系方式和投标日期,另外还需加盖投标单位的公章,以证明投标书的庄重性。

二、招标书和投标书的写作要求

标书是受到国家和地方法律监督与保护的文书,只有熟悉招投标的程序,清楚招投标的来龙去脉,才能写好各种标书。招标书和投标书的写作要求具体如下:

(一)招标书写作之前要做好准备工作

首先,招标书的起草要经过上级主管部门的批准。只有经过上级主管部门的批准,招标单位才能起草招标书,而且在招标书中一般应写清楚经过什么单位批准,这样不仅可以使招标书具有权威性,而且能够使投标者产生信任感。其次,在起草招标书之前要做好相关的市场调研工作,掌握市场信息,这样才能根据实际情况,准确确定招标项目的标准、条件、标底等各项招标书内容,使之后的招标程序顺利进行。

(二)招标书的内容要遵纪守法、翔实周全

招标活动是法人之间进行的一种经济活动。国家和地方政府都为此颁布了一系列法律法规,因此招标书的各项内容必须遵守这些法律法规,不得违法。另外,招标书的各项内容都要书写周全,不得有任何疏漏,各种规格的测算要科学合理,写得越具体越好。这样才能使投标者参照招标书的内容,并根据自己的实际情况,做出正确的判断。除此之外,招标单位在招标书的文字表达上也要考虑周全,无论是技术规格还是数据表述都要准确无误,避免含混不清,以致产生歧义;文字表述要简洁明了,与招标无关的字句应予删除,做到让有意投标者一目了然。

(三)投标书写作之前要对招标情况有深入了解

投标单位在起草投标书之前要深入了解招标书的具体内容,主要包括招标范围、具体要求、招标方法、投标截止时间等。全面了解招标书,并抓住一些关键问题,将有助于投标书的起草。除了了解招标书的内容,投标单位还要对招标项目做周密调查和精确计算,合理核算成本,了解市场信息,恰当报出价格,最后为形成一份具有竞争力的投标书做最充足的准备工作。正所谓机会是留给那些有准备的人的。

（四）投标书的内容要符合投标单位实际、表述准确

投标单位对自身所具备的条件和能力应实事求是,投标书中做出的任何承诺都应是自身可以达到的,切不可夸夸其谈。因为在夸大的情况下即使中标,最后也只能给招标方和投标方带来经济损失。另外,投标书内容的表述要准确规范。投标书的内容一定要注意与招标书的内容相对应,对招标的要求要给出明确的回答和说明,无论单价、数量还是总报价均应仔细核对。除此之外,投标单位要注意投标书的保密性,在送达招标方之前一定要密封保存;否则投标书就可能成为无效投标书,浪费投标单位的人力、物力和财力。

三、招标书和投标书写作的注意事项

招标书和投标书写作具体注意事项如下:

(1) 在写作标书之前,写作者应先熟悉各项相关的国家及地方的政策、法律法规,遵守国家对招投标工作的有关规定和具体办法,执行国家颁布的技术规范及质量标准,只有这样才能保证标书的法律有效性。

(2) 招标书要贯彻平等互利的原则,程序内容公开、公平、公正,语言平实、准确,不可暗箱操作,给人以可乘之机,导致无法实现招投标工作的双赢局面。

(3) 标书中有关技术规格的内容应精确无误。各类标书必将涉及各类专业内容,招标者应邀请相关方面的专家仔细研究技术规格,制定出科学合理的规格要求。如果投标者在规定的时间内提供的商品或工程项目的技术规格与投标书中的说明不符,投标者就应承担法律责任和商务赔偿。技术规格说明的主要内容应包括投标者提供的仪器设备在什么条件下使用、投标者提供的设备规格与招标要求之间的差异范围等。

第三节 例文简评

例文1:

苏州市计量测试院仪器设备及工程采购招标书

时间:2018-03

苏州市计量测试院就所需检测仪器设备、工程及相关服务对社会进行公开招标采购,欢迎符合相关条件的生产厂家或代理商参加投标,具体招标内容现公示如下:

一、招标内容

包一:机动车前照灯检测仪校准器检测台;数量:壹套

包二:RCD检测仪校准装置;数量:壹套

包三:高频电刀质量检测仪;数量:壹套

包四:除颤经皮起搏器质量检测仪;数量:壹套

包五:网络线缆分析仪辅助件;数量:壹套

包六:无线温度验证仪;数量:壹套

包七:多齿分度台;数量:壹套

包八:旋转蒸发仪;数量:壹套

包九:园区洁净仪器检测用洁净室改造

具体详细招标内容和参数请联系:

电话:0512-65217806   陈先生、杨先生

二、招标要求

1. 投标单位必须是具有合法生产或经营资格的专业生产厂家或代理、销售公司,并具有售后服务点或售后服务能力。

2. 投标单位所供产品必须是成熟的、已批量生产的定型产品,并具有完善的技术支援能力和今后的升级能力。

3. 本次招标的是苏州市计量测试院购置的检测仪器设备及工程,包括材料、随设备提供的备品配件及专用工具,仪器设备需运抵买方项目现场,并负责安装、调试,直至买、卖双方共同验收合格,交付买方使用,即交钥匙工程。

4. 投标人可以对所有包中的部分包或全部包投标,但投任何一包时,必须对该包的全部内容进行投标,否则,招标人不予接受,本次招标按包确定中标人。

5. 投标人在投标文件中,须提供公司营业执照、税务登记证、组织机构代码证等设备制造商相关资质文件和证书。如果是代理商或者经销商投标,除提供上述资料外,还应提供设备制造商或其在中国销售总代理的投标专项全权授权委托书,并由制造商明确承担一切售前、售后服务及责任。

6. 投标人在投标文件中须提供仪器设备的详细技术参数。

7. 投标人在投标文件中须提供详细的供货清单,主要部件、配套件的名称、品牌、型号规格、技术参数及性能、数量、单价、制造商全称及制造地点等。

8. 投标人在投标文件中应提供对买方操作、维护人员的培训方案及计划。

9. 投标人在投标文件中应提供售后服务的承诺,包括在招标人所在地或其周边地区售后服务机构及人员的情况、质保期内的售后服务范围、质保期满后的售后服务范围和收费情况。

三、商务要求

1. 价格:每包的总价格必须低于人民币壹拾万元。

2. 交货期要求在30个工作日内;货款支付方式为分期付清;合同生效后预付30%货款,设备到货及工程完工并验收合格后10个工作日内支付60%货款,10%质量保证金在一年内一次付清。

3. 以人民币报价,报价中含16%的增值税。

四、评标办法

综合因素评标法,其中价格40分,技术60分,满分100分,获最高分数的投标人中标。

五、招标与投标

1. 符合上述要求,且有意参加本次招投标的单位或公司请于2018年9月20日12时45分前携带公司营业执照副本(原件)或正本复印件(加盖公章)、产品生产许可证、产品样本等资料,销售代理商还需要销售代理资格证(销售授权证),以及投标书(一式叁份)到我所901室(或邮寄)投标,必须将所有投标文件集中在一个文件袋并加以封口。

2. 投标截止时间:2018年9月21日12时45分

3. 开标时间:2018年9月21日13时00分

4. 开标地点:苏州市计量测试院9楼916会议室

5. 联系电话:0512-65217806　　联系人:陈曦、杨振龙

6. 地址:苏州市吴中区文曲路69号　　邮政编码:215128

资料来源:苏州市计量测试院网站。

简评:本例文出自苏州市计量测试院网站。本例文是一篇比较简单的设备招标书,它的标题简洁明确,加上了招标单位的名称"苏州市计量测试院",并且写明了这是一个仪器设备及工程采购的招标书。在正文的第一部分以清单的方式写出了九个包的设备名称和数量的具体要求;第二部分分九条详细列示了招标要求;第三部分列示了商务要求;第四部分给出了评标办法;第五部分就招标与投标的相关事宜给出了清晰的说明,包括招标人的具体地址和联系方式。这份招标书文字表达清楚、内容周全,可以给投标人以最多信息的提示。

例文2:

通信器材投标书

致:＿＿＿＿＿＿＿＿＿＿＿＿＿＿＿＿＿＿＿

根据贵方为＿＿＿＿＿＿＿＿＿＿＿＿＿＿＿＿＿＿＿＿＿项目招标采购货物及服务的投标邀请＿＿＿＿＿＿＿＿＿＿＿＿＿＿＿＿＿＿＿＿(招标编号),签字代表＿＿＿＿＿＿(全名、职务)经正式授权并代表投标人＿＿＿＿＿＿＿＿＿＿(投标方名称、地址)提交下述文件正本一份和副本一式＿＿＿＿份。

(1) 开标一览表;

(2) 投标价格表;

(3) 货物简要说明一览表;

(4) 按投标须知第14、15条要求提供的全部文件;

(5) 资格证明文件;

（6）投标保证金,金额为人民币＿＿＿＿＿＿＿＿＿＿元。

据此函,签字代表宣布同意如下：

1. 所附投标价格表中规定的应提供和交付的货物投标总价为人民币＿＿＿＿＿＿元。
2. 投标人将按招标文件的规定履行合同责任和义务。
3. 投标人已详细审查全部招标文件,包括修改文件(如需要修改)以及全部参考资料和有关附件。我们完全理解并同意放弃对这方面有不明及误解的权利。
4. 投标自开标日期有效期为＿＿＿＿＿＿＿＿＿＿个日历日。
5. 如果在规定的开标日期后,投标人在投标有效期内撤回投标,其投标保证金将被贵方没收。
6. 投标人同意提供按照贵方可能要求的与其投标有关的一切数据或资料,完全理解不一定要接受最低价格的投标或收到的任何投标。
7. 与本投标有关的一切正式往来通信请寄：

地址：＿＿＿＿＿＿＿＿＿＿＿＿＿＿ 邮编：＿＿＿＿＿＿＿＿＿＿＿＿＿＿
电话：＿＿＿＿＿＿＿＿＿＿＿＿＿＿ 传真：＿＿＿＿＿＿＿＿＿＿＿＿＿＿
邮箱：＿＿＿＿＿＿＿＿＿＿＿＿＿＿

投标人代表姓名、职务：＿＿＿＿＿＿＿＿＿＿＿＿
投标人名称(公章)：＿＿＿＿＿＿＿＿＿＿＿＿
日期：＿＿＿＿年＿＿＿月＿＿＿日
全权代表签字：＿＿＿＿＿＿＿＿＿＿＿＿

资料来源：中国通信器材商务网。

简评：这是通信器材方面的一个标准投标书格式。标题简洁明了,正文详尽地列示了投标方提供给招标方的信息,结尾部分包含投标方的地址、电话、邮箱、名称等,内容周全具体,条理清楚。

更多例文赏析

思考与练习

1. 招标书和投标书有哪些特点？
2. 招标书和投标书的作用有哪几个方面？
3. 招标书和投标书一般由哪几个部分构成？
4. 招标书和投标书的写作为什么要遵纪守法？
5. 招标书和投标书的写作应注意哪些问题？

第五篇

日用文书篇

第十六章　常用往来文书

第十七章　常用告知文书

第十六章　常用往来文书

本章学习要点与要求：

本章主要阐述写作求职信、介绍信、证明信和申请书的相关知识。学习要点有：求职信、介绍信、证明信和申请书的概念、特点、分类和作用；求职信、介绍信、证明信和申请书的基本结构、具体写作要求及注意事项；求职信、介绍信、证明信和申请书的范例及其评析。通过本章的学习，要求理解求职信、介绍信、证明信和申请书的概念及特点；掌握求职信、介绍信、证明信和申请书的基本结构、写作要求及注意事项；在分析范例的基础上，能够熟练而准确地写作求职信、介绍信、证明信和申请书。

第一节　常用往来文书概述

一、常用往来文书的概念

往来文书是一类适用范围较广、使用频率很高的文体，根据具体类别不同，写作方法也有所不同。本章介绍最常用的四种，即求职信、介绍信、证明信和申请书。

求职信是向用人单位自荐并谋求职位的专用书信，集介绍、自我推销和下一步行动建议于一身，它是对履历表的归纳总结，同时重点突出了求职者的背景材料中与未来雇主最有关系的内容。一份好的求职信能体现求职者的表达能力、沟通交际能力和性格特征。

介绍信是机关团体、企事业单位人员与其他单位或个人联系工作、了解情况、洽谈业务、参加各种社会活动使用的一种专用书信。

证明信是以企业或个人名义，凭着确凿的证据证明某人的身份、经历、收入，或者证明有关事项，或者证明代理的权限范围的专用书信。证明信的内容一定要真实、可靠，出具的证明信具有法律效力。

申请书是个人对组织、下级对上级、一般单位对主管部门有所请求而写的。申请书也是一种特殊的书信样式，用于个人或单位申请参加组织，或者请求上级有关部门帮助解决某些问题。

二、常用往来文书的特点

常用往来文书除具有时效性的共性外，还各有特点：

（一）求职信的特点

1. 目的性

撰写求职信的目的是获取职位，因此求职信的内容要紧紧地与求职目的挂钩，要从用人单位和自身条件入手，找到二者的结合点，通过求职信来引起招聘单位的兴趣，达到成功推销自己的效果。自荐的内容要突出重点、分清主次、有的放矢，做到有吸引力、有说服力。

2. 介绍性

求职信是为了让用人单位对求职者进行综合了解，进而获得面试机会。因此，在撰写求职信时，求职者要客观地分析自己的优势和不足。即使雇主只花三十秒阅读一封求职信，每天也要应付好几百封，只有极好的求职信，才能引起他们的兴趣。极好的意思是指符合雇主的要求，通过短时间的阅读，能够让雇主清晰而准确地判断求职者的状况，也只有这样的求职信才能为求职者争取一个面试机会。

3. 新颖性

求职信不应枯燥乏味、程式化，而应具有新颖性，生动有趣地反映个性，能在最初的几秒钟内抓住雇主的注意力，使其有兴趣看下去。好的求职信几乎总能受到未来雇主的青睐，因此求职信的内容、表现手法和表达方式对求职信而言非常重要。

（二）介绍信的特点

1. 证明性

介绍信是机关团体必备的具有介绍、证明作用的书信。介绍信最显著的特点是具有证明作用。持有介绍信的人，可以凭借此信同有关单位或个人联系，洽谈一些具体事宜；而收看介绍信的一方可以从对方的介绍信中了解来人的职业、身份、要办的事情、要见的人、有什么希望和要求等。介绍信是联结双方关系的一个桥梁，旨在证明来人的身份，以便防止假冒。

2. 时效性

介绍信相当于一个在一定时间内的有效证件，是一种在限期内才具备有效性的专用文书。它可以帮助对方了解来人的身份、来历，同时也赋予了持有者一定的责任和权利，所以介绍信一般都会注明一定的时日期限。

（三）证明信的特点

1. 凭证的特点

证明信的作用贵在证明，是持有者用以证明自己的身份、经历或某事真实性的一种凭证，所以证明信的第一个特点就是它的凭证作用。

2. 书信体的格式特点

证明信是一种专用书信，尽管证明信有好几种形式，但它的写法与书信的写法基本一致，大部分采用书信体的格式。

从以上内容可以看出，介绍信和证明信都有类似证明的作用，其主要区别在于使用范围的不同。证明信的使用范围主要包括以下一些情况：某人要入团入党，组织在进行调查时，原单位或有关人员要为其开具证明信；有些真相模糊不清的历史事实或事件，由于被人歪曲，而需要当时亲身经历的人写出证明以澄清事实；公安机关需要某些案件的目击者写出证明信，以说明案发时的真实情况；个人在为单位办理某些事项，或者个人由于具体情况而必须向单位做出解释说明时，也可以请有关人员出具证明。而介绍信主要用于组织间业务工作的接洽。

（四）申请书的特点

请求性是申请书最显著的特点。"申请"，顾名思义是申述自己的理由有所请求的意思。无论是个人在政治生活上入团入党的申请，还是个人、单位在其他方面的申请，均是一种请求满足要求的公用文书。所以，请求性是申请书最显著的特点。

三、常用往来文书的分类

（一）求职信的分类

求职可分为自荐求职和应聘求职两种情况。与此相对应，求职信也可分为自荐求职信和应聘求职信两种类别。所谓自荐求职信，是指求职者在并未获得准确用人信息的情况下，主动向自己感兴趣的单位写的带有自我推荐性质的求职信，目的是投石问路，争取获得进一步接洽的机会；应聘求职信则是指求职者根据某单位在新闻媒体上或网络上刊登或播发的招聘广告，有针对性地写给该单位以谋求某一特定职位及反映自身条件的求职信。两者各有利弊：自荐竞争者少，可有更多展示自己才华的机会，但针对性差；而应聘往往面对众多的竞争者，但目的性和针对性较强。

每年毕业生求职时发出的求职信多属于自荐求职信的范围。

（二）介绍信的分类

介绍信按成文的方式不同可分为铅印成文不留存根的印刷介绍信、铅印成文带存根的印刷专用介绍信和用一般公文纸写的书信式介绍信三种。

(三) 证明信的分类

证明信按照不同的分类标准,可以进行如下分类:

按证明信内容的不同可以将证明信分为证明某人身份的证明信、证明某人某一时期工作经历的证明信和证明某件事情真相的证明信等。

按证明信具体存在方式的不同可以将证明信分为公文式的证明信、书信式的证明信和便条式的证明信等。

按开具证明主体的不同可以将证明信分为以组织名义所开具的证明信和以个人名义所开具的证明信两种。而以组织名义所开具的证明信还可根据证明信的样式再细分为普通书写的证明信和印刷式的证明信两种。下面基于这一分类进行进一步说明。

1. 以组织名义所开具的证明信

这种证明信多数是证明某人曾在或正在该单位工作的证明信。它可以证明此人的身份、经历、职务,以及同该单位的所属关系等真实情况。这种材料一般源于该单位的档案或来自调查研究。

以组织名义所开具的证明信可采用普通书信形式,一般是单位的负责人或文书根据真实的档案或调查的材料组织书写的一种证明信。这种证明信的篇幅可长可短,视具体情况而定。

以组织名义所开具的印刷式的证明信则是一种较方便的已事先把格式印好,只需填写主要内容的一种证明信。这种证明信一般留有存根,以备今后查看,是一种较为正规的证明信。

2. 以个人名义所开具的证明信

这种证明信由个人书写。证明信的内容完全由个人负责。书写这样的证明信,个人一定要严肃认真、仔细回忆,不得信笔胡来、马马虎虎。以个人名义所开具的证明信一般采用书信体格式。

(四) 申请书的分类

1. 思想政治生活方面的申请书

思想政治生活方面的申请书一般是指为加入某些进步的党派团体,如为加入中国共产主义青年团、中国共产党、少先队、工会、参军等组织所写的申请。

2. 工作学习方面的申请书

工作学习方面的申请书是指在求学或在实际工作中所写的申请,如入学申请书、带职进修申请书、工作调动申请书等。

3. 日常生活方面的申请书

在日常生活中,我们常常会遇到一些切身的问题,如盐米油盐、吃穿住行、看病就医等,需要个人申请才可以被组织、集体、单位考虑、照顾或着手给予解决。此时,个人需要书写相应的申请书以引起注意,诸如申请福利性住房、申请结婚、申请开业或申请困难补助等。

四、常用往来文书的作用

求职信的作用在于介绍自己、推荐自己,使用人单位了解自己的素质、品格、经验、专长,并留下较好的印象。一封好的求职信不一定能确保得到一份工作,但会使雇主考虑你的申请并安排面试。你不可能把个人的全部资料都写进一封信,但求职信必须提供足够的信息,使雇主想见你、和你谈话、更多地了解你。虽然要求得一份好工作,仅写一封好的求职信是不够的,还需要个人的能力、具体经验和好的性格,但是求职信可以为你打开大门,给你提供展示自己的机会。

介绍信的作用主要是介绍和证明,如证明介绍信持有人的姓名、身份、接洽事项等情况。

证明信的作用是以机关、团体、个人名义,对某一情况或某个人的身份、经历提供证明。证明信的内容应绝对真实、可靠。

申请书的作用是申请人向组织表达意愿,或下级向上级讲清问题并请求获得帮助。

第二节 常用往来文书的基本结构及其写作

一、常用往来文书的基本结构

（一）求职信的基本结构

求职信一般由开头、中间和结尾三部分构成。通常首先介绍自己的身份和写信目的,接着写出或推销自己的优势或长处,最后在结尾处建议下一步的行动。

1. 开头

开头部分包括称呼、问候语,应写明收信人的姓名、称谓或职务,如×××先生、×××女士或×××经理等。

2. 中间

中间部分是求职信的主体部分,一般应说明你应聘的职位、原因、与该职位相关的自身经历和能力等、你的期望并感谢对方阅读你的求职信等。具体可写成三段式或四段式,当然,也可视情况灵活运用。

首先,写明你要应聘的职位以及你是如何得知该职位的招聘信息的。例如,尊敬的人事经理,我近日在××网站上获悉贵公司正在招聘市场部项目经理一职,特寄上简历敬请斟酌。这一段最为重要。如果开头几个句子不能吸引读信人的注意力,则这封信很可能被弃之一旁。一般该部分应表明你能为对方做些什么,而不是你想要得到些什么。

其次,说明你如何满足公司的要求,陈述个人的经历、能力和个性特征,最好附上个人已经取得的成果及解决的问题的事例,这些事例与你所申请的工作类型必须相关。例如,我是一名成功的销售人员,在××公司任××职位的3年期间,曾数次因工作的主动性与创造性而受到奖励。我负责的××区域的××产品销售市场占有率一直保持在×%以上。我相信我在××领域的市场销售经验完全能够胜任贵公司××职位。

最后,表明你希望迅速得到回音,并写明联系你的最佳方式。例如,我将在(时间)内与贵公司联系,看能否约定时间面谈,如果您希望提前与我联系,请打电话。

3. 结尾

结尾部分应感谢对方阅读并考虑你的应聘。

(二)介绍信的基本结构

普通介绍信一般由标题、称谓、正文和落款四部分构成。

1. 标题

标题一般是"介绍信"三个字,字号要比正文大些。

2. 称谓

称谓一般指明联系单位的名称或个人的称呼。

3. 正文

正文包括被介绍人的姓名、身份、人数(派出人数较多,可写成"×××等×人");接洽事项和向接洽单位或个人提出的希望。最后一般有惯用语"请接洽""望接洽为盼""请予协助""此致敬礼"等。

4. 落款

落款包括本单位名称和写信日期,并加盖公章。

此外,还有印刷式带存根的介绍信。这种介绍信共有两联:一联是存根,另一联是介绍信本文。两联正中有间缝,间缝虚线上编有号码。间缝可以将存根联与正式联左右隔开,也可以上下隔开。其结构与普通介绍信相同,但有印好的规定格式,使用时只需按格式填写上述几项内容即可,存根联按格式要求简填备查。

(三)证明信的基本结构

证明信一般由标题、称谓、正文和落款四部分构成。

1. 标题

证明信通常单独以文种名为标题,即在第一行中间冠以"证明信""证明"字样,或者标题由文种名和事由共同构成,如"关于×××同志××情况的证明"。

2. 称谓

称谓指受文单位的名称或受文个人的称呼,在第二行顶格写,后面加冒号。供有关人员外出活动证明身份的证明信因没有固定的受文者,开头可以不写受文者称呼,而是在正文前用公文引导词"兹"引起正文内容。

3. 正文

正文是证明信的主体部分,在称谓下面另起一行,空两格书写。具体书写的内容因证明的事项不同而有所差异,但都要针对对方所要求的要点写,要你证明什么问题就证明什么问题,其他无关的内容不写。例如,证明的是某人的历史问题,则应写清人名、何时、何地及所经历的事情;若要证明某一事件,则要写清参与者的姓名、身份,及其在此事件中所处的地位、所起的作用和事件本身的前因后果,也就是要写清人物、事件的本来面目。

正文写完后,要另起一行,顶格写上惯用语"特此证明"四个字,也可直接在正文结尾处写出。

4. 落款

落款即注明署名和写明成文日期。一般在正文的右下方写上证明单位的名称或个人的姓名,成文日期写在署名下另起一行,然后由证明单位或证明人加盖印章;否则证明信将是无效的。

(四) 申请书的基本结构

申请书是一种专用书信,因此它也必须按照书信的格式来行文。申请书一般由标题、称谓、正文、结语和落款五部分构成。

1. 标题

申请书的标题一般由性质加文种构成,如《入团申请书》;也可以直接用文种"申请书"作标题。

2. 称谓

称谓指接收申请书的单位名称或领导人姓名,如"×××团支部""系总支领导同志"等。一般另起一行顶格写,后面加冒号。

3. 正文

正文的内容因要求不同而有所差异,一般包括申请内容、申请原因、决心和要求三部分。

(1) 申请内容。开篇就应向领导、组织提出申请的内容,要开门见山、直截了当,不能含糊其词。

(2) 申请原因。为什么申请,也就是说明写申请的目的、意义及自己对申请事项的认识。

(3) 决心和要求。最后进一步表明自己的决心、态度和要求,以便组织了解申请人的认识和情况。这部分应写得具体、详细、诚恳、有分寸,语言要朴实准确、简洁明了。

4. 结语

申请书可以有也可以没有结语。结语一般是表示敬意的话,如"此致敬礼"等;也可写表示感谢和希望的话,如"请组织考验""请审查""望领导批准"等。

5. 落款

在右下方注明申请人的姓名,并在署名下另起一行注明申请的成文日期。

二、常用往来文书的写作要求

(一)求职信的写作要求

一封高质量的求职信有助于求职者顺利地谋求到一份理想的工作。首先,求职信的写作要做到结构合理、一目了然。其次,内容要简练,写出雇主所需。既然求职信是写给未来的雇主看的,就应针对雇主的需求和本人的条件,列出自己相关的资历与技能,以说服雇主给予一个面试机会。最后,写作的语气、用词的选择和对希望的表达要积极,应充分显示你是一个乐观、有责任心、有创造力和通情达理的人。

(二)介绍信的写作要求

书写介绍信是为了向某人介绍第三者或说明某种情况,因此写作时一定要简明扼要,直入主题,介绍清楚所介绍的人,叙述清楚所叙述的事,用词得体,用语婉转,语气亲切。对于用企业的印刷信笺单独给对方书写的信函,与普通介绍信不同,每一封都有其特定的目的和内容,除满足普通介绍信的写作要求外,还必须使用信封递送。这种介绍信主要在商务工作中需要比较详细地介绍某人时使用。

(三)证明信的写作要求

证明信是用来证明某人身份、经历或事情真相的,一般由单位或熟悉情况的个人书写。首先,证明信的各项内容要填写齐全。其次,如果是以个人名义所开具的证明信,则要写明写作者本人的政治面貌、工作情况等,以便审阅证明信的人了解证明人的情况,从而鉴别证明材料的真伪与可信程度。若所开具证明信的内容本人不太熟悉,则应注明"仅供参考"的提示性语言。最后,要开宗明义地表达需证明的事项或内容,用词要准确,切忌用词含混不清。此外,对于随身携带的证明信,一般要求在证明信的结尾注明有效时间,过期无效。

(四)申请书的写作要求

申请书随申请的事项不同而涉及不同的书写内容,写法上各有侧重。但无论哪类申请书,叙事都要开门见山,直截了当,事实清楚具体,不含糊其词;说理要符合实际,有的放矢。根据申请的不同事项,在语言选用和语气表达上也各有千秋,如入党或入团申请书,在书写时语言要严肃、简洁、准确；而在申请调动工作时，语言要谦和。此外，若手写，则要做到字迹工整、格式规范、态度认真。

三、常用往来文书写作的注意事项

（一）求职信写作的注意事项

若想写出一封出色的求职信，则应关注以下几点注意事项：

（1）使用专用的纸张，上端写有求职者的姓名、地址和电话号码。求职者的简历要使用配套纸张——它能展示求职者的档次和职业风范。

（2）尽量把求职信的长度控制在一页之内。确保求职信简短达意，绝对不要杂乱无章、言之无物；同时，确保求职信中绝对不出现拼写、打印和语法错误。

（3）在求职信中展示求职者拥有的独特的解决问题的能力，并且用特定事例加以支持。

（4）如果没有被要求，则不宜在求职信中谈论薪资。

（5）不要说谎或者夸大其词，求职信和简历中所说的一切都必须能够在面试中得到支持与证实。

（6）使用敬语结束。

（7）尝试换位成读信者看看能否从自己的求职信中得到读信者需要的资料。

（8）切记要写上可在办公时间内联络到你的电话号码、电子邮箱等便捷的方式。

（9）记住每封寄出的求职信都应保留一份副本，以便日后获得面试机会时参考。

（二）介绍信写作的注意事项

介绍信是介绍来人身份的一个有用的证明文件，它是建立一种良好的合作关系或有效办理某项事情的有效凭证，在书写或填写介绍信时，一定要确保所写的全部内容真实可靠，不得虚假编造。所写的介绍信务必加盖公章，注明有效期限，以免今后造成不必要的麻烦。介绍信要书写工整，一般不得涂改，有涂改的地方需加盖公章，否则此介绍信将被视为无效。有存根的介绍信，存根联和正式联的内容要完全一致。存根联要妥善保存，以备今后查考。

（三）证明信写作的注意事项

一是证明信的语言表达要准确、言之有据，不可含糊其词；二是写作态度要实事求是、严肃认真。此外，证明信不能用铅笔、红色笔书写，若有涂改，则必须在涂改处加盖公章。

（四）申请书写作的注意事项

为了使有关方面便于研究解决问题，在书写申请书时，一定要明确、具体地表达自己的理由和要求。同时，写作语言要准确，文字要朴实，只要对方看懂即可，不可浮泛冗长、故弄玄虚。此外，写作时还要注意行文的语气，这是一种下对上的行文方式，因此语气要谦虚，态度要平和，不可提过分的要求。

第三节 例 文 简 评

例文1：求职信

求 职 信

×××先生(或×××女士或×××经理)：

尊敬的人事经理,我近日在××网站上获悉贵公司正在招聘市场部项目经理一职,特寄上简历敬请斟酌。

我是一名成功的销售人员。在_____公司任_____职位的3年期间,曾数次因工作的主动性与创造性而受到奖励。我负责的_____区域的_____产品销售市场占有率一直保持在_____以上。我相信我在_____领域的市场销售经验完全能够胜任贵公司市场部项目经理一职。

我将在(时间)内与贵公司联系,看能否约定时间面谈。如果您希望提前与我联系,请打电话。

联系电话：××

电子邮箱：××

通信地址：××

非常感谢您抽时间阅读此信,希望能有机会面谈。

此致

敬礼！

×××
2022 年 11 月 28 日

资料来源：作者根据相关资料整理编写。

简评：这是一封应聘求职信。写作者在第一段即说明所求的职位,使读信者马上了解其所求；在第二段列出了与职位相关的个人能力和相应的成功经验,实事求是、言之有物,突出了自己的优点,对所求职位有很强的针对性,没有夸夸其谈、弄虚作假；最后在信尾明确写明联系电话、电子邮箱、通信地址等可以随时有效联系自己的信息。如果求职者能谈谈行业前景展望、市场分析或提出建设性意见,则会收到更好的求职效果。此外,若表现风格上能显示出其个性和创新,则效果会更好。总体来说,这封应聘求职信态度诚恳、措辞得当、用语明晰,是一封目的明确、言简意赅的求职信。

例文2:求职信

求 职 信

人事部×××先生:

  我是2022年南京农业大学的一名毕业生,我的专业是××。我看到了你们的人事经理招聘信息,我希望你们给我一个机会,我愿意做任何工作。

  按照我的理解,人事经理如同企业领导者的左膀右臂,具有承上启下的作用,尤其是现代企业所特别强调的团队合作精神,应当具备一定的组织能力和号召力。当然,现代企业的人事经理,光有这些基本素质是远远不够的,还应当具备相当的知识技能、良好的人际沟通能力以及熟练地掌握人事政策,具有丰富的人事工作经验。虽然我没有什么经验,但是我希望你们能给我一个锻炼的机会。

  我的联系地址是南京农业大学,××系××宿舍××号。

  我盼望得到你们的回复。

×××
2022年9月15日

资料来源:作者根据相关资料整理编写。

简评:这是一封不太成功的求职信。存在的问题主要有:①信开头称谓只写"先生",如果读信者是女士呢?显然不如直接写职位如"经理"等更礼貌。②正文第一段中,求职者没有写明自己希望的职位,给人一种完全没有经验的感觉,而且读信者也不能明白求职者的目的,使得招聘者无法进一步处理他的要求。这种写法往往是刚毕业的学生写求职信时常犯的错误。③第二段中完全没有与求职者自身经历、经验有关的文字,只是空谈,给人以哗众取宠、门外汉的感觉。本段应是求职者展现自己个人职业经历、相关成功经验的部分,招聘者非常依赖这一段的信息来决定是否进一步与求职者接触。而像这封信的写法,招聘者无法评判这位求职者的能力和潜力。因此,不可能进一步考虑向其提供面试机会。④最后提供的联系方式是非常不方便的宿舍地址,没有留下电话号码或电子邮箱,这样即使招聘者愿意与求职者面谈,也将因无法及时联系而可能放弃。⑤结尾很平淡,没有礼貌性的感谢语。

  整体来说,这封信写得华而不实,显示出求职者的外行与没有信心。虽然大学毕业生在申请第一份职业时常常会问:"我在求职信里能提供什么呢?招聘者需要工作经历,我刚毕业,根本就没有经历可言。"答案是你所做的一切都是经历。你参加过辩论赛或演讲比赛吗?你参加过文艺汇演吗?你当过家教吗?你当过业余编辑、记者或通信员吗?如果你曾经是学生会主席、班长,获得过奖励,参加过计算机或外语培训等,则都可以写出来。任何能显示你的能力、创造性、积极性、毅力等的证据都是十分有用的。不要因为缺乏实际工作经历而沮丧,应尽量找到自己经历中与所求职位要求的交叉点,突出介绍你自己所具有的资格。

例文3:介绍信

××进出口有限责任公司专用介绍信(存根)

(××字第××号)

××、××、××等人前往××联系××。

××××年×月×日

······················××字第××××号(盖章)······················

××进出口有限责任公司专用介绍信(正式)

(××字第××号)

××:
  兹介绍××、××、××等×位同志(系我公司……),前往贵处联系……,敬请接洽并予以大力支持。
   此致
 敬礼

××进出口有限责任公司(公章)
××××年×月×日

资料来源:作者根据相关资料整理编写。

简评:这是一封铅印成文一式两联带有存根的印刷介绍信。存根联与正式联由间缝上下隔开。在存根部分,有标题"介绍信(存根)",在第二行有"××字第××号"字样需要填写;在正文部分,需要依次填上姓名、人数、相关身份等内容及前往何处需办理什么事等,结尾注明日期即可。正式联与存根联内容大体一致,不再详述,但在结尾处要写些祝愿或敬意的话,还要写上介绍信有效期限,署上单位名称全名并加盖公章、注明日期。带存根的介绍信都是印刷制品,格式规范,可起到证明的作用,是目前使用较多的介绍信。

例文4:介绍信

介　绍　信

尊敬的张经理:
  您好!
  由于与贵公司地区分销商联系的业务员王娟娟准备休产假一年,特向您介绍接替王娟娟的赵健先生。

赵健先生大学毕业后,在我公司销售部已经工作三年,曾多次参与公司销售策划方案的制订和实施,有较强的工作能力。赵健先生为人直爽、乐于助人,又是浙江人,相信由他担任东南地区的业务员一定会与各分销商搞好关系,取得更出色的业绩。

赵健先生将于下月8日拜访贵公司,烦您接洽,并能向各位分销商介绍。若还需何信息,望来函。

顺送

商祺!

人力资源部经理:王江

2022年8月5日

资料来源:作者根据相关资料整理编写。

简评:这是一封书信式的介绍信。介绍信中说明了人事变动的原因,介绍了接替人赵健先生的详细情况,包括其原来的工作岗位、工作业绩等。由于是销售工作,信中还介绍了赵健的性格、人品及其籍贯,与接替岗位都有关系。最后说明了拜访的时间,并有问候语。整篇介绍信语言简洁、叙事清楚、语气谦和。

例文5:证明信

证　　明

××公司:

贵公司××先生,原是我公司销售部经理,工作积极,认真负责,具有较强的工作能力。××先生为人直爽、乐于助人,曾多次被评为先进工作者并受到嘉奖。

特此证明!

北京市××公司(盖章)

2022年6月3日

资料来源:作者根据相关资料整理编写。

简评:这是一封为××过去的工作业绩及其性格、人品开具的证明信。内容简明扼要,语言简洁,语气肯定。最后加盖公章,注明日期。

例文6:申请书

职工购买经济适用住房申请书

××省××局经济适用住房领导小组:

我是××局的职工李大力,1975年出生,1996年考核录取为员工,在××省××局从事成本核算工作。本人申请购买经济适用住房一套。

我的家乡在××省××市。大专毕业后,我只身来到××工作,一直没有住房,婚后只能与妻子和女儿租房住。本来我每月的收入就比较低,每月除去1 500元的房租后已所剩无几,生活变得十分困难。由于××到处都在搞房屋建设,我又不得不三番五次地搬家,再看着日益上涨的房价,摸摸口袋里微薄的收入,也只有无奈地按捺住心中那份强烈的购房欲望了。

××省××局的经济适用住房政策让我看到了购房的希望之光,让我们这些买不起房的老百姓也有机会住进政府、单位的福利房。看到××局发布的经济适用住房的购房资格标准后,我非常高兴,正好我也符合购房的资格条件,为此我申请购买经济适用住房。

我的具体情况如下:我的家庭人口为3人,我和妻子邓××、女儿李××。目前我在××局工作,妻子在××县××乡工作,女儿今年8岁在××市九小上学,我们一家现居住在××地质大队的职工住宿区,住房是临时出租屋。

恳请领导们能批准我购买经济适用住房,我将不胜感激。

　　此致

敬礼!

一个十分需要住房的人:李大力

2022年11月26日

资料来源:作者根据相关资料整理编写。

简评:这是一封因个人生活有特殊困难而希望组织帮助解决的申请书。其重点在于真实反映实际存在的困难情况,以事实来说服人,再提出诚恳的希望和要求。

例文7:申请书

入党申请书

敬爱的党支部:

我怀着十分激动的心情向党组织提出申请:我申请加入中国共产党,愿意为实现共产主义奋斗终身。

通过学习党的理论知识,特别是近期对党的二十大精神的学习,我对中国共产党有了更深的认识。中国共产党是中国工人阶级的先锋队,同时是中国人民和中华民族的先锋队,是中国特色社会主义事业的领导核心。中国共产党以马克思列宁主义、毛泽东思想、邓小平理论、"三个代表"重要思想、科学发展观、习近平新时代中国特色社会主义思想作为自己的行动指南。中国共产党人的初心使命是为中国人民谋幸福、为中华民族谋复兴。中国共产党一经成立,就把实现共产主义作为党的最高理想和最终目标,义无反顾地肩负起实现中华民族伟大复兴的历史使命,团结带领人民进行了艰苦卓绝的斗争,付出了巨大的牺牲,敢于面对曲折,勇于修正错误,攻克了一个又一个看似不可攻克的难关,创造了一个又一个彪炳史册的人间奇迹,谱写了气吞山河的壮丽史诗。

历史已经并将继续证明,我们党始终是时代先锋、民族脊梁,没有中国共产党的领导,民族复兴必然是空想。为此,我常常思考:我如何才能加入中国共产党,成为先锋队的一员?我能为党做什么,为实现党的伟大事业贡献一份微薄而坚强的力量?

党的二十大描绘了全面建成社会主义现代化强国的宏伟蓝图,提出分两步走,用两个十五年时间,把我国建成富强民主和谐美丽的社会主义现代化强国。仔细算来,第一阶段到2035年,我正处于事业的黄金期;第二阶段到2050年,我正值退休年纪。可以说,建设社会主义现代化强国的征程,我将直接参与并全程见证。这是使命,也是荣耀;这是责任,更是担当。我决心要在党组织的培养和帮助下,在实现新时代新征程中国共产党的使命任务的生动实践中放飞青春梦想,在为人民利益的不懈奋斗中书写人生华章!

我深知,一名合格的共产党员,不仅是一个解放思想、实事求是的先锋,更需要在不断改造客观世界的同时,努力改造自己的主观世界,树立马克思主义的科学世界观。只有树立科学的世界观、人生观和价值观,才能充满为共产主义而奋斗终身的信心和勇气,才能为新时代中国特色社会主义事业不遗余力地奉献自己的智慧和汗水。我要切实增强学习贯彻习近平新时代中国特色社会主义思想和党的二十大精神的思想自觉与行动自觉,牢固树立"四个意识",坚决维护习近平总书记在党中央和全党的核心地位,在政治立场、政治方向、政治原则、政治道路上同以习近平同志为核心的党中央保持高度一致,为夺取新时代中国特色社会主义伟大胜利不懈奋斗。

在进入××单位后,我踏实肯干,认真完成本职工作。在工作中,我任劳任怨,起到了模范带头作用。同时,在生活中,我接触到了许多优秀的党员同志,他们时刻以党员的标准严格要求自己,吃苦在前,享受在后,勤勤恳恳工作,从不叫苦叫累,我从他们的身上看到了党的优良传统和作风,进一步激发了我加入党组织的决心和信心。

今天,我虽然向党组织提出了申请,但我深知,在我身上还有许多缺点和不足。因此,希望党组织从严要求我,以使我更快进步。今后,我将用党员的标准严格要求自己,自觉接受党员和群众的帮助与监督,努力克服自己的缺点,弥补不足,在实际工作中以党的二十大精神为指导,志存高远、脚踏实地,不忘初心、不懈奋斗,争取早日入党。

请党组织在实践中考验我!
  此致
敬礼!

申请人:×××
××××年××月××日

资料来源:百度文库。

更多例文赏析

简评：这是一篇申请加入中国共产党的申请书。正文部分开头直接表明自己申请加入中国共产党的愿望，接下来结合党的历史和自己的感受说明申请加入中国共产党的理由，最后简要表明申请的态度。全文详略得当、格式规范、情真意切，真挚地表达了申请者渴望加入中国共产党的强烈愿望。

思考与练习

1. 在动笔写求职信之前，请考虑如何回答以下问题：

（1）未来的雇主需要的是什么？在你期望得到的职位中，什么样的技能、知识和经历是最重要的？

（2）你的目标是什么？你写求职信的目的是什么？是想获得一个具体的职务、一次面试的机会，还是仅仅希望有人通过电话花10～15分钟与你谈一下有关机构的总体情况。

（3）你可否为雇主或职位提供3～5个你的优点或优势？如果你是针对某个具体的职位而写求职信，那么所列的优点应该就是招聘广告上需求的；如果你不是针对某个具体的职位的话，那么就按通常的所需知识和经历来考虑。

（4）如何把你的经历与此职位挂钩？请列举两个具体的你曾获得的成就，它们能证明你在问题（3）中所提的优点。

（5）你为什么想为该机构或雇主服务？你对他们的了解有多少？包括他们的产品、服务、任务、企业文化、目标、宗旨等一切与你自己的背景、价值观和目标相关联的东西。

2. 下面三段是求职信的开头，作为人事经理，你会继续阅读哪一封求职信？

（1）我从2022年11月20日的《扬子晚报》上获悉贵公司正在招聘经理秘书一职，如果公司想寻找一名生气勃勃、充满活力又熟练文字处理的年轻人，我自信能够胜任。

（2）我是2022年南京农业大学的一名毕业生，我的专业是……

（3）刚迈入韶华岁月的我，向往美好的人生，漫漫人生路，我想路在我的脚下，第一步我所盼望的，是能够迈入贵公司的大门。

3. 请填写一封介绍信，内容是梨花公司的王一同志将前往北京出入境检验检疫局办理本公司的商品检验事宜。

介绍信（存根）
（　　　字第　　　号）

兹_____等同志____人前往_____。

年　　月　　日

.....................................字第　　号（盖章）.....................................

介绍信（正式）

（　　字第　　号）

　　　　　：

　　兹_____同志___人，_____请予接洽并给予协助。

　　　　此致

敬礼

（公章）

（有效期　　天）

年　　月　　日

4. 请阐述证明信的写作要求和注意事项。

5. 请阐述申请书的写作要求和注意事项。

6. 在常用往来文书的书写过程中,恰当地使用礼貌用语是十分重要的。请举出几个常用往来文书书写过程中恰当使用礼貌用语的例子。

第十七章　常用告知文书

本章学习要点与要求：

本章主要阐述写作条据、启事和声明的相关知识。学习要点有：条据、启事和声明的概念、特点、分类和作用；条据、启事和声明的基本结构、具体写作要求及注意事项；条据、启事和声明的范例及其评析。通过本章的学习，要求理解条据、启事和声明的概念及特点；掌握条据、启事和声明的基本结构、写作要求及注意事项；在分析范例的基础上，能够熟练而准确地写作条据、启事和声明。

第一节　常用告知文书概述

一、常用告知文书的概念

告知文书是一类适用范围较广、使用频率很高的文体，根据具体类别的不同，写作方法也有所不同。本章介绍最常用的三种，即条据、启事和声明。

条据是人们在日常生活、学习、工作和经济往来中，写给对方作为某种凭证或者有所说明的便条或单据。

启事是一种公开性的文告。从严格意义上说，启事有别于国家行政机关使用的公告和通告，属于民间使用的告示。在法律效力上，启事不像公告、通告那样具有行政强制性的约束力。

声明是国家机关、社会团体、经济实体及公民个人为表明对某个问题或某一事件的立场、态度和主张的公开性文告。发表声明的主体不同，声明的性质、适用范围也不相同。国家、政府、政党所使用的声明一般用于对外关系，表明对国际、国内事务的立场、态度和主张。社会团体、经济实体及公民个人所使用的声明主要用于民事权益有关事宜，是当事人在自身利益可能受到侵害或已经受到侵害的情况下，为维护自身合法权益所运用的一种重要手段。

本章所讲的声明仅涉及社会团体、企业实体和公民个人所使用的声明。

二、常用告知文书的特点

告知文书除具有本身固有的告知性特点外,还具有以下几个特点:

(一)针对性

针对性是指告知文书都是为告知某一些具体事务而撰写的。在着手撰写之前,必须首先明确针对的是什么问题,然后分析围绕这一问题所需告知的内容,再根据需要或可能拟定告知内容。

(二)真实性

告知文书要符合实事求是的原则,不仅在总体上要真实,在细节上也要真实,在时间、地点、数据上不能有丝毫马虎。如果告知文书不真实,就会使信息传递发生障碍,可能给相关各方带来巨大的损失。

(三)合法性

告知文书的内容必须符合相应的法律规范,务必仔细斟酌其内容是否与现行法规、政策相符合,是否会泄露机密等。此外,告知文书一旦刊发,就必须承担相应的法律责任。

三、常用告知文书的分类

(一)条据的分类

条据可分为函件式条据和凭证式条据两大类。前者主要是向对方传达意向和要求所写的简单的书信,一般不经邮政部门传递,而是委托他人代交,如请假条、留言条等。后者是人们在经济往来中使用的一种凭证,虽是临时书写,不是正式单据,但同样起到信用凭证的作用,如借条、收条等。而我们平时所说的"经济条据",是指在经济往来中使用的凭证式条据,不包括函件式条据。

(二)启事的分类

启事在社会生产中的应用范围十分广泛,概括地说分为以下几类:

1. 征招类

征招类启事又分为征集和招引两种,前者如征稿、征联、征答、征词等,后者如招生、招聘、招租、招商等。当社会团体、经济实体或公民个人有求于或有事于社会公众,希望与其联系沟通时,均可以刊登征招类启事。公开征招不但可以满足征招者的需求,而且其中所隐含的公正、公开处理事务的态度有利于树立社会团体或经济实体的良好形象。

2. 公告类

公告类启事有的侧重公布,有的侧重告知。侧重公布的内容比较宽泛,如公布专利、公布名称、公布商标、公布评估结果等相关内容;侧重告知的内容要相对具体一些,包括告知事项、告知办法、告知时间等相关内容。如果从具体的写作目的来看,还可以对公布或告知进一步做出划分。另外,企业发布的公告类商务启事往往还在民事诉讼中用作书证,因而具有一定的法律意义。

3. 鸣贺类

鸣贺类启事主要有鸣谢与庆贺两种,前者如公开表示对某单位的感谢,后者如对某商店开张的祝贺等。以情为本、以情动人、以情结缘、以情取胜,是鸣贺类启事的真谛。

(三)声明的分类

声明可以分为直接声明和授权声明。直接声明即自行声明,当事人为了表明对某个问题或事件的立场、态度,直接借助于新闻媒介发表声明。这类声明所涉及的事件一般比较简单,不必委托律师发表声明,如挂失声明、经济合作双方中止关系声明等。授权声明即间接声明,当事人由于遇到重大的民事法律关系事件,可能授权委托专业律师通过新闻媒介发表授权声明。被授权的律师全权代表委托人处理声明中所涉及的有关事项。

四、常用告知文书的作用

条据的主要作用有两种:一种是向对方表达一定的意向,另一种是作为人们生活或经济交往中的一种信用凭证。

启事的主要作用是让社会团体、经济实体及公民个人以文告形式,通过大众媒介(报纸、杂志、广播、影视、招贴、网络等)将情况或请求、征求予以公布,以期实现预期的目标。由于民间的日常事务活动涉及的范围相当广泛,诸如经济、法律、民事等活动,因而凡需公之于众的事项都可以使用启事。

在经济活动中使用的声明,主要作用是让企事业单位和个人利用新闻媒介(广播、报纸、影视、网络等),公开表明对某个问题的态度、澄清某一事件的真相,以维护自身的合法权益。相较于启事,声明这种形式更加严肃,对防止侵权行为的发生和追究侵权行为的法律责任更为有效。

第二节　常用告知文书的基本结构及其写作

一、常用告知文书的基本结构

(一)条据的基本结构

条据虽种类繁多,内容不一,但有着大体相同的结构,通常由标题、正文、署名和日期构成。在条据上方中间,写上条据名称,如"借条""收条"等,以表明是何种性质的条据。正文写清条据的事由或事实,若涉及财物,则应写明名称、数量、品种、规格、金额等;若是欠条或借条,则还应写明归还的时间和方法。正文结束,紧接着另起一行空两格写上"此据"或"此致……"等字样。最后,在右下方写明出具条据的单位名称(经手人姓名)或个人姓名以及年、月、日。

(二)启事的基本结构

不同的启事写法不一,但一般都应包括下列内容:

1. 标题

启事的标题通常由发表者名称、发表事由和文种三部分构成,如《上海大众汽车股份有限公司招聘启事》。不过也常常在"启事"前面加上发表事由作为标题,如《征文启事》《招商启事》。在实际应用中,有的启事采用消息式的双行标题,更具表现力;也有的不写明"启事"二字。总之,启事的标题根据发表者的身份、发表事由和具体情况可以灵活变化。

2. 正文

正文是将启事的内容清楚地表述出来并提出要求。具体写作方法因事而异,常用的有直陈式和总分式两种。直陈式即直接陈述有关的事由及要求,是比较普遍的写法。总分式即在开头先简要地写明发表启事的缘由、目的和启事的基本内容作为前言,然后在主体部分详尽地写明启事的具体事项,招聘启事、征集启事等常采用这种写法。

3. 落款

在正文的右下方写明发表启事的单位名称,如果标题上已写,则此处可以省略。如果启事在报纸等媒体刊发,则常常不标注发文时间,此时媒体实际发出的时间就是启事的生效时间。

(三)声明的基本结构

声明一般由标题、正文、落款三部分构成,与启事相比,声明的结构更为紧凑、严谨。

1. 标题

由于声明的语气比较庄重、严肃,因此标题通常较短,具体写法根据声明的性质或类型不同而有所不同。直接声明的标题一般由发表单位名称、声明事由和文种构成。但是根据情况不同,这三种元素不一定全部出现在标题中,常常只由文种本身或者文种加上另外两种元素中的一种构成标题,如《声明》《北京麦当劳食品有限公司声明》《关于电影〈乱世佳人〉的版权声明》。如果是授权声明,则标题上一般要写明授权者与被授权者的姓名、职务(身份)。由于这类授权是一种法律行为,因此在拟写标题时应符合规范。

2. 正文

声明的正文一般用直陈的写法,通常先明确地陈述事由,作为发表声明的客观依据。

然后表明发表者的态度、立场或者告诫性要求。在正文的末尾,通常以"特此声明"为结束语。

3. 落款

落款首先要署名。直接声明由发表单位(个人)署名,并写明法人代表的姓名、职务,授权声明还要加上被授权单位和律师姓名,如果标题上已写,则此处也可以省略。署名之后另起一行,在其下方写明发表该项声明的时间,要具体到某年某月某日。

二、常用告知文书的写作要求

(一)条据的写作要求

条据的写作比较简单,而且内容广泛,因此没有特定的写作规范。一般来说,只要做到言语简洁、表达清楚无异议即可。尤其是凭证式条据,由于可能涉及经济事务,或者作为民事诉讼的证据,因此在写作时更要注意用词明确和数目清楚。

(二)启事的写作要求

启事的标题要鲜明地突出启事的主要事由,让公众一看就明白启事的性质及主要内容。如果标题不具体、不明确,不能及时引起人们的注意,就会影响启事的效果。有的启事在标题上还注明发表单位名称,使公众不仅知道启事的性质、内容,还明白发表启事的主体单位。

末尾的写法因事而异,可以表示感谢,也可以提出请求,还可以提出注意事项。落款处要署单位名称,有的启事还会详细列出单位的地址、电话号码等。

(三)声明的写作要求

声明的发表事关权益争议或法律诉讼,因此声明的写作和发表都要谨慎对待。在写作中要满足两个原则:

第一,尊重事实。声明中的所有内容都必须以客观事实为依据,公布一些歪曲事实的内容要承担相应的法律责任。

第二,符合法律、法规及政策规定。声明中所持的立场、态度和提出的要求要符合有关法律、法规及政策的规定和精神,不能提出有悖现行法律、法规的主张和做法。

三、常用告知文书写作的注意事项

(一)条据写作的注意事项

条据写作虽然简单,但是要注意以下几点:涉及财物的金额、数量,按约定俗成的做法,不用阿拉伯数字,而必须用汉字大写;数额前不要留下空白,以防增添涂改;数额后写个"整"字,表示完结,以防改写;条据写好后不得随意涂改,如需改动,则必须经双方同意,在改动处加盖印章,以示负责。

(二) 启事写作的注意事项

启事正文的语言表达力求简洁明了,无须叙事或说理,要开宗明义地说明事由,进而列出具体事项,如实陈述。语气用词应平稳而有礼貌。

(三) 声明写作的注意事项

声明的写作要严谨笃定。声明所使用的语言文字既要坚决、肯定,以达到维护自身权益的目的,又要注意措辞。声明的用语要合情、合理、合法,不要出现语言漏洞,从而造成不必要的麻烦。

第三节 例 文 简 评

例文 1:条据·借条

借 条

今借入张三人民币陆仟伍佰圆整。借款期限一个月,到期归还。此据。

借款人:李小月
2022 年 10 月 15 日

简评:这是一张借条,清楚地写明了借款金额(用汉字大写)、借款期限、借款人和借款日期。此借条语言简洁,表达清楚、准确。

例文 2:条据·发条

发 条

今售给××大学中文系佳能复印机一台,单价人民币叁万陆仟伍佰圆整,A4 复印纸贰箱(10 包),人民币贰佰贰拾圆整,共计人民币叁万陆仟柒佰贰拾圆整。

金星商店(印章)
2022 年 8 月 20 日

简评:这是一张发条,清楚地写明了购货方、购入商品及数量、各项商品的价格及价格总计(用汉字大写),最后由出售商店落款盖章并注明日期。此发条语言简洁,表达清楚、准确。

例文 3：启事

中国会计学会英文期刊

China Journal of Accounting Studies(《中国会计研究》)

征稿启事

中国已经迅速成为世界的主要经济体，并融入全球经济。伴随着市场化的经济体制改革，中国的会计研究在过去十年中取得了长足的进步和发展。在此背景下，中国会计学会推出了英文期刊 Accounting Research in China（现更名为 *China Journal of Accounting Studies*，简称为 CJAS，中文刊名仍为《中国会计研究》），其主要目的是：(1)发表关于中国和外国会计问题的重要的原创性研究成果；(2)发表中国和外国会计理论和方法；(3)为中国和国际的学者与政策制定者提供一个交流平台。CJAS 从 2013 年起改为季刊，由著名国际出版社出版，面向国内和国外同时发行。

一、编辑团队

顾问主编：Mary Barth、Chee W. Chow（周齐武）

联合主编：周守华、Jason Zezhong Xiao（肖泽忠）

副主编：陈杰平、林志军、吴联生、吴溪、张新民、邹宏

顾问委员会：顾问委员会由国际知名学者组成，他们对中国问题非常感兴趣，而且愿意推动本刊的国际化。这些学者包括葛家澍、郭道扬、Linda Bamber、Salvador Carmona、Wai Fong Chua、Michael Firth、Bin Ke（柯滨）、Jan Mouritsen、Katherine Schipper 和 Xiao-jun Zhang（张晓军）。

编辑委员会：编辑委员会由国内外会计和公司财务学者组成。编辑委员会成员精通中英文，他们的研究成果发表在国际顶级杂志上，而且愿意全力发展本刊。

二、征稿

我们诚邀您向 CJAS 投稿(中、英文稿均可)。论文选题可以为中外会计、审计、公司治理和财务管理问题。投稿论文必须有扎实的理论基础，采用合适的研究方法，对已有文献有足够的贡献，并且具有一定的政策启示意义。

三、编辑程序

提交的论文将由一位编辑负责初选，并决定是否进入匿名审稿程序。中文论文被接受后，再由作者翻译成英文。[①] **被接收的论文在 CJAS 发表后，还将以中文刊登在《会计研究》上。**

---

① 英文非母语或工作语言的作者，请考虑求助于职业英语文字编辑。例如，下列公司提供这类服务：http://webshop.elsevier.com/languageediting/；www.ahediting.com 和 http://www.armstronghilton.com/ah/cn/ec/for_academic.asp。

四、投稿地址

目前通过电子邮件投稿,地址为 editor@asc.org.cn。投稿请在电子邮件主题栏注明"CJAS 投稿"。

五、格式要求

请浏览 www.asc.org.cn 里本刊网页上发布的体例要求,或者参考本刊已经发表的论文。

中国会计学会

资料来源:中国会计学会官网。

简评:这是一篇典型的征稿启事,属于征召类启事。由于中国会计学会英文期刊 China Journal of Accounting Studies(《中国会计研究》)属于较新的刊物,为增加学术界对刊物的了解,在正文开头部分简要介绍了杂志的办刊背景、目的、名称变更、发行期数和面向群体等基本情况。正文的主体部分分项介绍了杂志的编辑团队、编辑程序(在脚注中推荐了专业翻译公司)、投稿地址、格式要求(为节省篇幅给出了体例要求的网址)等内容,并清晰地表达了征稿意向,内容具体明确,一目了然。最后加上落款。可以说这是一篇结构完整、规范的征稿启事。

例文 4:声明

关于澄清冒用我社名义征稿的声明

近期我社相继收到部分作者反映,有不明身份主体以法律出版社的名义向其征集图书/期刊稿件,并要求其支付版面费用。上述不实冒用行为,误导了我社的作者,对我社声誉形象造成了严重负面影响。

借此,我社首先对支持、信任法律出版社的作者朋友们表示感谢!同时,针对上述不实冒用行为,声明如下:

1. 我社目前主办的期刊有:《中国法律评论》《法律与生活》《人民调解》《法制宣传资料》《中国司法行政年鉴》,除此之外并未成立其他编辑部,也未委托社外的"编辑部"协助我社组稿,更不会通过征稿收取版面费。

2. 我社计划出版的图书向他人征集稿件,不收取版面费用,且会根据选题和稿件质量与作者签订委托创作或图书出版合同,并在合同中约定稿酬事宜。

3. 凡在征稿函及征稿邮件中,以支付版面费用为条件,表示该图书/期刊由法律出版社出版;或是在联系人信息处标注法律出版社的办公地址等信息,以此暗示其为法律出版社工作人员的行为均为擅自冒用我社名义征稿的虚假行为。

最后,我社再次强调:我们将密切关注冒用我社名义的不实行为,对未经我社事先书面授权,擅自冒用我社名义,损害我社声誉的违法行为,我社将采取必要的法律手段,追究其法律责任!也请作者朋友,特别是广大律师朋友审慎行事,以免权益受到侵害。

特此声明,以正视听!

联系电话:63939796

举报维权邮箱:jbwq@lawpress.com.cn

法律出版社
2018 年 7 月 13 日

资料来源:法律出版社官网。

更多例文赏析

简评:这是一则维权声明。声明在格式上和内容上的表述都比较完整、严谨。标题采用了事项和文种结合的方式,正文措辞也恰如其分,在正文末尾还列明了维权的详细联系方式,体现了维权的决心,结尾有声明人落款及日期。总体来看,这是一篇比较好的声明范例。

思考与练习

1. 常用告知文书有哪些共同特点?
2. 条据、启事和声明各有哪些作用?
3. 启事和声明一般各由哪几个部分构成?
4. 条据的写作应注意哪些问题?
5. 启事和声明有哪些相同与不同之处?
6. 为什么声明的写作一定要符合法律、法规及政策规定?

附 录 Ⅰ

中共中央办公厅 国务院办公厅
关于印发《党政机关公文处理工作条例》的通知
中办发〔2012〕14 号

各省、自治区、直辖市党委和人民政府,中央和国家机关各部委,解放军各总部、各大单位,各人民团体:

《党政机关公文处理工作条例》已经党中央、国务院同意,现印发给你们,请遵照执行。

中共中央办公厅 国务院办公厅
2012 年 4 月 16 日

党政机关公文处理工作条例

第一章 总 则

第一条 为了适应中国共产党机关和国家行政机关(以下简称党政机关)工作需要,推进党政机关公文处理工作科学化、制度化、规范化,制定本条例。

第二条 本条例适用于各级党政机关公文处理工作。

第三条 党政机关公文是党政机关实施领导、履行职能、处理公务的具有特定效力和规范体式的文书,是传达贯彻党和国家的方针政策,公布法规和规章,指导、布置和商洽工作,请示和答复问题,报告、通报和交流情况等的重要工具。

第四条 公文处理工作是指公文拟制、办理、管理等一系列相互关联、衔接有序的工作。

第五条 公文处理工作应当坚持实事求是、准确规范、精简高效、安全保密的原则。

第六条 各级党政机关应当高度重视公文处理工作,加强组织领导,强化队伍建设,设立文秘部门或者由专人负责公文处理工作。

第七条 各级党政机关办公厅(室)主管本机关的公文处理工作,并对下级机关的公文处理工作进行业务指导和督促检查。

第二章 公文种类

第八条 公文种类主要有:

(一)决议。适用于会议讨论通过的重大决策事项。

(二)决定。适用于对重要事项作出决策和部署、奖惩有关单位和人员、变更或者撤销下级机关不适当的决定事项。

(三)命令(令)。适用于公布行政法规和规章、宣布施行重大强制性措施、批准授予和晋升衔级、嘉奖有关单位和人员。

(四)公报。适用于公布重要决定或者重大事项。

(五)公告。适用于向国内外宣布重要事项或者法定事项。

(六)通告。适用于在一定范围内公布应当遵守或者周知的事项。

(七)意见。适用于对重要问题提出见解和处理办法。

(八)通知。适用于发布、传达要求下级机关执行和有关单位周知或者执行的事项,批转、转发公文。

(九)通报。适用于表彰先进、批评错误、传达重要精神和告知重要情况。

(十)报告。适用于向上级机关汇报工作、反映情况,回复上级机关的询问。

(十一)请示。适用于向上级机关请求指示、批准。

(十二)批复。适用于答复下级机关请示事项。

(十三)议案。适用于各级人民政府按照法律程序向同级人民代表大会或者人民代表大会常务委员会提请审议事项。

(十四)函。适用于不相隶属机关之间商洽工作、询问和答复问题、请求批准和答复审批事项。

(十五)纪要。适用于记载会议主要情况和议定事项。

第三章 公文格式

第九条 公文一般由份号、密级和保密期限、紧急程度、发文机关标志、发文字号、签发人、标题、主送机关、正文、附件说明、发文机关署名、成文日期、印章、附注、附件、抄送机关、印发机关和印发日期、页码等组成。

(一)份号。公文印制份数的顺序号。涉密公文应当标注份号。

(二)密级和保密期限。公文的秘密等级和保密的期限。涉密公文应当根据涉密程度分别标注"绝密""机密""秘密"和保密期限。

（三）紧急程度。公文送达和办理的时限要求。根据紧急程度，紧急公文应当分别标注"特急""加急"，电报应当分别标注"特提""特急""加急""平急"。

（四）发文机关标志。由发文机关全称或者规范化简称加"文件"二字组成，也可以使用发文机关全称或者规范化简称。联合行文时，发文机关标志可以并用联合发文机关名称，也可以单独用主办机关名称。

（五）发文字号。由发文机关代字、年份、发文顺序号组成。联合行文时，使用主办机关的发文字号。

（六）签发人。上行文应当标注签发人姓名。

（七）标题。由发文机关名称、事由和文种组成。

（八）主送机关。公文的主要受理机关，应当使用机关全称、规范化简称或者同类型机关统称。

（九）正文。公文的主体，用来表述公文的内容。

（十）附件说明。公文附件的顺序号和名称。

（十一）发文机关署名。署发文机关全称或者规范化简称。

（十二）成文日期。署会议通过或者发文机关负责人签发的日期。联合行文时，署最后签发机关负责人签发的日期。

（十三）印章。公文中有发文机关署名的，应当加盖发文机关印章，并与署名机关相符。有特定发文机关标志的普发性公文和电报可以不加盖印章。

（十四）附注。公文印发传达范围等需要说明的事项。

（十五）附件。公文正文的说明、补充或者参考资料。

（十六）抄送机关。除主送机关外需要执行或者知晓公文内容的其他机关，应当使用机关全称、规范化简称或者同类型机关统称。

（十七）印发机关和印发日期。公文的送印机关和送印日期。

（十八）页码。公文页数顺序号。

第十条 公文的版式按照《党政机关公文格式》国家标准执行。

第十一条 公文使用的汉字、数字、外文字符、计量单位和标点符号等，按照有关国家标准和规定执行。民族自治地方的公文，可以并用汉字和当地通用的少数民族文字。

第十二条 公文用纸幅面采用国际标准 A4 型。特殊形式的公文用纸幅面，根据实际需要确定。

第四章 行 文 规 则

第十三条 行文应当确有必要，讲求实效，注重针对性和可操作性。

第十四条 行文关系根据隶属关系和职权范围确定。一般不得越级行文，特殊情况需要越级行文的，应当同时抄送被越过的机关。

第十五条 向上级机关行文,应当遵循以下规则:

(一)原则上主送一个上级机关,根据需要同时抄送相关上级机关和同级机关,不抄送下级机关。

(二)党委、政府的部门向上级主管部门请示、报告重大事项,应当经本级党委、政府同意或者授权;属于部门职权范围内的事项应当直接报送上级主管部门。

(三)下级机关的请示事项,如需以本机关名义向上级机关请示,应当提出倾向性意见后上报,不得原文转报上级机关。

(四)请示应当一文一事。不得在报告等非请示性公文中夹带请示事项。

(五)除上级机关负责人直接交办事项外,不得以本机关名义向上级机关负责人报送公文,不得以本机关负责人名义向上级机关报送公文。

(六)受双重领导的机关向一个上级机关行文,必要时抄送另一个上级机关。

第十六条 向下级机关行文,应当遵循以下规则:

(一)主送受理机关,根据需要抄送相关机关。重要行文应当同时抄送发文机关的直接上级机关。

(二)党委、政府的办公厅(室)根据本级党委、政府授权,可以向下级党委、政府行文,其他部门和单位不得向下级党委、政府发布指令性公文或者在公文中向下级党委、政府提出指令性要求。需经政府审批的具体事项,经政府同意后可以由政府职能部门行文,文中须注明已经政府同意。

(三)党委、政府的部门在各自职权范围内可以向下级党委、政府的相关部门行文。

(四)涉及多个部门职权范围内的事务,部门之间未协商一致的,不得向下行文;擅自行文的,上级机关应当责令其纠正或者撤销。

(五)上级机关向受双重领导的下级机关行文,必要时抄送该下级机关的另一个上级机关。

第十七条 同级党政机关、党政机关与其他同级机关必要时可以联合行文。属于党委、政府各自职权范围内的工作,不得联合行文。

党委、政府的部门依据职权可以相互行文。

部门内设机构除办公厅(室)外不得对外正式行文。

第五章 公文拟制

第十八条 公文拟制包括公文的起草、审核、签发等程序。

第十九条 公文起草应当做到:

(一)符合党的理论路线方针政策和国家法律法规,完整准确体现发文机关意图,并同现行有关公文相衔接。

(二)一切从实际出发,分析问题实事求是,所提政策措施和办法切实可行。

（三）内容简洁,主题突出,观点鲜明,结构严谨,表述准确,文字精练。

（四）文种正确,格式规范。

（五）深入调查研究,充分进行论证,广泛听取意见。

（六）公文涉及其他地区或者部门职权范围内的事项,起草单位必须征求相关地区或者部门意见,力求达成一致。

（七）机关负责人应当主持、指导重要公文起草工作。

第二十条 公文文稿签发前,应当由发文机关办公厅（室）进行审核。审核的重点是：

（一）行文理由是否充分,行文依据是否准确。

（二）内容是否符合党的理论路线方针政策和国家法律法规；是否完整准确体现发文机关意图；是否同现行有关公文相衔接；所提政策措施和办法是否切实可行。

（三）涉及有关地区或者部门职权范围内的事项是否经过充分协商并达成一致意见。

（四）文种是否正确,格式是否规范；人名、地名、时间、数字、段落顺序、引文等是否准确；文字、数字、计量单位和标点符号等用法是否规范。

（五）其他内容是否符合公文起草的有关要求。

需要发文机关审议的重要公文文稿,审议前由发文机关办公厅（室）进行初核。

第二十一条 经审核不宜发文的公文文稿,应当退回起草单位并说明理由；符合发文条件但内容需作进一步研究和修改的,由起草单位修改后重新报送。

第二十二条 公文应当经本机关负责人审批签发。重要公文和上行文由机关主要负责人签发。党委、政府的办公厅（室）根据党委、政府授权制发的公文,由受权机关主要负责人签发或者按照有关规定签发。签发人签发公文,应当签署意见、姓名和完整日期；圈阅或者签名的,视为同意。联合发文由所有联署机关的负责人会签。

第六章　公文办理

第二十三条 公文办理包括收文办理、发文办理和整理归档。

第二十四条 收文办理主要程序是：

（一）签收。对收到的公文应当逐件清点,核对无误后签字或者盖章,并注明签收时间。

（二）登记。对公文的主要信息和办理情况应当详细记载。

（三）初审。对收到的公文应当进行初审。初审的重点是：是否应当由本机关办理,是否符合行文规则,文种、格式是否符合要求,涉及其他地区或者部门职权范围内的事项是否已经协商、会签,是否符合公文起草的其他要求。经初审不符合规定的公文,应当及时退回来文单位并说明理由。

（四）承办。阅知性公文应当根据公文内容、要求和工作需要确定范围后分送。批办性公文应当提出拟办意见报本机关负责人批示或者转有关部门办理;需要两个以上部门办理的,应当明确主办部门。紧急公文应当明确办理时限。承办部门对交办的公文应当及时办理,有明确办理时限要求的应当在规定时限内办理完毕。

（五）传阅。根据领导批示和工作需要将公文及时送传阅对象阅知或者批示。办理公文传阅应当随时掌握公文去向,不得漏传、误传、延误。

（六）催办。及时了解掌握公文的办理进展情况,督促承办部门按期办结。紧急公文或者重要公文应当由专人负责催办。

（七）答复。公文的办理结果应当及时答复来文单位,并根据需要告知相关单位。

第二十五条　发文办理主要程序是:

（一）复核。已经发文机关负责人签批的公文,印发前应当对公文的审批手续、内容、文种、格式等进行复核;需作实质性修改的,应当报原签批人复审。

（二）登记。对复核后的公文,应当确定发文字号、分送范围和印制份数并详细记载。

（三）印制。公文印制必须确保质量和时效。涉密公文应当在符合保密要求的场所印制。

（四）核发。公文印制完毕,应当对公文的文字、格式和印刷质量进行检查后分发。

第二十六条　涉密公文应当通过机要交通、邮政机要通信、城市机要文件交换站或者收发件机关机要收发人员进行传递,通过密码电报或者符合国家保密规定的计算机信息系统进行传输。

第二十七条　需要归档的公文及有关材料,应当根据有关档案法律法规以及机关档案管理规定,及时收集齐全、整理归档。两个以上机关联合办理的公文,原件由主办机关归档,相关机关保存复制件。机关负责人兼任其他机关职务的,在履行所兼职务过程中形成的公文,由其兼职机关归档。

第七章　公文管理

第二十八条　各级党政机关应当建立健全本机关公文管理制度,确保管理严格规范,充分发挥公文效用。

第二十九条　党政机关公文由文秘部门或者专人统一管理。设立党委（党组）的县级以上单位应当建立机要保密室和机要阅文室,并按照有关保密规定配备工作人员和必要的安全保密设施设备。

第三十条　公文确定密级前,应当按照拟定的密级先行采取保密措施。确定密级后,应当按照所定密级严格管理。绝密级公文应当由专人管理。

公文的密级需要变更或者解除的,由原确定密级的机关或者其上级机关决定。

第三十一条　公文的印发传达范围应当按照发文机关的要求执行;需要变更的,应当经发文机关批准。

涉密公文公开发布前应当履行解密程序。公开发布的时间、形式和渠道,由发文机关确定。

经批准公开发布的公文,同发文机关正式印发的公文具有同等效力。

第三十二条 复制、汇编机密级、秘密级公文,应当符合有关规定并经本机关负责人批准。绝密级公文一般不得复制、汇编,确有工作需要的,应当经发文机关或者其上级机关批准。复制、汇编的公文视同原件管理。

复制件应当加盖复制机关戳记。翻印件应当注明翻印的机关名称、日期。汇编本的密级按照编入公文的最高密级标注。

第三十三条 公文的撤销和废止,由发文机关、上级机关或者权力机关根据职权范围和有关法律法规决定。公文被撤销的,视为自始无效;公文被废止的,视为自废止之日起失效。

第三十四条 涉密公文应当按照发文机关的要求和有关规定进行清退或者销毁。

第三十五条 不具备归档和保存价值的公文,经批准后可以销毁。销毁涉密公文必须严格按照有关规定履行审批登记手续,确保不丢失、不漏销。个人不得私自销毁、留存涉密公文。

第三十六条 机关合并时,全部公文应当随之合并管理;机关撤销时,需要归档的公文经整理后按照有关规定移交档案管理部门。

工作人员离岗离职时,所在机关应当督促其将暂存、借用的公文按照有关规定移交、清退。

第三十七条 新设立的机关应当向本级党委、政府的办公厅(室)提出发文立户申请。经审查符合条件的,列为发文单位,机关合并或者撤销时,相应进行调整。

第八章 附　　则

第三十八条 党政机关公文含电子公文。电子公文处理工作的具体办法另行制定。

第三十九条 法规、规章方面的公文,依照有关规定处理。外事方面的公文,依照外事主管部门的有关规定处理。

第四十条 其他机关和单位的公文处理工作,可以参照本条例执行。

第四十一条 本条例由中共中央办公厅、国务院办公厅负责解释。

第四十二条 本条例自 2012 年 7 月 1 日起施行。1996 年 5 月 3 日中共中央办公厅发布的《中国共产党机关公文处理条例》和 2000 年 8 月 24 日国务院发布的《国家行政机关公文处理办法》停止执行。

附录 Ⅱ

党政机关公文格式国家标准

GB/T 9704—2012

代替 GB/T 9704—1999

前 言

本标准按照 GB/T 1.1—2009 给出的规则起草。

本标准根据中共中央办公厅、国务院办公厅印发的《党政机关公文处理工作条例》的有关规定对 GB/T 9704—1999《国家行政机关公文格式》进行修订。本标准相对 GB/T 9704—1999 主要作如下修订：

  a) 标准名称改为《党政机关公文格式》，标准英文名称也作相应修改；

  b) 适用范围扩展到各级党政机关制发的公文；

  c) 对标准结构进行适当调整；

  d) 对公文装订要求进行适当调整；

  e) 增加发文机关署名和页码两个公文格式要素，删除主题词格式要素，并对公文格式各要素的编排进行较大调整；

  f) 进一步细化特定格式公文的编排要求；

  g) 新增联合行文公文首页版式、信函格式首页、命令(令)格式首页版式等式样。

本标准中公文用语与《党政机关公文处理工作条例》中的用语一致。

本标准为第二次修订。

本标准由中共中央办公厅和国务院办公厅提出。

本标准由中国标准化研究院归口。

本标准起草单位：中国标准化研究院、中共中央办公厅秘书局、国务院办公厅秘书局、中国标准出版社。

本标准主要起草人：房庆、杨雯、郭道锋、孙维、马慧、张书杰、徐成华、范一乔、李玲。

本标准代替了 GB/T 9704—1999。

GB/T 9704—1999 的历次版本发布情况为：

——GB/T 9704—1988。

党政机关公文格式

1 范围

本标准规定了党政机关公文通用的纸张要求、排版和印制装订要求、公文格式各要素的编排规则，并给出了公文的式样。

本标准适用于各级党政机关制发的公文。其他机关和单位的公文可以参照执行。

使用少数民族文字印制的公文，其用纸、幅面尺寸及版面、印制等要求按照本标准执行，其余可以参照本标准并按照有关规定执行。

2 规范性引用文件

下列文件对于本标准的应用是必不可少的。凡是注日期的引用文件，仅所注日期的版本适用于本标准。凡是不注日期的引用文件，其最新版本（包括所有的修改单）适用于本标准。

GB/T 148 印刷、书写和绘图纸幅面尺寸

GB 3100 国际单位制及其应用

GB 3101 有关量、单位和符号的一般原则

GB 3102（所有部分） 量和单位

GB/T 15834 标点符号用法

GB/T 15835 出版物上数字用法

3 术语和定义

下列术语和定义适用于本标准。

3.1 字 word

标示公文中横向距离的长度单位。在本标准中，一字指一个汉字宽度的距离。

3.2 行 line

标示公文中纵向距离的长度单位。在本标准中，一行指一个汉字的高度加 3 号汉字高度的 7/8 的距离。

4 公文用纸主要技术指标

公文用纸一般使用纸张定量为 60 g/m^2～80 g/m^2 的胶版印刷纸或复印纸。纸张白度 80%～90%，横向耐折度≥15 次，不透明度≥85%，pH 值为 7.5～9.5。

5 公文用纸幅面尺寸及版面要求

5.1 幅面尺寸

公文用纸采用 GB/T 148 中规定的 A4 型纸，其成品幅面尺寸为：210 mm×297 mm。

5.2 版面

5.2.1 页边与版心尺寸

公文用纸天头（上白边）为 37 mm±1 mm，公文用纸订口（左白边）为 28 mm±1 mm，版

心尺寸为 156 mm×225 mm。

5.2.2 字体和字号

如无特殊说明,公文格式各要素一般用 3 号仿宋体字。特定情况可以作适当调整。

5.2.3 行数和字数

一般每面排 22 行,每行排 28 个字,并撑满版心。特定情况可以作适当调整。

5.2.4 文字的颜色

如无特殊说明,公文中文字的颜色均为黑色。

6 印制装订要求

6.1 制版要求

版面干净无底灰,字迹清楚无断划,尺寸标准,版心不斜,误差不超过 1 mm。

6.2 印刷要求

双面印刷;页码套正,两面误差不超过 2 mm。黑色油墨应当达到色谱所标 BL100%,红色油墨应当达到色谱所标 Y80%、M80%。印品着墨实、均匀;字面不花、不白、无断划。

6.3 装订要求

公文应当左侧装订,不掉页,两页页码之间误差不超过 4 mm,裁切后的成品尺寸允许误差±2 mm,四角成 90°,无毛茬或缺损。

骑马订或平订的公文应当:

a) 订位为两钉外订眼距版面上下边缘各 70 mm 处,允许误差±4 mm;
b) 无坏钉、漏钉、重钉,钉脚平伏牢固;
c) 骑马订钉锯均订在折缝线上,平订钉锯与书脊间的距离为 3 mm～5 mm。

包本装订公文的封皮(封面、书脊、封底)与书芯应吻合、包紧、包平、不脱落。

7 公文格式各要素编排规则

7.1 公文格式各要素的划分

本标准将版心内的公文格式各要素划分为版头、主体、版记三部分。公文首页红色分隔线以上的部分称为版头;公文首页红色分隔线(不含)以下、公文末页首条分隔线(不含)以上的部分称为主体;公文末页首条分隔线以下、末条分隔线以上的部分称为版记。

页码位于版心外。

7.2 版头

7.2.1 份号

如需标注份号,一般用 6 位 3 号阿拉伯数字,顶格编排在版心左上角第一行。

7.2.2 密级和保密期限

如需标注密级和保密期限,一般用 3 号黑体字,顶格编排在版心左上角第二行;保密期限中的数字用阿拉伯数字标注。

7.2.3 紧急程度

如需标注紧急程度,一般用3号黑体字,顶格编排在版心左上角;如需同时标注份号、密级和保密期限、紧急程度,按照份号、密级和保密期限、紧急程度的顺序自上而下分行排列。

7.2.4 发文机关标志

由发文机关全称或者规范化简称加"文件"二字组成,也可以使用发文机关全称或者规范化简称。

发文机关标志居中排布,上边缘至版心上边缘为35mm,推荐使用小标宋体字,颜色为红色,以醒目、美观、庄重为原则。

联合行文时,如需同时标注联署发文机关名称,一般应当将主办机关名称排列在前;如有"文件"二字,应当置于发文机关名称右侧,以联署发文机关名称为准上下居中排布。

7.2.5 发文字号

编排在发文机关标志下空二行位置,居中排布。年份、发文顺序号用阿拉伯数字标注;年份应标全称,用六角括号"〔〕"括入;发文顺序号不加"第"字,不编虚位(即1不编为01),在阿拉伯数字后加"号"字。

上行文的发文字号居左空一字编排,与最后一个签发人姓名处在同一行。

7.2.6 签发人

由"签发人"三字加全角冒号和签发人姓名组成,居右空一字,编排在发文机关标志下空二行位置。"签发人"三字用3号仿宋体字,签发人姓名用3号楷体字。

如有多个签发人,签发人姓名按照发文机关的排列顺序从左到右、自上而下依次均匀编排,一般每行排两个姓名,回行时与上一行第一个签发人姓名对齐。

7.2.7 版头中的分隔线

发文字号之下4 mm处居中印一条与版心等宽的红色分隔线。

7.3 主体

7.3.1 标题

一般用2号小标宋体字,编排于红色分隔线下空二行位置,分一行或多行居中排布;回行时,要做到词意完整,排列对称,长短适宜,间距恰当,标题排列应当使用梯形或菱形。

7.3.2 主送机关

编排于标题下空一行位置,居左顶格,回行时仍顶格,最后一个机关名称后标全角冒号。如主送机关名称过多导致公文首页不能显示正文时,应当将主送机关名称移至版记,标注方法见7.4.2。

7.3.3 正文

公文首页必须显示正文。一般用3号仿宋体字,编排于主送机关名称下一行,每个自然段左空二字,回行顶格。文中结构层次序数依次可以用"一、""(一)""1.""(1)"标注;一般第一层用黑体字、第二层用楷体字、第三层和第四层用仿宋体字标注。

7.3.4 附件说明

如有附件,在正文下空一行左空二字编排"附件"二字,后标全角冒号和附件名称。如有多个附件,使用阿拉伯数字标注附件顺序号(如"附件:1.×××××");附件名称后不加标点符号。附件名称较长需回行时,应当与上一行附件名称的首字对齐。

7.3.5 发文机关署名、成文日期和印章

7.3.5.1 加盖印章的公文

成文日期一般右空四字编排,印章用红色,不得出现空白印章。

单一机关行文时,一般在成文日期之上、以成文日期为准居中编排发文机关署名,印章端正、居中下压发文机关署名和成文日期,使发文机关署名和成文日期居印章中心偏下位置,印章顶端应当上距正文(或附件说明)一行之内。

联合行文时,一般将各发文机关署名按照发文机关顺序整齐排列在相应位置,并将印章一一对应、端正、居中下压发文机关署名,最后一个印章端正、居中下压发文机关署名和成文日期,印章之间排列整齐、互不相交或相切,每排印章两端不得超出版心,首排印章顶端应当上距正文(或附件说明)一行之内。

7.3.5.2 不加盖印章的公文

单一机关行文时,在正文(或附件说明)下空一行右空二字编排发文机关署名,在发文机关署名下一行编排成文日期,首字比发文机关署名首字右移二字,如成文日期长于发文机关署名,应当使成文日期右空二字编排,并相应增加发文机关署名右空字数。

联合行文时,应当先编排主办机关署名,其余发文机关署名依次向下编排。

7.3.5.3 加盖签发人签名章的公文

单一机关制发的公文加盖签发人签名章时,在正文(或附件说明)下空二行右空四字加盖签发人签名章,签名章左空二字标注签发人职务,以签名章为准上下居中排布。在签发人签名章下空一行右空四字编排成文日期。

联合行文时,应当先编排主办机关签发人职务、签名章,其余机关签发人职务、签名章依次向下编排,与主办机关签发人职务、签名章上下对齐;每行只编排一个机关的签发人职务、签名章;签发人职务应当标注全称。

签名章一般用红色。

7.3.5.4 成文日期中的数字

用阿拉伯数字将年、月、日标全,年份应标全称,月、日不编虚位(即1不编为01)。

7.3.5.5 特殊情况说明

当公文排版后所剩空白处不能容下印章或签发人签名章、成文日期时,可以采取调整行距、字距的措施解决。

7.3.6 附注
如有附注,居左空二字加圆括号编排在成文日期下一行。
7.3.7 附件
附件应当另面编排,并在版记之前,与公文正文一起装订。"附件"二字及附件顺序号用3号黑体字顶格编排在版心左上角第一行。附件标题居中编排在版心第三行。附件顺序号和附件标题应当与附件说明的表述一致。附件格式要求同正文。

如附件与正文不能一起装订,应当在附件左上角第一行顶格编排公文的发文字号并在其后标注"附件"二字及附件顺序号。

7.4 版记
7.4.1 版记中的分隔线
版记中的分隔线与版心等宽,首条分隔线和末条分隔线用粗线(推荐高度为0.35 mm),中间的分隔线用细线(推荐高度为0.25 mm)。首条分隔线位于版记中第一个要素之上,末条分隔线与公文最后一面的版心下边缘重合。

7.4.2 抄送机关
如有抄送机关,一般用4号仿宋体字,在印发机关和印发日期之上一行、左右各空一字编排。"抄送"二字后加全角冒号和抄送机关名称,回行时与冒号后的首字对齐,最后一个抄送机关名称后标句号。

如需把主送机关移至版记,除将"抄送"二字改为"主送"外,编排方法同抄送机关。既有主送机关又有抄送机关时,应当将主送机关置于抄送机关之上一行,之间不加分隔线。

7.4.3 印发机关和印发日期
印发机关和印发日期一般用4号仿宋体字,编排在末条分隔线之上,印发机关左空一字,印发日期右空一字,用阿拉伯数字将年、月、日标全,年份应标全称,月、日不编虚位(即1不编为01),后加"印发"二字。

版记中如有其他要素,应当将其与印发机关和印发日期用一条细分隔线隔开。

7.5 页码
一般用4号半角宋体阿拉伯数字,编排在公文版心下边缘之下,数字左右各放一条一字线;一字线上距版心下边缘7 mm。单页码居右空一字,双页码居左空一字。公文的版记页前有空白页的,空白页和版记页均不编排页码。公文的附件与正文一起装订时,页码应当连续编排。

8 公文中的横排表格
A4纸型的表格横排时,页码位置与公文其他页码保持一致,单页码表头在订口一边,双页码表头在切口一边。

9 公文中计量单位、标点符号和数字的用法

公文中计量单位的用法应当符合 GB 3100、GB 3101 和 GB 3102（所有部分），标点符号的用法应当符合 GB/T 15834，数字用法应当符合 GB/T 15835。

10 公文的特定格式

10.1 信函格式

发文机关标志使用发文机关全称或者规范化简称，居中排布，上边缘至上页边为 30 mm，推荐使用红色小标宋体字。联合行文时，使用主办机关标志。

发文机关标志下 4 mm 处印一条红色双线（上粗下细），距下页边 20 mm 处印一条红色双线（上细下粗），线长均为 170 mm，居中排布。

如需标注份号、密级和保密期限、紧急程度，应当顶格居版心左边缘编排在第一条红色双线下，按照份号、密级和保密期限、紧急程度的顺序自上而下分行排列，第一个要素与该线的距离为 3 号汉字高度的 7/8。

发文字号顶格居版心右边缘编排在第一条红色双线下，与该线的距离为 3 号汉字高度的 7/8。

标题居中编排，与其上最后一个要素相距二行。

第二条红色双线上一行如有文字，与该线的距离为 3 号汉字高度的 7/8。

首页不显示页码。

版记不加印发机关和印发日期、分隔线，位于公文最后一面版心内最下方。

10.2 命令（令）格式

发文机关标志由发文机关全称加"命令"或"令"字组成，居中排布，上边缘至版心上边缘为 20 mm，推荐使用红色小标宋体字。

发文机关标志下空二行居中编排令号，令号下空二行编排正文。

签发人职务、签名章和成文日期的编排见 7.3.5.3。

10.3 纪要格式

纪要标志由"×××××纪要"组成，居中排布，上边缘至版心上边缘为 35 mm，推荐使用红色小标宋体字。

标注出席人员名单，一般用 3 号黑体字，在正文或附件说明下空一行左空二字编排"出席"二字，后标全角冒号，冒号后用 3 号仿宋体字标注出席人单位、姓名，回行时与冒号后的首字对齐。

标注请假和列席人员名单，除依次另起一行并将"出席"二字改为"请假"或"列席"外，编排方法同出席人员名单。

纪要格式可以根据实际制定。

11 式样

（略）

附 录 Ⅲ

中华人民共和国国家通用语言文字法

中华人民共和国主席令

第三十七号

《中华人民共和国国家通用语言文字法》已由中华人民共和国第九届全国人民代表大会常务委员会第十八次会议于2000年10月31日通过,现予公布,自2001年1月1日起施行。

中华人民共和国主席 江泽民
二〇〇〇年十月三十一日

第一章 总 则

第一条 为推动国家通用语言文字的规范化、标准化及其健康发展,使国家通用语言文字在社会生活中更好地发挥作用,促进各民族、各地区经济文化交流,根据宪法,制定本法。

第二条 本法所称的国家通用语言文字是普通话和规范汉字。

第三条 国家推广普通话,推行规范汉字。

第四条 公民有学习和使用国家通用语言文字的权利。

国家为公民学习和使用国家通用语言文字提供条件。

地方各级人民政府及其有关部门应当采取措施,推广普通话和推行规范汉字。

第五条 国家通用语言文字的使用应当有利于维护国家主权和民族尊严,有利于国家统一和民族团结,有利于社会主义物质文明建设和精神文明建设。

第六条 国家颁布国家通用语言文字的规范和标准,管理国家通用语言文字的社会应用,支持国家通用语言文字的教学和科学研究,促进国家通用语言文字的规范、丰富和发展。

第七条 国家奖励为国家通用语言文字事业做出突出贡献的组织和个人。

第八条 各民族都有使用和发展自己的语言文字的自由。

少数民族语言文字的使用依据宪法、民族区域自治法及其他法律的有关规定。

第二章 国家通用语言文字的使用

第九条 国家机关以普通话和规范汉字为公务用语用字。法律另有规定的除外。

第十条 学校及其他教育机构以普通话和规范汉字为基本的教育教学用语用字。法律另有规定的除外。

学校及其他教育机构通过汉语文课程教授普通话和规范汉字。使用的汉语文教材,应当符合国家通用语言文字的规范和标准。

第十一条 汉语文出版物应当符合国家通用语言文字的规范和标准。

汉语文出版物中需要使用外国语言文字的,应当用国家通用语言文字作必要的注释。

第十二条 广播电台、电视台以普通话为基本的播音用语。

需要使用外国语言为播音用语的,须经国务院广播电视部门批准。

第十三条 公共服务行业以规范汉字为基本的服务用字。因公共服务需要,招牌、广告、告示、标志牌等使用外国文字并同时使用中文的,应当使用规范汉字。

提倡公共服务行业以普通话为服务用语。

第十四条 下列情形,应当以国家通用语言文字为基本的用语用字:

(一)广播、电影、电视用语用字;

(二)公共场所的设施用字;

(三)招牌、广告用字;

(四)企业事业组织名称;

(五)在境内销售的商品的包装、说明。

第十五条 信息处理和信息技术产品中使用的国家通用语言文字应当符合国家的规范和标准。

第十六条 本章有关规定中,有下列情形的,可以使用方言:

(一)国家机关的工作人员执行公务时确需使用的;

(二)经国务院广播电视部门或省级广播电视部门批准的播音用语;

(三)戏曲、影视等艺术形式中需要使用的;

(四)出版、教学、研究中确需使用的。

第十七条 本章有关规定中,有下列情形的,可以保留或使用繁体字、异体字:

(一)文物古迹;

(二)姓氏中的异体字;

(三)书法、篆刻等艺术作品;

（四）题词和招牌的手书字；

（五）出版、教学、研究中需要使用的；

（六）经国务院有关部门批准的特殊情况。

第十八条 国家通用语言文字以《汉语拼音方案》作为拼写和注音工具。

《汉语拼音方案》是中国人名、地名和中文文献罗马字母拼写法的统一规范，并用于汉字不便或不能使用的领域。

初等教育应当进行汉语拼音教学。

第十九条 凡以普通话作为工作语言的岗位，其工作人员应当具备说普通话的能力。

以普通话作为工作语言的播音员、节目主持人和影视话剧演员、教师、国家机关工作人员的普通话水平，应当分别达到国家规定的等级标准；对尚未达到国家规定的普通话等级标准的，分别情况进行培训。

第二十条 对外汉语教学应当教授普通话和规范汉字。

第三章　管理和监督

第二十一条 国家通用语言文字工作由国务院语言文字工作部门负责规划指导、管理监督。

国务院有关部门管理本系统的国家通用语言文字的使用。

第二十二条 地方语言文字工作部门和其他有关部门，管理和监督本行政区域内的国家通用语言文字的使用。

第二十三条 县级以上各级人民政府工商行政管理部门依法对企业名称、商品名称以及广告的用语用字进行管理和监督。

第二十四条 国务院语言文字工作部门颁布普通话水平测试等级标准。

第二十五条 外国人名、地名等专有名词和科学技术术语译成国家通用语言文字，由国务院语言文字工作部门或者其他有关部门组织审定。

第二十六条 违反本法第二章有关规定，不按照国家通用语言文字的规范和标准使用语言文字的，公民可以提出批评和建议。

本法第十九条第二款规定的人员用语违反本法第二章有关规定的，有关单位应当对直接责任人员进行批评教育；拒不改正的，由有关单位作出处理。

城市公共场所的设施和招牌、广告用字违反本法第二章有关规定的，由有关行政管理部门责令改正；拒不改正的，予以警告，并督促其限期改正。

第二十七条 违反本法规定，干涉他人学习和使用国家通用语言文字的，由有关行政管理部门责令限期改正，并予以警告。

第四章　附　　则

第二十八条 本法自2001年1月1日起施行。

主要参考书目

1. 蔡文泉.经济应用文写作教程[M].北京:清华大学出版社,2014.
2. 陈文渊.财经应用文写作[M].北京:电子工业出版社,2017.
3. 程玥.财经应用写作[M].北京:中国人民大学出版社,2010.
4. 范瑞雪,刘召明.财经应用文写作[M].北京:经济科学出版社,2011.
5. 付家柏.经济应用文写作[M].北京:清华大学出版社,2014.
6. 季冠芳,李影辉.财经应用文写作[M].哈尔滨:哈尔滨工业大学出版社,2014.
7. 康建兰,李莉.财经应用文写作[M].北京:机械工业出版社,2011.
8. 李薇.财经应用文写作[M].北京:高等教育出版社,2014.
9. 李星.新编公文写作全能一本通[M].北京:人民邮电出版社,2018.
10. 李延玲.财经应用文写作[M].北京:中国财政经济出版社,2018.
11. 刘康乐.经济应用文写作[M].北京:中国财政经济出版社,2014.
12. 吕秋薇.财经应用文写作[M].北京:电子工业出版社,2012.
13. 秦效宏,递春.应用文写作[M].北京:清华大学出版社,2018.
14. 邱宣煌.财经应用文写作[M].大连:东北财经大学出版社,2016.
15. 邱宣煌.财经应用文写作训练[M].大连:东北财经大学出版社,2017.
16. 绍龙青.财经应用写作[M].大连:东北财经大学出版社,2013.
17. 申作兰,彭文艳.商务应用文写作[M].北京:中国轻工业出版社,2018.
18. 沈培玉.财经应用文写作[M].杭州:浙江大学出版社,2013.
19. 宋亦佳.财经应用文写作[M].北京:中国财政经济出版社,2016.
20. 王敏杰,徐静.财经应用文写作[M].北京:科学出版社,2010.
21. 王青山,王金山.财经应用文写作[M].北京:高等教育出版社,2013.
22. 王晓红.财经应用文写作[M].北京:电子工业出版社,2010.
23. 韦志国.财经应用写作[M].北京:北京理工大学出版社,2013.
24. 徐中玉.应用文写作[M].北京:高等教育出版社,2012.
25. 杨文丰.经济应用文写作[M].北京:高等教育出版社,2018.
26. 杨文丰.现代应用文写作[M].北京:中国人民大学出版社,2011.

27. 杨紫元.财经应用文写作[M].郑州:河南科学技术出版社,2013.

28. 曾辉,刘中平,王智平.应用文写作[M].北京:高等教育出版社,2011.

29. 张冰.广告文案写作理论与实务[M].重庆:重庆大学出版社,2016.

30. 张中伟,白波.财经应用文写作[M].北京:经济科学出版社,2010.

31. 赵旭明.财经应用文写作[M].保定:河北大学出版社,2010.

32. 郑延琦.财经应用文写作方法与技巧[M].北京:人民邮电出版社,2017.

33. 朱孔阳.商务应用文写作教程[M].大连:东北财经大学出版社,2018.

教辅申请说明

　　北京大学出版社本着"教材优先、学术为本"的出版宗旨，竭诚为广大高等院校师生服务。为更有针对性地提供服务，请您按照以下步骤通过**微信**提交教辅申请，我们会在1~2个工作日内将配套教辅资料发送到您的邮箱。

◎ 扫描下方二维码，或直接微信搜索公众号"北京大学经管书苑"，进行关注；

◎ 点击菜单栏"在线申请"—"教辅申请"，出现如右下界面：

◎ 将表格上的信息填写准确、完整后，点击提交；

◎ 信息核对无误后，教辅资源会及时发送给您；如果填写有问题，工作人员会同您联系。

温馨提示：如果您不使用微信，则可以通过以下联系方式（任选其一），将您的姓名、院校、邮箱及教材使用信息反馈给我们，工作人员会同您进一步联系。

联系方式：

北京大学出版社经济与管理图书事业部

通信地址：北京市海淀区成府路205号，100871

电子邮箱：em@pup.cn

电　　话：010-62767312

微　　信：北京大学经管书苑（pupembook）

网　　址：www.pup.cn